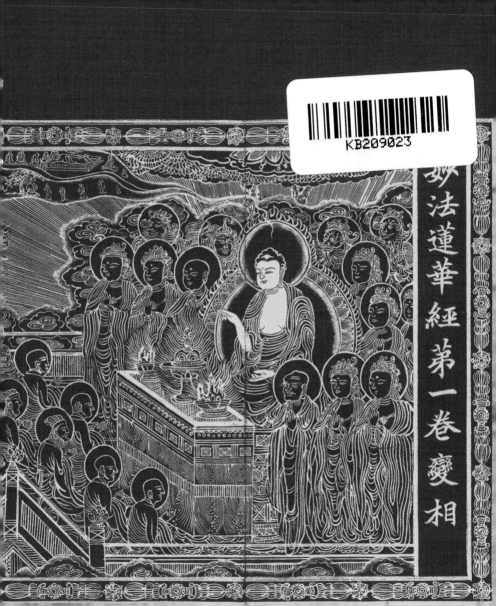

妙法蓮華經第一卷變相

삼 귀 의

Three Refuges

三 歸 依

거룩하신 부처님께 귀의합니다

I take refuge in the Buddha

歸 依 佛

거룩하신 가르침에 귀의합니다

I take refuge in the Dharma

歸 依 法

거룩하신 스님들께 귀의합니다

I take refuge in the Sangha

歸 依 僧

한글
법화경

통도사 서운암 성파 역해

SADDHARMA PUNDARIKA SUTRA The Lotus of True Law

🪷 ㈜이화문화출판사

통도사 사리탑

사경은 어디까지나 수행 자체이기 때문에 하루에
30분이나 1시간 정도로 시작하여 매일 끊임없이
사경하는 것이 중요하다. 하루에 필사하는 양은
한 줄이라도 좋고 열 줄 스무 줄이라도 좋다.
묘법연화경을 반복하여 필사하는 가운데 자신도
모르게 수행력이 향상되며 복력이 증가하는 것을
느끼게 된다.

통도사 전경

통도사 서운암 장경각(앞)

16만 도자대장경 장경각 내부

통도사 서운암 장경각

16만 도자대장경 장경각 내부

통도사 서운암 장경각(옆)

16만 도자대장경 장경각 내부

7만자 법화경을 서예로 쓴 9층탑

통도사 서운암 전경

머 리 말

　법화경은 묘법연화경의 약칭으로서, 대승경전 중에서도 가장 중요한 불경인바 예로부터 모든 불교 경전들 중의 왕으로 인정받아 왔습니다. 묘법법화경은 산스크리트어로는 "삿다르마 푼다리카 수트라(Saddharma Pundarika Sutra)"로서 "밝은 연꽃과 같은 진리의 가르침, The Lotus of True Law"이라는 의미를 가지고 있습니다. 따라서 법화경은 "절대 진리의 영원생명이며, 모든 중생들의 찬란한 성불의 꽃이요 진리의 향기"라고 칭송되기도 합니다. 한편 법화경은 거룩한 진리가 아름다운 문장 속에 비유 인연 등으로 장

엄되어 있기 때문에 문학작품으로서도 훌륭한 가
치를 지니고 있다고 일컬어집니다.

　따라서 법화경은 일찍부터 동양은 물론 서구
각국에 이르기까지 여러 언어로 번역이 이루어졌
으며, 한글 법화경 또한 여러 종류가 보급 유통
되었습니다. 그런데 부처님께서 법화경의 여러
곳에서 말씀하셨듯이, 법화경은 불교에 있어서
최고의 수준에 이른 사람들만을 위한 가르침이
며, 늘 마음속에 간직해 두었던 최상의 가르침이
고, 부처님께서 열반을 앞두고 최후의 유언으로

전해주신 가르침이기 때문에 많은 사람들은 법화경을 어렵다고 하며 가까이하지 않는 것이 현실입니다.

이에 본 "한글 법화경"은 대중들이 쉽게 접근할 수 있도록 좀 더 평이한 문체로 서술하였습니다. 그럴지라도 법화경을 통해 혼탁한 세상을 깨끗하고 평화로운 정토로 구현하고, 고통과 미혹 속에 잠겨있는 중생들을 성불의 세계로 인도하고자 하시는 부처님의 가르침을 훼손하지 않도록 최선을 다하였습니다.

이번에 발간되는 "한글 법화경"은 구마라집(鳩摩羅什)이 번역한 [妙法蓮華經]의 체계를 따라 만들어진 한글 번역본이기 때문에 7권 28품으로 구성되어 있습니다. 이 구마라집 번역본은 가장 널리 유포된 역본이기 때문에 구성 체계상으로도 낮설지 않을 것이며, 번역상의 오류도 최소화될 것이기 때문에 이를 따른 것입니다.

"법화경"에서의 부처는 머나먼 과거로부터 미래 영겁에 걸쳐 존재하는 초월적인 존재이십니다. 그가 이 세상에 출현한 것은 모든 인간들이 부처의 깨달음을 열 수 있는 대도(大道)를 보이기 위함이며, 그 대도를 실천하는 사람은 누구라도 부처가 될 수 있다는 것이 법화경의 핵심입니다. 아무쪼록 독자 제현 모두 "한글 법화경"을 통하여 이러한 법화경의 정수를 잘 이해하고, 부처님의 소중한 말씀을 널리 전하여서 이 사바세계가 부처님 자비 가득한 청정국토가 될 것을 바라는 바입니다.

대한불교 조계종 통도사 서운암 성 파 識

차 례

이순자 쓴 금자 법화경

묘법연화경 제1권

제 1 서 품

나는 이와 같이 들었노라.

그때 부처님께서 왕사성 기사굴산 중에서 큰 비구대중 일만이천인과 함께 계시었다.

그들은 모두 아라한으로 이미 모든 번뇌가 다 하여 다시는 번뇌가 없으며, 자신을 이롭게 하는 진리를 얻어, 모든 존재의 미혹된 업에서 벗어나 마음을 자재롭게 할 수 있는 이들이었다.

이 분들의 이름은

부처님의 설법을 듣고 맨먼저 깨쳤다는 아야교 진여와

의 · 식 · 주에 대한 탐욕과 집착을 모두 떨쳐버 린 두타 제일의 마하가섭과

승단을 공양함에 있어 제일가는 우루빈나가섭

마음의 모든 번뇌를 항복받은 가야가섭과

교화에 능한 나제가섭과

지혜가 제일가는 사리불과

신통 제일의 대목건련과

부처님의 가르침을 알기 쉽게 설명 잘 하는 논의 제일의 마하가전연과

남의 마음속을 꿰뚫어 보는 천안 제일의 아로루타와

천문과 역술에 능한 겁빈나와

계율 해석 잘하는 해율 제일의 교범바제와

마음이 흔들리거나 뒤바뀐 생각을 일체 하지 않는 이바다와

경행과 좌선을 잘 하는 필릉가바차와

병 없고 욕심 없는 소병소욕의 박구라와

어려운 질문에 해답 잘 하는 마하구치라와

환희심에 가득 차 설법을 듣는 난타와

그 용모가 거의 부처님처럼 빼어난 손타라난

타와

실천적인 용기와 설득력을 가진 설법 제일의 부루나미다라니자와

모든 현상이 공에 의한 것임을 잘 아는 해공 제일의 수보리와

부처님의 곁을 잠시도 떠나지 않고 시중 든 다문 제일의 아난과

부처님의 아들이면서도 자기의 덕이 높은 것을 드러내지 않고, 언제나 겸허한 태도를 간직했던 밀행 제일의 라후라 등이다.

이들은 대중에게 선지식으로 잘 알려져 있는 큰 아라한들이며, 또한 배우고 있는 이와 다 배운 이 등 이천인이 있었으며, 마하파사파제비구니는 그의 권속 육천인과 함께 모였으며, 라후라의 어머니 야수다라비구니도 그의 권속들과 함께 있었다.

보살마하살 팔만인이 있었으니, 이들은 모두

아뇩다라삼먁삼보리에서 물러서지 아니하고, 다라니와 요설변재를 얻어 물러서지 않는 법륜을 전하며, 한량없는 백천 부처님께 공양하고, 모든 부처님 계신 곳에서 덕의 근본을 심어 항상 모든 부처님께 칭찬을 받았으며,

자비로써 몸을 잘 닦아 부처님의 지혜에 들고, 큰 지혜를 통달하여 피안에 이르러 그 이름이 한량없는 세계에 널리 알려져 수없는 백천 중생을 제도하심이라.

그들의 이름은

지혜와 복덕을 두루 갖춘 문수사리 보살과

지혜를 가지고 꿰뚫어보아 중생의 고통을 없애 주는 관세음보살과

훌륭한 덕행을 고루 갖춘 득대세보살과

세운 뜻을 굳세게 밀고 가는 상정진보살과

수억 겁을 쉬지 않고 부지런히 수행하는 불휴식보살과

법보를 손에 쥔 보장보살과

중생의 근기에 맞춰 약을 내리는 약왕보살과
용감하게 일체를 베풀어 주는 용시보살과
깨달은 바탕이 밝고도 맑은 보월보살과
미혹의 어두움을 없애주는 월광보살과
보월과 월광의 두 가지 덕을 겸비한 만월보살과
큰 법으로 중생을 구제하시는 대력보살과
사물에 대하여 조금도 마음을 움직이지 않는
무량력보살과
몸과 뜻을 전혀 나타내지 않는 월삼계보살과
바르게 보는 것을 훌륭히 지키는 발타바라보살과
사랑을 바탕으로, 다음에 부처님이 되실 미륵
보살과
지혜를 쌓아 능히 중생을 이롭게 하는 보적보살과
그릇된 사람을 올바르게 인도하는 도사보살 등
이와 같은 보살마하살 팔만인이 함께 있었다.

그때 석제환인은 그의 권속 이만 천자와 함께
있었으며, 또 명월천자 보향천자 보광천자와 사

대천왕이 그의 권속 일만 천자와 함께 있었으며, 자재천자와 대자재천자도 그의 권속 삼만 천자와 함께 있었으며, 사바세계 주인인 범천왕과 시기 대범 광명대범 등도 그의 권속 일만이천 천자와 함께 있었으며,

여덟 용왕이 있었으니, 난타용왕·발난타용왕·사가라용왕·화수길용왕·덕차가용왕·아나바달다용왕·마나사용왕·우발라용왕 등은 각각 모든 백천 권속과 함께 있었다.

네 긴나라왕이 있었으니, 고·집·멸·도의 사제를 노래하는 법긴나라왕과 십이 인연을 노래하는 묘법긴나라왕과 육바라밀을 노래하는 대법긴나라왕과 일승을 노래하는 지법긴나라왕도 각각 모든 백천 권속과 함께 있었다.

또 네 건달바왕이 있었으니, 악건달바왕·악음건달바왕·미건달바왕·미음건달바왕도 각각 모든 백천 권속과 함께 있었으며,

네 아수라왕인 바치아수라왕·거라건타아수

라왕 · 비마질다라아수라왕 · 라후아수라왕도 각각 모든 백천 권속과 함께 있었으며,

네가루라왕이 있었으니, 대위덕가루라왕 · 대신가루라왕 · 대만가루라왕 · 여의가루라왕도 각각 모든 백천 권속과 함께 있었다.

위제희의 아들인 아사세왕도 그들의 백천 권속과 함께 각각 부처님 발에 예배하고 물러나 한쪽에 앉아 있었느니라.

그때 세존께서 사부대중에게 둘러싸여 공양과 공경과 존중과 찬탄을 받으시고 모든 보살을 위하여 대승경을 설하시니, 이름이 무량의라. 이는 보살을 가르치는 법이요 부처님이 호념하시는 바이라.

부처님께서 이 경을 다 설하신 후 결가부좌를 하시고 무량의처삼매에 드시니 몸과 마음이 움직이지 않으시었다.

그때 하늘에서는 만다라·마하만다라·만수사·마하만수사 꽃을 부처님 위와 모든 대중에게 비 오듯이 내렸으며, 부처님의 넓은 세계는 여섯 가지로 진동하였느니라.

그때 이 모임의 대중 가운데 비구·비구니·우바새·우바이·하늘·용·야차·건달바·아수라·가루라·긴나라·마후라가·사람·사람 아닌 이들 모든 소왕·전륜성왕과 모든 대중들이 미증유로서 기뻐하며 합장하고, 한결같은 마음으로 부처님을 우러러 보았느니라.

이때 부처님께서는 미간 백호상에서 광명을 놓으사 동방으로 일만팔천 세계를 두루 비추시니, 아래로는 아비지옥에 이르고 위로는 유정천에 이르렀다.

이 세계에서 저세계의 육도중생을 다 보여 주었으며, 또 저 국토에 현재 계신 부처님도 친견하고, 모든 부처님의 설하시는 경법을 들려 주었다.

아울러 그 비구·비구니·우바새·우바이들이 여러 가지 수행으로 득도한 자를 보며, 또 모든 보살마하살이 여러 가지 인연과 신해와 상모로써 보살도를 행함을 보여 주며, 또 모든 부처님께서 열반에 드시는 것을 보며, 모든 부처님께서 열반에 드신 후 부처님의 사리로 칠보탑을 일으키는 것을 보이시었다.

그때 미륵보살이 생각하기를
'지금 세존께서 신통 변화의 모습을 나타내셨으니, 무슨 인연으로 이런 상서가 있음인가.
지금 부처님 세존께서 삼매에 드셨으니, 이 불가사의하게 나타난 희유한 일들을 누구에게 물어 볼 것이며, 누가 이를 대답해 줄 것인가.'

다시 생각하였다.

'여기에 있는 문수사리 법왕자는 일찍부터 과거의 한량없는 모든 부처님을 가까이 친견하고 공양하였으니 반드시 희유한 상서를 보았을 것이라. 내가 지금 마땅히 물어보리라.'

그때 비구·비구니·우바새·우바이와 모든 하늘·용·귀신들도 다 같이 생각하였다.

'부처님의 광명과 신통한 모습을 누구에게 물어야 할 것인가.'

그때 미륵보살이 그 의심을 풀고자 하여, 사부대중인 비구·비구니·우바새·우바이와 모든 하늘·용·귀신 등 모여 있는 대중의 마음을 관찰하고 문수사리에게 물어 말씀하되,

"무슨 인연으로 이러한 상서가 있어, 신통한 모습이 큰 빛을 발하여 동방의 일만팔천 세계를 비추시어, 저 부처님 세계의 장엄함을 다 보여 주시나이까."

이에 미륵보살은 그 뜻을 거듭 밝히고자 게송

으로 여쭈었다.

문수사리여!
부처님께선 무슨 연고로
미간 백호의 광명을
널리 비추시며,
만다라 꽃과
만수사 꽃을 내리게 하여
전단향의 바람으로
대중의 마음을 기쁘게 하나이까.
이러한 인연으로
땅이 모두 엄정해지고
이 세계가 여섯 가지로 진동하니,
그때 사부대중이 모두 환희하고
몸과 마음이 즐거워서
미증유를 얻었나이다.

미간의 광명이

동방으로 일만팔천 불토를 비추시니
모두가 금빛과 같았으며,
아비지옥으로부터
위로는 유정천까지 이르니
그 모든 세계 중에
육도 중생의 나고 죽는 업보와
선과 악의 업연으로
좋고 나쁜 보 받는 것을
다 보여 주었으며,
또 모든 부처님의 성주사자께서
연설하는 그 경전의
제일 미묘한 것까지도
보여 주셨나이다.
그 음성이 맑고 깨끗하여
부드럽고 온화한 말씀으로
모든 보살을 가르치심이
수없는 억만 보살이라.
범음이 깊고 오묘하여

사람들이 즐겨 듣게 하셨으며,
각각 다른 세계에서
올바른 법을 강설하시어
가지가지 인연과 한량없는 비유로
불법을 밝혀
중생을 깨우쳐 주시며,
어떤 사람 고통 만나
늙고 병들고 죽는 것을 싫어하면
열반을 설하시어
모든 고통을 없애 주시고,
어떤 사람 복이 있어
일찍이 부처님께 공양하여
법을 구할 뜻이 있으면
연각을 설해 주시고,
어떤 불자는 여러 가지 행을 닦아
위없는 지혜를 구하면
청정한 도를 설해 주심이라.
문수사리여!

내가 여기에 있으면서
보고 들은 것이 이와 같으며
천억 가지 일들이 많았으니
지금 대략 말하겠나이다.

내가 저 국토의
항하사와 같이 많은 보살들이
여러 가지 인연으로
불도 구함을 보았나이다.
혹은 보시를 행하되
금 은 산호와 진주 마니와
자거 마노와 금강 등의 보배와
노비와 수레와
보배로 장식한 가마를
즐거운 마음으로 보시하며.
불도에 회향하고
삼계에서 제일가는
대승 얻기를 원하여

모든 부처님께 찬탄을 받았으며,
또 어떤 보살은
네 마리의 말이 끄는 보배수레와
난간 화개로 꾸며
헌식을 보시하며,
또 보니, 어떤 보살은
육신 수족과 처자까지 보시하고
위없는 도를 구하였으며,
또 보니, 어떤 보살은
머리와 눈과 몸을
기꺼이 보시하고
부처님의 지혜를 구하였음이라.
문수사리여!
내가 보니 모든 국왕들이
부처님께 나아가
최상의 도를 묻고는
선뜻 낙토와 궁전과 신첩을 버리고
수염과 머리도 깎고 법복을 입었으며,

또 보니, 어떤 보살은 비구가 되어
고요한 곳에 홀로 있으면서
경전을 즐겁게 읽으며,
또 보니, 어떤 보살은
용맹스럽게 정진하며
깊은 산중에 들어가
부처님의 도를 생각하고,
또 탐욕에서 벗어나
항상 고요하고 한가한 곳에 있으면서
선정을 깊이 닦아 다섯 가지 신통을 얻었으며,
또 보니, 어떤 보살
선정에 편안히 들어 합장하고
천만 가지 게송으로
모든 법왕을 찬탄하며,
또 보니, 어떤 보살은
지혜가 깊고 뜻이 견고하여
모든 부처님께 법을 질문하고
들은 것은 모두 지니고 있으며,

또 보니, 어떤 불자는
정혜가 구족하여
한량없는 비유로써
대중을 위해 법을 강론하며,
설법하기를 좋아하여
모든 보살을 교화시키고
마병 무리를 격파시킨 후
법고를 울리며,
또 보니, 어떤 보살은
고요히 침묵을 지키면서
하늘과 용이 공경해도
기뻐하지 아니하며,
또 보니, 어떤 보살
숲 속에서 광명을 놓아
지옥 고통을 구제하여
불도에 들게 하며,
또 보니, 어떤 불자는
졸거나 잠자지 않고

숲 속을 거닐면서
부지런히 불도를 구하며,
또 보니,
계행을 갖추고
위의에 결함이 없이
맑은 보배구슬처럼 하여
불도를 구하며,
또 보니, 어떤 불자는
인욕력에 머물며
거만한 사람이
헐뜯으며 폭행해도
이를 능히 참으면서 불도를 구하며,
또 보니, 어떤 보살
모든 희롱과 웃는 일을 버리고
어리석은 권속은 멀리하고
지혜로운 자를 가까이 하여
한결같은 마음으로 혼란을 제거하며
산림 속에 뜻을 두고

억천만년토록 불도를 구하며,
또 보니, 어떤 보살은
효와 선, 그리고 마시고 먹을 것과
백 가지의 탕약으로
부처님과 스님에게 보시하고,
이름 있는 옷과 최고의 복장으로
그 값이 천만금이 되는 것과
혹은 값도 모를 좋은 옷으로
부처님과 스님에게 보시하며,
천만억의 종류로서
전단향으로 지은 보배로운 집과
여러 가지 기묘한 침구를
부처님과 스님에게 보시하며,
맑고 깨끗한 동산과 숲,
무성한 꽃과 과일,
시원한 샘물이 흐르는 못을
부처님과 스님에게 보시하며,
이와 같이 보시한 여러 가지 미묘한 것을

기쁜 마음으로 싫은 생각 전혀 없이
무상도만을 구함을 보며
또 보니, 어떤 보살은
적멸법을 설하며
여러 가지 가르치고 설명하여
수없는 중생을 교화시키며,
또 보니, 어떤 보살
모든 법성을 관찰하되
두 가지의 상이 아닌 것이
마치 허공과 같음을 관하며,
또 보니, 어떤 불자는
마음에 집착함이 없이
오묘한 지혜로
무상도만을 구하나이다.
문수사리여!
또 보니, 어떤 보살은
부처님이 멸도하신 후
사리에 공양하였으며,

또 보니, 어떤 불자는
여러 탑과 묘를
수없이 조성하여
나라마다 장엄하게 꾸몄으니,
그 보배로운 탑이 높고도 아름다워
오천유순이며,
넓이와 길이는 똑같이
이천유순이 되고
하나하나의 탑묘마다
당번이 각각 일천개며,
구슬로 된 교로의 휘장과
보배로운 방울이 조화롭게 울리면
모든 하늘과 용과 신과
인간과 비인들이
향과 꽃과 기악으로 항상 공양하나이다.
문수사리여!
모든 불자들이 사리에 공양하기 위해
탑묘를 장엄하게 꾸미니

온 나라가 자연히
수승하게 아름답고 묘하게 되어,
마치 하늘의 수왕이
꽃을 피우듯 하였나이다.

부처님께서 한 줄기 광명을 놓으시니
나와 모든 대중들이
그 나라의 여러 가지
수승함과 오묘함을 보았으며,
모든 부처님의 신통한 힘과
희유한 지혜로서
한 줄기 밝은 광명을 발하여
한량없는 나라를 비추시니,
우리들은 이를 보고
미증유를 얻었나이다.
불자 문수사리여!
원컨대 대중의 의혹을 풀어주소서.
사부대중이

즐겁게 인자와 나를 우러러보고 있나이다.
세존께서는 무슨 연고로 이같은 광명을
발하나이까.
불자께서는 곧 대답하시어
의혹을 풀어 기쁘게 하여 주소서.
무슨 요익함을 주시려고
광명을 놓으시나이까.
부처님께서 도량에 앉으사
증득하신 묘법을
설하고자 하시나이까.
수기를 주시려 하시나이까.
모든 불토에
여러 가지 보배로 엄정함을 보이시며
모든 부처님도 뵈옵게 되오니
이것은 작은 인연이 아닌가 하나이다.
문수사리께서는 마땅히 아시오리다.
사부대중과 용 신들이
인자를 우러러보고 있나이다.

무엇을 설해 주시겠나이까.

그때 문수사리보살이 미륵보살마하살과 모든 보살에게 말씀하시었다.

"선남자들이여, 내가 헤아려 생각하건대 지금 세존께서 큰 법을 설하시고, 법비를 내리시고, 법고동을 부시고, 큰 법고를 치시고, 큰 법의 뜻을 설하시고자 하심이라.

모든 선남자들이여! 나는 과거의 여러 부처님이 일찍이 그러한 상서로움을 보았나니, 그 광명을 놓으시고 곧 큰 법을 설하셨느니라. 이런고로 마땅히 알라. 지금 부처님께서 광명을 나타내심도 그와 같아서, 중생들로 하여금 일체의 세상에서는 믿기 어려운 법을 모두 얻어 듣고 깨닫게 하고자 이 상서를 나타내신 것이라.

모든 선남자여! 지난 과거 한량없고 가이없는 불가사의한 아승지겁에 그때 부처님이 계셨으니,

이름은 일월등명이시며

진리를 몸으로 나타내신 여래(如來)이시며

세상의 모든 사람들로부터 공양을 받으실 수 있는 훌륭한 응공(應供)이시며

그 지혜가 참되어 모든 것을 정확히 꿰뚫어보시는 정변지(正遍知)이시며

지혜와 덕행을 고루 갖추신 명행족(明行足)이시며

일체의 미혹을 여의신 선서(善逝)이시며

모든 경우를 뚜렷이 분별하시는 세간해(世間解)이시며

위 없이 완전한 인격자, 즉 무상사(無上士)이시며

모든 생명체를 뜻대로 가르치시고 인도하는 힘을 가지신 조어장부(調御丈夫)이시며

천상계와 인간계의 지도자이신 천인사(天人師)이시며

완전히 깨달음을 여신 부처님이시며 이 세상에

서 가장 거룩하신 불세존(佛世尊)이셨느니라.

정법을 설하실 때, 처음도 중간도 끝도 다 정법이라. 그 뜻이 깊고 심원하며, 그 말씀이 교묘하고 한결같아서 그릇됨이 없으며, 맑고 깨끗한 범행의 상을 가르치셨습니다.

성문을 구하는 자들을 위하여 사제법을 설하시어 태어나고 늙고 병들고 죽는 생·노·병·사를 제도하여 마침내 열반에 들게 하시며, 벽지불을 구하는 자들을 위하여 십이인연법인 무명·행·식·명색·육입·촉·수·애·취·유·생·노사를 설해 주시며, 모든 보살을 위하여 보시·지계·인욕·정진·선정·지혜의 육바라밀을 설하사 아뇩다라삼먁삼보리를 증득하여 일체의 종지를 이루게 하셨느니라.

다음에 또 부처님이 계셨으니, 그 이름도 일월등명이시며, 다음에 또 부처님이 계셨으니 또한 일월등명이시라. 이와 같이 이만의 부처님이 다 같은 글자로, 이름이 일월등명이었으며, 또한 같은 성으로 성은 바라타이셨느니라.

미륵이여, 마땅히 알라. 처음의 부처님과 나중의 부처님이 다 같이 같은 글자로서 이름이 일월등명이시니 십호가 구족하시며, 설하신 법문도 처음 중간 끝도 정법이었느니라.

그 최후의 부처님께서 아직 출가하시기 전에 여덟 왕자를 두셨으니, 첫째의 이름은 유의요, 둘째의 이름은 선의요, 셋째의 이름은 무량의요, 넷째의 이름은 보의요, 다섯째의 이름은 증의요, 여섯째의 이름은 제의의요, 일곱째의 이름은 향의요, 여덟째의 이름은 법의라 하였느니라. 그 여덟 왕자는 위덕이 자유자재하여 각각 사천하를 다스렸나이다.

모든 왕자들이 아버지께서 출가하여 아뇩다라삼먁삼보리를 얻으셨다는 말을 듣고, 모두 왕위를 버리고 아버지를 따라 출가하여 대승의 뜻을 일으켜 항상 범행을 닦아 다 같이 법사가 되어, 천만의 부처님이 계신 처소에서 모든 선근을 심었나이다.

그때 일월등명 부처님께서 대승경을 설하시니,
그 이름이 무량의라. 이는 보살을 가르치는 법이
며 부처님의 호념하시는 바이라.
경을 설하신 다음에는 곧 대중 가운데서 가부
좌를 맺으시고 무량의처삼매에 드시어 몸과 마음
이 움직이지 아니하시었다.
그때 하늘에서 만다라 · 마하만다라 · 만수사 ·
마하만수사 꽃이 비오듯이 내려 부처님과 모든
대중에게 흩어지고, 넓은 부처님의 세계가 여섯
가지로 진동하였느니라.
그때 법회에 있던, 비구 · 비구니 · 우바새 · 우
바이 · 하늘과 용 · 야차 · 건달바 · 아수라 · 가루
라 · 긴나라 · 마후라가 · 인 · 비인과 모든 소왕
과 전륜성왕 등, 모든 대중이 미증유를 얻어 즐
거운 마음으로 합장하고, 한결같은 마음으로 부
처님을 우러러보았나이다.

그때 여래께서 미간 백호상의 광명을 놓으사 동방으로 일만팔천의 불토를 두루 비추시니, 지금 보는 여러 불토와 같았느니라.

미륵이여, 마땅히 알라. 그때 법회에 이십억 보살이 즐겨 법문을 듣고자 하였더니, 모든 보살이 이 광명이 불토를 널리 비추는 것을 보고 일찍이 없었던 일이라, 그 광명의 인연을 알고자 하였느니라.

그때 보살이 있었으니, 이름은 묘광으로 팔백 제자를 두었느니라.

그때 일월등명 부처님께서 삼매에서 일어나시어 묘광보살로 인하여 대승경을 설하시니, 이름이 〈묘법연화경〉이라. 보살을 가르치는 법이며 부처님이 호념하시는 경이니라.

육십소겁 동안을 한자리에서 일어나지 아니하시니, 그때 모인 청중들도 또한 한곳에 앉아서 육십소겁 동안을 몸과 마음의 움직임 없이, 부처님의 설하시는 바를 밥 먹는 동안과 같이 생각함이라. 당시의 대중 가운데 한 사람도 몸과 마음에 지루한 생각을 하는 사람이 없었느니라.

일월등명 부처님이 육십소겁 동안 이 〈묘법연화경〉 을 다 설해 마치시고 곧 범천왕·마왕·사문·바라 문과 하늘·사람·아수라 등 대중에게 말씀하시기를
"여래는 오늘 밤중에 무여열반에 들리라."

그때 한 보살이 있었으니 이름은 덕장이라. 일월등 명 부처님이 그에게 수기를 주시고 여러 비구에게 말 씀하시었느니라.
"이 덕장보살이 다음에 성불하리니 이름은 정신· 여래·응공·삼먁삼불타이라."
부처님께서 수기를 주시고 문득 그날 밤중에 무여 열반에 드셨느니라.

부처님께서 멸도하신 후 묘광보살이 〈묘법연화경〉을 수지하여 팔십소겁이 다 하도록 사람들을 위하여 설하였느니라.

일월등명 부처님의 여덟 왕자는 모두 묘광보살을 스승으로 섬기니, 묘광보살이 그들을 가르치고 교화시켜 그들로 하여금 아뇩다라삼먁삼보리를 견고하게 하였느니라. 그 여덟 왕자들은 한량없는 백천만억의 부처님께 공양하고 모두 불도를 이루었으니, 그 최후에 성불하신 분의 이름이 연등불이었느니라.

팔백 제자 중에 한 사람이 있었으니 이름이 구명이라. 탐욕과 이익을 버리지 못하여, 비록 모든 경전을 읽고 외워도 쉽게 깨닫지를 못하고 잊어버림이 많기 때문에, 그 이름을 구명이라 하였느니라. 그 사람도 역시 여러 가지 많은 선근을 심은 인연으로 한량없는 백천만억의 모든 부처님을 만나게 되어 공양 공경하고 존중 찬탄하였느니라.

미륵이여, 마땅히 알라. 그때 묘광보살은 다른 사람이 아닌 지금의 나였고, 구명보살은 그대의 몸이었느니라.

지금 이 상서로움을 보니 그때와 다름이 없느니라. 이런고로 헤아리건대, 오늘 여래께서 마땅히 대승경을 설하시리니, 그 이름은 〈묘법연화경〉이며, 이는 보살을 가르치는 법이며 부처님의 호념하시는 경이니라."

그때 문수사리가 대중 가운데 이 뜻을 거듭 밝히고자 게송으로 말씀하였다.

내가 지금 과거 세상을 생각하니
한량없는 무수겁에
부처님이 계셨으니,
이름이 일월등명이시라.
세존께서 법을 설하시어
한량없는 중생들과

수억의 보살들을 제도하여
부처님의 지혜에 들게 하심이라.
부처님께서 출가하시기 전에
낳으셨던 여덟 왕자가 있었으니
대성자께서 출가하심을 보고
또한 따라서 범행을 닦았느니라.

그때 부처님께서 대승경을 설하시니,
이름은, 무량의이며
대중 가운데서 널리 분별하여 주심이라.
부처님께서 그 경을 설하신 후
곧 법좌 위에 가부좌를 맺으시고 삼매에 드시니,
그 이름이 무량의처라.
하늘에서 만다라 꽃이 비오듯이 내려오고
하늘북이 저절로 울리며
하늘과 용·귀신들이 부처님께 공양을 드리고
일체의 모든 불토가 즉시 크게 진동하며
부처님께서 미간의 광명을 놓으사

희유한 일을 나타내심이라.

이 광명으로 동방 일만팔천 불토를 비추사
일체 중생들의 나고 죽는
업보처를 보여 주었으며,
보여준 그 모든 불토는
많은 보배로 장엄되어
유리와 파리색으로 보였으니
이는 부처님께서 광명에 비추신 연고라.
그리고 모든 하늘과 사람
용과 귀신과 야차들과
건달바·긴나라들이
각각 그 부처님께 공양함을 보며,
또 모든 여래께서 자연히 불도를 이루심에
몸의 색깔이 황금산과 같고
단정하고 장엄하되 매우 미묘함을 보였으니,
마치 깨끗한 맑은 유리 속에
참다운 진금상이 나타난 것 같으며,

세존께서 대중 속에 계시어
깊은 법의 뜻을 풀어 연설하시니,
하나하나 모든 불토의 수없는 성문 대중들도
부처님께서 비춰 주시는 광명으로 인하여
그 대중들을 다 보게 됨이라.

혹은 모든 비구들이
산림 속에 있으면서
정진하여 맑은 계행 지키기를
마치 밝은 구슬 보호하듯이 하였으며,
또 모든 보살들이 보시·인욕 등을 행하되
그 수가 항하사 같음을 보여 주었으니
그것은 부처님께서 광명을 비추신 연유라.
또 어떤 보살들은
모든 선정에 깊이 들어가
몸과 마음을 움직이지 않고
최상의 도 구함을 보여 주었으며,
또 모든 보살은 법의 적멸한 상을 깨치고

각각 그 국토에서 설법하며
불도 구함을 보여 주었노라

그때 사부대중들이 일월등명 부처님께서
큰 신통력을 나타내심을 보고
마음으로 모두 기뻐하여
각각 서로 묻기를,
이 일은 어떠한 인연인가.

하늘과 사람이 받들고 공경하는 세존께서
삼매에서 일어나시어
묘광보살을 칭찬하시되,
너는 이 세상의 눈이 되어
일체가 귀의하며
능히 법장을 받들어 지키리니,
내가 설법하는 것을
너만이 증득하여 알 수 있으리라.
세존께서 칭찬하여

묘광보살로 하여금 환희케 해 주시었다.

이 법화경을 설하시되,
육십소겁이 다 하도록
한 자리에서 일어나지 않으시고,
설하신 최상의 묘법을
묘광법사가 모두 다 받아 지녔느니라.

부처님께서 법화경을 설하시어
대중들을 기쁘게 해 주시고
하늘과 사람 · 대중에게 이르시되,
모든 법의 참 뜻을
이미 너희들을 위해 설했으니
나는 오늘 밤 열반에 들리라.
너희들은 일심으로 정진하여
게으름과 안일에서 벗어나도록 하라.

모든 부처님은 심히 만나기 어려우니

억겁에 한번 만나게 될 것이니라.
세존의 여러 제자들이
부처님께서 열반에 드신다는 말씀을 듣고
각각 슬퍼하고 괴로운 마음으로
부처님의 멸도하심이 왜 이렇게 빠르실까.

성주 법왕께서
한량없는 중생을 안위하사
내가 만일 멸도할 때라도
너희들은 근심하거나 두려워하지 말지어다.
덕장보살이 무루법의 실상에
마음이 이미 통달하여
다음에는 성불하리라.
이름을 정신이라 하며
또한 한량없는 중생을 제도할 것이니라.
부처님께서 그날 밤 멸도하시니
섶이 다하여 불이 꺼지는 듯 하였으며
모든 사리를 나누어서

한량없는 탑을 조성하고,
항하사 비구와 비구니 등이
평소보다 정진을 더해
무상도를 구하였느니라.

그 묘광법사가 부처님의 법장을 받들어
팔십소겁 중에 법화경을 널리 선포하였으니,
이 모든 여덟 왕자가 묘광법사에게 교화를 받아
무상도를 견고히 하여
무수한 부처님을 친견하였으며,
모든 부처님을 공양하고
부처님께서 행하신 큰 도를 행하고
잇따라 성불하여 차례로 수기하였느니라.
최후의 성불하신 부처님은 그 이름이 연등불이
시니,
모든 성자들의 스승이시며
한량없는 중생을 제도하여 해탈케 하심이라.

그때 묘광법사에게 한 제자가 있었으니,
마음에 항상 게으름을 품고 있으면서
명리에 탐착하며,
명리를 구하기를 싫어하지 않아
귀족들의 집에 가서 노는 일이 많고
배우고 익히는 일은 버려 두었으며
모두 잊어버리고 통달하지 못하였으니,
그러한 인연 때문에 이름을
구명이라 하였느니라.
그러나 여러 가지 선업을 닦아
수없는 부처님을 친견하게 되어,
모든 부처님을 공양하며
부처님께서 행하신 큰 도를 따라
육바라밀을 갖추어
지금 석가모니 부처님을 뵈옵고,
다음에는 반드시 성불하여
이름을 미륵이라 하고
중생을 널리 제도하여

그 수가 한량없으리라 하심이라.

그 부처님이 멸도하신 후에
해이하였던 자는 바로 너였고,
묘광법사는 지금의 나의 몸이라.
내가 일월등명 부처님을 보았을 때
그때 서광을 봄이 이와 같았으니
이로써 지금의 부처님께서도
법화경을 설하고자 하심을 아느니라.

지금의 상도 그때의 상서와 같으며
모든 부처님의 방편이시라.
지금의 부처님께서 광명을 놓으사
실상의 뜻을 나타내셨으니,
모든 사람들아! 이제 마땅히 알지니
합장하고 한결같은 마음으로 기다리라.
부처님께서 법우를 내리시어
도를 구하는 자들을 충족시켜 주실 것이니,

삼승을 구하는 모든 사람들이여!
만약에 의심하는 자가 있으면
부처님께서는 마땅히 그 의심을
남김없이 끊어 주시리라.

〈서품 끝〉

제 2 방편품

　그때 세존께서 삼매로부터 일어나시어 사리불에게 말씀하시었다.

　"모든 부처님의 지혜는 깊고 한량이 없어 그 지혜의 문은 알기도 어렵고 들어가기도 어려우며, 일체의 성문이나 벽지불도 능히 알 수가 없느니라. 왜냐하면, 부처님은 일찍이 백천만억의 수 없는 모든 부처님을 친근하여 모든 부처님의 한량없는 도법을 다 행하시고, 용맹 정진하여 이름이 널리 알려졌으며, 일찍이 없었던 미증유법을 성취하여 근기에 따라 설법하시는 뜻을 이해하기가 어려우니라.

사리불아! 내가 성불한 이후 여러 가지 인연과 갖가지 비유로 널리 가르침을 설했으며, 무수한 방편으로 중생을 인도하여 모든 집착에서 벗어나게 하였느니라. 어찌하여 그러한가. 여래는 방편과 지견 바라밀을 이미 모두 구족함이라.

사리불아! 여래의 지혜는 넓고 크며 깊고 한량없어 자·비·희·사·사무량심과 사무애와 열 가지 아는 힘과 사무소외와 선정·해탈·삼매에 한없이 깊이 들어가 일체 미증유의 법을 성취하셨느니라.

사리불아! 여래는 능히 갖가지로 분별하여 모든 법을 교묘하게 설하시되, 그 말씀이 부드럽고 온화하여 대중의 마음을 즐겁게 하시느니라.
사리불아! 요점을 들어 말하면, 한량없고 가이없는 미증유의 법을 부처님은 다 성취하였느니라.

그만두라 사리불아! 더 말하지 말라. 왜냐하면 부처님이 성취하신 바는 가장 희유하며, 이해하기 어려운 이 법은, 오직 부처님과 부처님사이에서 만이 모든 법의 실상을 다 궁구할 수 있기 때문이니라.

이른바, 모든 법이 이와 같은 형상 이와 같은 성품, 이와 같은 바탕, 이와 같은 힘, 이와 같은 작용, 이와 같은 원인, 이와 같은 관계, 이와 같은 결과, 이와 같은 보답, 이와 같은 처음부터 끝까지 구경에는 평등함이니라.

그때 세존께서 이 뜻을 거듭 밝히고자 게송으로 말씀하시었다.

세존은 가히 헤아릴 수 없느니라.
모든 하늘과 세상 사람과
일체의 중생들은

능히 부처님을 알지 못하느니,
부처님의 열가지 힘과 두려움 없는 지혜와
해탈, 모든 삼매와
부처님의 모든 법을
측량할 자가 없느니라.
본래 무수한 부처님을 따라
모든 도를 다 갖추어 행하였으나,
심히 깊고 미묘한 법은
보기도 어렵고 가히 알기도 어려워,
한량없는 억겁의 세월에
그 모든 도를 다 수행하여
도량에서 과를 이룩하여 얻음이라.
나는 이미 모든 지견을 가졌노라.

이와 같이 큰 과보의
가지가지 성품과 상의 뜻은,
오직 나와 시방세계의 부처님만이
능히 그 일을 알 수가 있느니라.

이 법은 가히 보일 수 없으며
말과 상의 적멸이라.
다른 모든 중생으로서도
능히 알 수가 없으며,
모든 보살 가운데
믿음이 견고한 자는 제외하노라.
모든 부처님 제자 중에
일찍이 부처님께 공양을 올려
일체의 번뇌가 이미 다하여
그 최후의 몸에 머물게 된
그러한 사람들이라도
그들의 힘으로는 감당할 수 없으리라.

가령 온 세상에 가득한 사람들이
모두 사리불과 같아,
생각을 다해 헤아린다고 하여도
부처님의 지혜는 측량할 수 없을 것이며,
가령 시방세계에 가득한 자가

다 사리불과 같으며,
그 밖의 제자들이
시방에 가득차서 다 함께
생각하고 헤아려도
또한 알 수가 없을 것이며,
벽지불처럼 예리한 지혜와
번뇌가 없어진 최후의 몸이
또한 시방세계에 가득차고
그 수가 대나무숲 같이 빽빽하여,
모두 한 마음으로
한량없는 억겁을 두고
부처님의 참된 지혜를 생각하여도
조금도 알 수 없을 것이니라.
새로 발심한 보살이
수없는 부처님을 공양하여
모든 뜻과 이치를 통달하였으며,
또 능히 설법을 잘 할 수 있고
벼, 삼대, 대나무와 갈대처럼

시방에 가득차서,
한결같은 마음의 오묘한 지혜로
항하사 겁을 두고
모두 다 같이 생각하여도
부처님의 지혜는 알 수가 없을 것이며,
물러나지 않는 모든 보살과
항하사와 같은 수많은 자가,
한결같은 마음으로 다 같이 생각하여
구할지라도
또한 알지 못하느니라.

사리불에게 다시 이르시되,
번뇌 없는 불가사의한
매우 깊고 미묘한 법을
나는 이미 증득하였으니,
오직 나만이 그 모양을 알고
시방세계의 부처님 또한 그러하느니라.

사리불아! 마땅히 알라.
모든 부처님의 말씀은 다름이 없나니
부처님이 설하신 법에 대해
마땅히 크게 믿는 힘을 내어야 하며,
세존께서 오랜 뒤에
진실한 법을 설하게 될 것이니라.
모든 성문대중과
연각승을 구하는 자에게 이르노니,
내가 고통과 속박에서 벗어나게 하여
속히 열반을 얻게 하노라.
부처님이 방편의 힘으로
삼승의 가르침을 보여준 것은,
중생들이 가는 곳마다 집착하므로
그들을 인도하여 벗어날 수 있게 하기
위함이라.

그때 대중 가운데서, 모든 성문과 번뇌가 다한
아라한·아야교진여 등 일천이백인과 성문·벽

지불의 마음을 발한 비구·비구니·우바새·우바이들이 각각 이런 생각을 하였나니, '지금 세존께서는 어찌하여 열심히 방편을 찬탄하시며 말씀하시기를, "부처님이 얻으신 법은 매우 깊어 이해하기 어렵고, 설하신 것도 그 뜻을 알기가 어려워, 일체의 성문과 벽지불로서는 미칠 수가 없다."고 하시는가. 부처님이 설하신 한 해탈의 뜻은 우리들도 그 법을 터득하여 열반에 이르렀거늘, 지금 말씀하신 그 뜻을 알 수가 없느니라'

그때 사리불이 사부대중의 의심을 알고 자신도 분명히 알지 못하여 부처님께 말씀하되, "세존이시여! 어떤 인연으로 모든 부처님의 가장 큰 방편과, 깊고 미묘하여 이해하기 어려운 법을 거듭 찬탄하시나이까. 예전에는 부처님의 이런 말씀을 듣지 못하였나이다. 지금 사부대중이 모두 의심하고 있사오니, 원하옵건대 세존께서는 그 사실을 설하여 주옵소서.

세존께서는 어떤 연고로 깊고 미묘하여 해석하

기 어려운 법을 거듭 칭찬하시나이까."

그때 사리불이 이 뜻을 거듭 밝히고자 게송으
로 말씀하시었다.

태양 같은 지혜 가지신 세존께서
오랜 뒤에 그 법을 설하시되,
스스로 다음과 같은 법을 얻었다고 하시며
이는 십력·무소외·삼매·
선정·해탈 등
불가사의 법으로,
도량에서 얻은 법은
능히 묻는 자도 없으며
나의 뜻은 측량하기 어려워
또한 물을 자도 없으므로,
묻지 않아도 스스로 설하시되
행하신 바의 도를 찬탄하시고
그 지혜는 매우 미묘한 것으로
모든 부처님이 얻은 것이라고 하시니,

번뇌가 없어진 모든 아라한과
열반을 구하는 자들이
지금 모두 의혹에 빠져서
부처님께서 어찌하여 이같이 설하시나이까
연각을 구하는 비구 · 비구니와
모든 하늘 · 용 · 귀신과 건달바 등이
서로 보며 의심을 품고
부처님만 우러러 보고 있사오니
그 일이 어떠한 것인지
원컨대 부처님께서 설명하여 주시옵소서.
모든 성문 중에
네가 제일이라 하셨으나
저는 지금 스스로 그 지혜에 대해
의혹이 풀리지 않사옵나이다.
이것은 구경법이 되나이까.
아니면 소행도가 되나이까.
부처님의 가르침에서 나온 불자들은
합장하고 우러러보며 기다리오니,

원컨대 미묘하신 음성을 내시어
지금 진실을 설하여 주시옵소서.
모든 하늘 · 용 · 귀신들이
그 수가 항하사와 같으며,
불도를 구하는 모든 보살이
그 수가 팔만이나 되오며,
그밖에 만억이나 되는 나라의
전륜성왕까지 와서
공경하는 마음으로 합장하고
구족하신 도를 듣고자 하나이다.

그때 부처님께서 사리불에게 이르시되, "아서라. 그만두라. 더 말할 필요가 없느니라. 만약에 이 일을 말하면 일체 세상의 모든 하늘과 사람들이 다 놀라고 의심하게 될 것이니라."

사리불이 거듭 부처님께 여쭈었다. "세존이시여, 오직 원컨대 설하여 주옵소서. 원컨대 말씀하여 주옵소서. 어찌하여 그러한가. 이 법회에 모인 수없는 백천만억의 아승지 중생들은 일찍이 모든 부처님을 친견하고, 모든 근기가 영리하고 예리하게 지혜가 밝아졌으므로, 부처님의 설법을 듣게 되면 능히 공경하고 믿으오리다."

그때 사리불이 거듭 이 뜻을 밝히고자 게송으로 여쭈었다.

가르침의 왕이신 위 없는 세존이시여,
원컨대 염려하지 마시고 설하여 주옵소서.
여기 모인 한량없는 대중들은
공경하고 믿을 자만 있나이다.

부처님께서 다시 사리불에게 그만두라 말씀하시었다.

"만약에 그 일을 말하게 되면 일체 세상의 하늘·사람·아수라가 다 놀라고 의심하게 될 것이며, 증상만의 비구가 장차 지옥에 떨어지게 될 것이니라."

그때 부처님께서 다시 게송으로 말씀하시었다.
아서라. 그만두자. 더 말할 필요가 없으며
나의 법은 미묘하여 생각하기 어려우니,
모든 증상만의 무리들은
들어도 반드시 믿고 공경치 않으리라.

그때 사리불이 거듭 부처님께 여쭈었다.
"세존이시여! 원컨대 말씀하여 주시옵소서. 원컨대 말씀하여 주시옵소서. 지금 이 모임 중에 우리들과 같은 백천만억의 대중들은 세세생생에 이미 일찍부터 부처님의 교화를 받았사오니, 그러한 사람들은 반드시 공경하고 믿어 기나긴 세월을 편안하게 지낼 수 있으며, 풍요롭게 요익함이 많으오리다."
그때 사리불이 거듭 이 뜻을 밝히고자 게송으로 여쭈었다.
위없이 높은 세존이시여!
원컨대 가장 높은 법을 설하여 주시옵소서.

저는 부처님의 장자이오니
오직 분별하여 말씀하여 주시옵소서.
여기 모인 한량없는 대중들은
그 법을 공경하고 믿으오리다.
부처님께서 이미 일찍이 세세에 이같은
무리들을 교화하셨으므로,
모두 일심으로 합장하고
부처님의 말씀을 듣고자 하나이다.
저희들 일천 이백 인과
그밖에 불법을 구하는 자들에게
원컨대 대중들을 위하여
오직 분별하여 설하여 주시옵소서.
이 법을 듣게 되면
곧 크게 환희심을 내오리다.

그때 세존께서 사리불에게 말씀하시었다.
"네가 이미 지성으로 세 번이나 청하니 어찌
말하지 않을 수 있겠는가. 너는 지금 자세히 듣고

잘 생각하고 염두에 두도록 하라. 내 마땅히 너희들을 위하여 분별해서 말하리라."

이 말씀을 하실 때 회중에 있던 비구·비구니·우바새·우바이 등 오천명이 곧 자리에서 일어나 부처님께 예배하고 물러감이라. 어찌하여 그러한가. 이 무리들은 지은 죄의 뿌리가 깊고 무거우며 거만하여 아직 증득하지 못한 것을 증득하였다 생각하는 고로, 그러한 잘못으로 머무를 수가 없었느니라. 세존께서는 잠자코 앉으시어 말리지 않으셨나이다.

그때 부처님께서 사리불에게 이르시었다.
"지금 내 앞에 있는 이 대중들은 가지와 잎은 없고 오직 열매만 있음이라. 사리불아, 이같이 거만한 사람들은 물러가도 좋으니라. 너는 지금 잘 들어라. 마땅히 너를 위하여 말하리라."
사리불이 말씀하되, "세존이시여! 원컨대 즐거

이 듣고자 하나이다."

부처님께서 사리불에게 말씀하시었다. "이같이 미묘한 법은 모든 부처님 여래께서도 때가 되어야 설하시니, 마치 우담발화꽃이 때가 되어야 한 번 피는 것과 같으니라.

사리불아! 너희들은 마땅히 부처님이 설하신 말씀을 믿을지니 그 말씀은 허망하지 않느니라.

사리불아! 모든 부처님께서 근기를 따라 법을 설하시나니, 그 뜻을 알기 어렵느니라. 왜냐하면 수없는 방편과 여러 가지 인연과 비유의 말로써 모든 법을 설하지만, 그 법은 생각이나 분별로써 능히 이해할 수 있는 것이 아니고, 오직 모든 부처님만이 알 수 있는 것이니라.
왜냐하면 모든 부처님 세존은 오직 일대사인연으로 세상에 출현하시느니라.

사리불아! 어찌하여 '모든 부처님 세존은 오직 일대사인연으로 세상에 출현하신다'고 하는가. 모든 부처님 세존이 중생으로 하여금 부처님의 지견을 열어 청정함을 얻고자 하여 세상에 나오신 것이며, 중생에게 부처님의 지견을 보여 주고자 하여 세상에 나오신 것이며, 중생으로 하여금 부처님의 지견을 깨닫게 하고자 하여 세상에 나오신 것이며, 중생으로 하여금 부처님의 지견도에 들게 하고자 함으로 세상에 출현하시느니라. 사리불아! 이것이 모든 부처님께서 일대사인연으로 세상에 출연하심이니라."

　부처님께서 사리불에게 이르시되, "모든 부처님 여래는 다만 보살을 교화하시느니라. 모든 소작이 있음은 항상 이 한 가지 일을 위하심이라. 오직 부처님의 지견으로 중생에게 보여 깨닫게 하는 것이니라.

사리불아! 여래는 다만 일불승으로 중생을 위하여 설법하신 것이므로, 그 밖에 이승이나 삼승은 없느니라.

사리불아! 일체 시방세계의 모든 부처님의 법도 이와 같으니라.

사리불아! 과거의 모든 부처님이 한량없고 수없는 방편과 가지가지 인연과 비유의 말씀으로 중생을 위하여 모든 법을 설하였으니, 그 법은 모두 일불승을 위한 것이므로 그 모든 중생이 부처님의 법을 듣고, 마침내 다 일체종지를 얻었느니라.

사리불아, 미래의 모든 부처님도 마땅히 세상에 출현하시어, 또한 한량없는 방편과 여러 가지 인연과 비유의 말씀으로 중생을 위하여 모든 법을 연설하시니, 그 법도 모두 일불승을 위한 것이며 이 모든 중생이 부처님의 법을 듣고, 마침내 모두 일체의 종지를 얻게 되느니라.

사리불아, 현재 시방세계의 한량없는 백천만억 부처님 국토 중에 모든 부처님 세존께서 여러 가지로 요익하게 하시는 바가 많아 중생을 안락하게 하시느니라. 이 모든 부처님도 역시 한량없고 수없는 방편과 여러 가지 인연과 비유의 말씀으로 중생을 위하여 모든 법을 연설하시니, 그 법이 모두 일불승을 위한 것이므로 이 모든 중생이 부처님 법을 듣고, 마침내 모두 일체의 종지를 얻게 되느니라. 사리불아! 이 모든 부처님은 다만 보살을 교화하여 부처님의 지견으로 중생에게 보여주고자 하심이며, 부처님의 지견으로 중생을 깨닫게 하고자 하심이며, 중생으로 하여금 부처님의 지혜에 들게 하고자 하시기 때문이라.

　사리불아, 나도 지금 또한 그와 같아서, 모든 중생의 여러 가지 욕망이 마음 깊이 집착함을 알아서, 그 본성에 따라 여러 가지 인연과 비유의 말씀과 방편의 힘으로 설법을 하였느니라. 사리불아, 이같이 모두가 일불승의 일체종지를 얻게 하고자 함이니라.

사리불아! 시방세계 중에는 오히려 이승도 없거늘, 어찌 하물며 삼승이 있을 수 있겠느냐.

사리불아! 모든 부처님께서는 오탁악세에 출현하시어, 이른바 세상이 오래되어 생기는 혼란인 겁탁과 사람들 번뇌가 치열해져서 생기는 혼란인 번뇌탁과 사람들의 성질이 서로 달라서 생기는 중생탁과 사람들의 성질이 서로 달라서 생기는 견탁과 사람들의 수명이 짧아져서 생기는 명탁이니라. 사리불아! 겁탁의 어지러운 때에는 중생들이 업장이 무거워 인색하고 탐하고 질투하여, 여러 가지 착하지 못한 일을 성취하는 고로, 모든 부처님께서 방편의 힘으로 일불승으로 이를 분별하여 삼승으로 설하시는 것이니라.

사리불아! 만약 나의 제자들이 스스로 아라한

·벽지불이라고 말하는 이가 모든 부처님 여래께서 다만 보살만을 교화하는 일을 듣지도 못하고 알지도 못한다면, 이는 부처님의 제자도 아니며 아라한도 아니며 벽지불도 아니니라.

사리불아! 이 모든 비구·비구니가 스스로 이미 아라한을 얻었다 하고 이것이 최후의 몸으로 마침내 열반을 이루었다 하여 아뇩다라삼먁삼보리를 구할 뜻이 없다면, 마땅히 알라. 이같은 무리는 모두가 증상만의 인간임을 알아야 하느니라. 왜냐하면 만일 비구가 진실로 참된 아라한을 얻으려면 이 법을 믿지 않고는 그 경지에 도달할 수 없기 때문이니라.

부처님이 멸도하신 후 현재 눈앞에 부처님은 없다 하는 생각은 없이 할지니라. 왜냐하면 부처님이 멸도하신 후 경전을 받아 가지고 읽고 외우며 뜻을 해석하는 사람을 얻기가 어렵나니, 만약 다른 부처님을 만난다 하여도 이 법 중에서 마침내 깨달음을 얻으리라.

　사리불아! 너희들은 마땅히 한결같은 마음으로 믿고 이해하여 부처님의 말씀을 받아 가질지니라. 모든 부처님의 말씀은 허망함이 없나니, 다른 승은 없고 오직 일불승 뿐이니라."
　그때 세존께서 거듭 이 뜻을 밝히고자 게송으로 말씀하시었다.

　　비구 · 비구니는
　　교만한 마음을 품은 자와
　　아만심의 우바새와
　　믿지 않는 우바이들,
　　이와 같은 사부대중
　　그 수가 오천이라.
　　스스로 자신의 허물을 보지 못하고
　　계행의 결함을 막지 못하여

그 스스로 허물을 보지 않고
계행의 결함을 숨겨왔으며,
이 작은 지혜를 가진 자는 이미 물러갔으니
대중 속의 찌꺼기와 같아
부처님의 위덕으로 물러갔느니라.
이들은 복덕이 적어
이 법을 받아 감당할 수가 없느니라.
지금 남은 대중은 가지와 잎은 없고
오직 곧은 열매와 줄기만 있느니라.
사리불아! 잘 들으라.

모든 부처님이 얻으신 법을
한량없는 방편의 힘으로
중생을 위하여 설하시느니라.
중생이 마음으로 생각하는 바와
가지가지로 행하는 도와
가지가지 하고자 하는 욕성과
과거세의 선·악의 업들

부처님은 이를 다 아시고
모든 인연과 비유와
말씀과 방편의 힘으로
일체의 중생을 환희케 하기 위하여,
혹은 가르침의 참뜻과
시와 불제자의 과거사와
부처님의 전생담과 신비로운 이야기를 설하며,
또 과거의 사연과 비유와 설했던 바를 거듭시로써
설하고
내용을 논의 해설 하는등 가르침을 설하기도 하며,
둔한 근기는 소승법만 즐기고
나고 죽는 데에 탐착하여,
한량없는 부처님의
깊고 오묘한 도를 행하지 아니하고
온갖 고통에 시달리고 있으므로
그들을 위하여 열반을 설하기도 하며,
내가 방편을 베풀어서
부처님의 지혜에 들어갈 수 있게 하느니라.

아직 너희들에게
성불의 도 얻는 것을
설하지 않은 것은
설할 때가 아니었기 때문이었으며,
지금이 바로 이 때라
결정하고 대승을 설하노라.
나의 이 모든 구부법은
중생의 근기 따라 설한 것으로
대승에 들어가는 것을 근본으로 삼았기에,
이런 까닭으로 이 경을 설하노라.
어떤 불자가 마음이 맑으며
부드럽고 예리한 근기로서
한량없는 모든 부처님 처소에서
깊고 오묘한 도를 행하므로
이러한 불자들을 위하여
이 대승경을 설하노라.
내가 이러한 사람에게 수기를 주리니,
다음 세상에서 불도를 이루게 함이니라.

이것은 깊은 마음으로 부처님을 생각하며
맑은 계행을 닦았기 때문이라.
그들은 부처님이 되리라는 말씀을 들으면
큰 기쁨이 몸에 가득할 것이며,
부처님은 그 마음을 아시는 연고로
대승을 설하시리라.
만약 성문이나 보살이
내가 설하는 법의
한 게송만 들을지라도
모두 의심 없이 성불하리라.
시방의 불토 중에
오직 일승법만 있을 뿐이고
이승도 없고 삼승도 없나니,
부처님이 방편으로 설하신 것은
다만 헛된 이름으로
중생을 인도하였으니,
이는 부처님의 지혜를 말하려 한 까닭이니라.

모든 부처님이 세상에 나오심은
오직 이 일승법만이 진실이고
달리 둘이 있다면 진실이 아니니라.
마침내 소승으로
중생을 제도하지 아니하느니라.

부처님은 스스로 대승에 머물면서
그 얻은 바의 법은 이와 같으니,
선정과 지혜와 아름다운 덕으로 장엄하여
이것으로 중생을 제도하는 바,
스스로 무상도
대승의 평등법을 증득하고,
만약 소승으로 교화하여
혼자만이 가진다면
나는 곧 인색하고 탐욕함에 떨어질 것이니
그와 같이 하면 옳지 않으리라.
만약 사람이 부처님을 믿고 귀의하면,
여래는 버리지 않으시며

또한 탐내고 질투하는 마음이 없으니,
모든 법 가운데서 악을 끊어 주시느니라.
이러한 연고로 부처님은 시방세계에서
홀로 두려움이 없느니라.
나는 삼십이상으로 몸을 장엄하고
광명으로 세상을 비추어
한량없는 중생에게 존경받으며
그런고로 실상의 법인을 설하노니,
사리불아! 마땅히 알라.
내가 본래 세운 서원이
일체 중생으로 하여금
나와 같이 평등하여 다름이 없게 하고자 함이
었으나,
내가 옛적에 서원하는 바와 같이 되어
지금은 이미 만족하니,
일체의 중생을 교화하여
모두 불도에 들게 함이라.

내가 중생을 만나면
모두 불도를 가르치지만
지혜롭지 못한 자들은 착란을 일으키고
미혹하여 가르침을 받지 아니하니
나는 이 중생이
아직 착한 공덕을 닦지 않은 것을 아노라.
깊이 오욕에 집착하여
어리석음으로 인하여 번뇌를 일으키며,
모든 탐욕의 인연으로
삼악도에 떨어지고
육도 중에 윤회하면서
모든 고통과 독해를 받느니라.
모태의 작은 형체를 받아
세세에 항상 살아가며
덕이 엷고 복이 적은 사람으로
온갖 고통에 시달리며,
빽빽한 사견의 숲으로 들어가
혹은 있다 혹은 없다 하는데 빠짐이라.

이 모든 사견에 의지하며,
육십이견을 구족하고
허망한 법에 깊이 집착하여
이를 굳게 받아들여 버리지 못하며,
아만과 자존심이 높다고 자랑하고
아첨하며 왜곡되어 마음이 진실하지 못하여
천만억겁이 지나도록
부처님의 이름조차 듣지 못하고,
또한 정법을 듣지 못함이니
이같은 사람은 제도하기 어렵나니라.
사리불아! 이러한 고로
내가 방편을 만들어
모든 고통에서 벗어나는 도를 설하여
이를 열반으로 보여준 것으로,
내가 비록 열반을 설하였으나
이는 참된 적멸은 아니니라.
모든 법은 본래부터
항상 스스로 적멸한 상이니,

불자가 도를 행하며 마치면
오는 세상에 성불하느니라.

나에게는 방편의 힘이 있어
삼승법을 열어 보여 주었으니,
일체의 모든 세존도
다 일승의 도를 설하시느니라.
지금 이 모든 대중은
마땅히 의혹을 버리게 되었으며,
모든 부처님의 말씀은 다르지 아니하여
오직 일승 뿐이고 이승은 없느니라.

과거 수없는 겁에
한량없이 멸도하신 부처님이
백천만억이나 되어
그 수는 헤아릴 수가 없느니라.
이와 같은 모든 세존께서
여러 가지 인연과 비유와

한량없는 방편의 힘으로
모든 법상을 설하셨으니,
모든 세존께서도
모두 일승법을 설하시며
한량없는 중생을 교화하시어
불도에 들게 하셨느니라.
또는 모든 큰 성주께서
일체 세상의
하늘과 사람과 많은 중생들의
마음속 깊은 욕망을 아시고,
다시 다른 방편으로
제일의 뜻을 도와서 나타내셨느니라.

만약 중생의 무리 중에
과기의 모든 부처님을 만나
혹은 법을 듣거나 보시를 하며,
혹은 계율을 지키거나 인욕과
정진과 선정 등으로

여러 가지 복혜를 닦았으면,
그와 같은 사람들은
다 이미 불도를 이룬 것이니라.

모든 부처님이 멸도하신 후에
만약 착하고 부드러운 마음을 가진
사람이라면,
이같은 모든 중생은 모두
이미 불도를 이룬 것이니라.

모든 부처님이 멸도하신 후
사리를 공양하는 자가
만억 가지의 탑을 세우되,
금·은·파리와 자거·마노와
매괴·유리·진주로
깨끗하고 넓고 장엄하게 꾸미고
모든 탑을 웅장하게 장식하며,
혹은 돌로 사당을 세우되

전단향과 침수향과
목밀과 다른 재목과
기와 · 벽돌 · 진흙 등으로 짓기도 하며,
만약 넓은 들 가운데
흙을 쌓아 절을 이룩하거나,
그리고 아이들이 놀면서라도
모래를 모아 불탑을 만든다면,
그러한 사람들은 다
이미 불도를 이루었으며,
어떤 사람이 부처님을 위하여
모든 형상을 건립하되,
조각을 하여 부처님 형상을 이룩하면
다 이미 불도를 이루었으며,
혹은 칠보로 이룩하고
놋쇠 · 적동 · 백동과
백납 · 아연 · 주석과
쇠와 나무와 진흙으로 만들기도 하며,
혹은 아교와 칠과 베로

불상을 장엄한다면,
그러한 사람들은 다
이미 불도를 이루었으며,
채색으로 불상을 그려
백복이 장엄한 불상을 만들되
자신이나 사람을 시켜서라도 그리면
다 이미 불도를 이루었으며,
그리고 아이들이 장난으로
풀·나무·붓이거나
혹은 손가락이나 손톱으로
불상을 그린다 해도,
그러한 사람들은
점점 공덕이 쌓이고
큰 자비심이 구족하여
다 이미 불도를 이룬 후에,
모든 보살을 교화시켜
한량없는 중생을 제도하여 해탈케 함이라.
만약 어떤 사람이 탑과 절과

불상과 불화앞에
꽃과 향과 번개로써
공경하는 마음으로 공양하거나,
사람을 시켜 음악을 연주하게 하되
북을 울리고 뿔피리와 소라·고동을 불며
퉁소·피리·거문고·하프와
비파·징·바라 등
그와 같은 여러 가지 오묘한 음악을
다 가지고 공양하거나,
혹은 즐거운 마음으로
노래를 불러 부처님의 덕을 칭송하되
작게 한마디 소리만 내었어도
다 이미 불도를 이룩함이라.
어떤 사람이 산란한 마음으로
이에 한 송이 꽃으로
탱화에 공양할지라도
점차로 수없는 부처님을 친견하게 될 것이며,
혹 어떤 사람이 예배를 하거나

그리고 합장을 하거나
또한 손을 한 번 든다거나
또는 머리를 조금 숙이거나
이와 같이 부처님 모습에 공양하면,
점차로 한량없는 부처님을 친견하게 되며,
스스로 위없는 도를 이루어
수없는 중생을 널리 제도하고
무여열반에 들게 하되
섶이 다하면 불이 꺼짐과 같으리라.

어떤 사람이 산란한 마음으로
탑이나 절 안에 들어가
한 번이라도 나무불을 부른다면
다 이미 불도를 이룩함이라.
과거의 모든 부처님이
세상에 계시거나 멸도한 후
만약 그 법을 들었으면
다 이미 불도를 이룩함이라.

미래의 모든 세존도
그 수가 한량없으니
이 모든 여래께서도
역시 방편으로 설법할 것이며
일체의 모든 여래께서는
한량없는 방편으로
모든 중생을 제도하사 해탈시켜
부처님의 지혜에 들게 할 것이니라.
만약 법을 듣는 자가 있으면
한 사람도 성불 못하는 자가 없으리라.
모든 부처님의 본래 서원은
내가 행한 불도를
널리 중생으로 하여금
함께 이 도를 얻게 하고자 함이며,
미래 세상의 모든 부처님이
비록 백천억의
수없는 모든 법문을 설하실지라도

참으로는 일승을 위함이니라.
모든 부처님 양족존은,
법은 항상 성품이 없어
부처님의 종자는 연을 따라 일어남을 알리기
위함이니,
이런 까닭으로 일승을 설한 것이니라.
이 법이 법위에 머물며
세간모습에 항상 머무나니
도량에서 이를 이미 아시고
도사께서 방편으로 설하시느니라.

현재 하늘과 사람이 공양을 받드는
시방세계의 부처님께서
그 수가 항하사와 같아
세상에 출현하사,
중생을 편안하게 하고자
또한 이같은 법을 설하심이라.
제일의 적멸법을 아시지마는

방편력을 가지고
비록 여러 가지 도를 보여 주셨으나
그 실은 일불승을 위한 것이니라.
중생의 모든 행과
마음 깊이 생각하는 바와
과거에 익힌 업과
욕망과 성품과 정진력과
모든 근기의 예리하고 둔함을 아시고
여러 가지 인연과
비유와 말씀으로
근기에 따라 방편을 설하였으니,

지금 나도 그와 같아
중생을 편안케 하기 위하여
여러 가지 법문으로
불도를 펴 보였으며,
내가 지혜의 힘으로
중생들의 성품과 욕망을 알아

방편으로 모든 법을 설하여
모두가 기쁨을 얻게 하느니라.

사리불아! 마땅히 알라.
내가 부처님의 눈으로 관찰하여
육도의 중생을 보니,
가난 곤궁하고 복과 지혜가 없으며,
나고 죽는 험악한 길에 들어
서로가 계속하여 고가 끊기지 아니하고,
오욕에 깊이 집착하기를
물소가 꼬리를 사랑함과 같으며,
탐욕과 애착으로 스스로를 가려서
눈 멀고 어두워 보는 바가 없음이라.
큰 세력의 부처님과
고통 끊는 법도 구하지 않고
사견에 깊이 빠져
고통으로써 고통을 버리고자 하므로,
이러한 중생을 위해

큰 자비심을 일으키느니라.
내가 처음 도량에 앉아
보리수를 보며 또는 경행하며,
삼칠일 동안
이같은 일을 생각하기를
내가 얻은 지혜는
미묘함이 제일이라.
중생들은 모든 근기가 둔하고
쾌락에 집착하여 어리석고 눈 멀었으니,
이러한 무리들을 어떻게 해야
가히 제도할 수 있으리오.
그때 모든 범천왕과
모든 하늘의 제석천과
세상을 수호하는 사천왕과
대자재천과,
아울러 다른 모든 하늘의 대중인
백천만의 권속들이
공경히 합장하고 예배하면서

나에게 가르침 설하시기를 청하는지라,
내가 곧 스스로 생각하기를
만약 불승만을 찬탄하게 된다면
현재 고통속에 빠진 중생들이라,
그 법을 능히 믿지 못하여
법을 헐뜯고 믿지 않는 고로
삼악도에 떨어지게 될 것이니,
나는 차라리 설법을 하지 않고
바로 열반에 들려 하다가,
저 과거의 부처님이 행하신
방편의 힘을 생각하고
내가 지금 얻은 도로 근기에 맞추어
삼승으로 설하리라.
이러한 생각을 할 때,
시방세계의 모든 부처님이 모두 나타나시어
맑은 목소리로 나를 위로하시기를,
착하도다 석가모니여!
제일가는 도사여,

그 무상의 법을 얻었건만
일체의 모든 부처님을 따라
방편의 힘을 쓰시고자 하네.
우리들도 모두
가장 오묘한 제일의 법을 얻었건만
모든 중생들을 위하여
삼승을 분별해서 설하였노라.
지혜가 적은 자는 소승 법을 즐겨
자신이 성불함을 믿지 않는지라.
이런 까닭으로 방편으로써
모든 과를 분별하여 설하고
다시 삼승을 설하였으나
다만 보살을 교화하기 위함이니라.
사리불아! 마땅히 알라.
나는 부처님의
깊고 맑은 미묘한 음성을 듣고
나무불을 부르며
다시 이런 생각을 하였으되,

나는 혼탁하고 악한 세상에 나왔으니
모든 부처님이 설하신 바와 같이
나도 또한 순히 따라 행하리라.
이같은 일을 생각하고
곧 바라나로 가서
모든 법의 적멸상을
말로 설하지 않고
방편을 가지고
다섯 비구를 위해 설하였으니
이것을 이름하여 전법륜이라 하느니라.
즉 열반도와 아라한과
법보와 승보를 차별하여 설하였느니라.
아득히 먼 옛날부터
열반의 법을 찬탄하여 보이기를,
나고 죽는 고통을 영원히 없앤다고
나는 항상 이와 같이 설하노라.

사리불아! 마땅히 알라.

내가 보니 불자들이
불도를 구하는 자가
한량없는 천만억으로서,
모두가 공경하는 마음으로
부처님 처소에 이르렀으니,
이는 일찍부터 부처님을 따라
방편으로 설한 법을 듣는지라.
나는 즉시 이런 생각을 하되
여래가 출현함은
부처님의 지혜를 설하고자 함이었으니
지금이 바로 이때라.
사리불아! 마땅히 알라.
근기가 둔하고 지혜가 적은 사람과
현상에 집착하여 교만한 자는
이 법을 믿지 아니하느니라.
나는 지금 기뻐하며 두려움이 없어
모든 보살에게
방편을 버리고 정직하게

다만 무상도만을 설하노라.
보살이 그 법을 듣고
의혹의 그물을 모두 제거하였으니,
일천이백 아라한도
다 마땅히 성불하리라.
삼세의 모든 부처님이
설법한 의식과 같이
나도 지금 그와 같아
분별없는 법을 설하노라.

모든 부처님이 세상에 나오심이
멀고 멀어 만나기 어려우며,
설혹 세상에 나오신다 하더라도
그 법을 설하기가 어려우며,
한량없고 수없는 겁에도
그 법을 듣기도 또한 어려우며,
능히 그 법을 듣고자 하는 사람도 있기
어려우니라.

비유하면 우담발의 꽃을
모두가 다 사랑하고 즐거워하지만,
하늘과 인간에 심히 희유한 일로서
때가 되어야 한번 피어남과 같으니라.
법문을 듣고 환희하며 찬탄하되
한마디 말만 하더라도,
이는 삼세의 일체 부처님께
이미 공양한 것이 되므로,
그러한 사람은 매우 희유하여
우담바라꽃과 같네.

너희들은 의심하지 말라.
나는 모든 법의 왕이니
모든 대중에게 널리 알리노라
다만 일승의 도로써
모든 보살을 교화함이요
성문 제자는 없느니라.

너희들 사리불 등
성문과 보살들은
마땅히 알라. 이 미묘한 가르침은
모든 부처님의 소중히 여기는 비결임을 바로
알라.
오탁악세에서
다만 착심으로 모든 욕망을 즐겨 탐하는
이같은 중생들은
끝내 불도를 구하지 못할 것이며,
오는 세상에 악한 사람은
부처님이 설하신 일승법을 들을지라도
미혹하여 믿지 않으며 받아들이지 않고
법을 파해서 악도에 떨어질 것이니,
뉘우치고 청정한 마음으로
불도를 구하는 자가 있으면,
마땅히 그런 사람을 위하여
일승의 도를 널리 찬탄할지니라.

사리불아! 마땅히 알라.

모든 부처님의 법이 그와 같아서

만억의 방편으로

근기에 따라 설법하노니,

배워서 익히지 않은 자는

이 법을 능히 깨달을 수가 없느니라.

너희들은 이미

모든 부처님이 세상의 스승이 되시어

근기 따라 방편을 설한 일을 알았으니

다시는 의혹이 없게 하고

크게 환희심을 내어

마땅히 스스로 성불할 수 있다는 것을 알지니라.

〈방편품 끝〉

묘법연화경 제2권

제 3 비유품

그때 사리불이 기뻐 뛰면서 즉시 일어나 합장하고 거룩한 얼굴을 우러러보며 부처님께 여쭈었다.

"지금 세존의 이 법음을 듣고 마음이 뛸듯이 기뻐 미증유를 얻었나이다. 왜냐하면 제가 옛적에 부처님의 이와 같은 법문을 듣고, 모든 보살이 수기하여 성불함을 보았으나, 우리들은 그 일에 참여하지 못하여 스스로 매우 한탄하기를 '여래의 한량없는 지견을 잃었다.'고 하였나이다.

세존이시여, 저는 산속이나 나무 아래서 항상 홀로 있으면서, 앉았거나 거닐 적에 늘 이같은 생각을 하였나이다.

'우리들도 다 같이 법성에 들어갔거늘 어찌하여 여래께서는 소승법으로 제도하심을 보여주시는가.' 그러나 그것은 우리들의 잘못이지 세존의 잘못은 아니었나이다.

왜냐하면, 만약 우리들이 인연을 설하실 때까지 기다려서 아뇩다라삼먁삼보리를 성취하려고 하였으면 반드시 대승으로 해탈할 수 있게 하였을 것이오나, 우리들은 방편으로 근기에 따라 설하시는 것을 이해하지 못하고, 처음 부처님의 법을 듣고 곧 믿어 증득하였다고 생각하였나이다.

세존이시여, 내가 옛적부터 하루 종일 주야로 항상 스스로 책망하였으나, 지금 부처님으로부터 아직 듣지 못했던 미증유의 법을 듣고, 모든 의심과 뉘우침이 사라지고 몸과 마음이 태연하며 매우 안온함을 얻게 되었으니, 오늘에야 참으로 불자가 되었음을 알았나이다. 부처님의 말씀에 따라 생겨났으며, 법의 교화에 따라 생겨나 불법을 나누어 얻었나이다."

　그때 사리불이 거듭 이 뜻을 밝히고자 게송으
로 말씀하시었다.

　　나는 이 법음을 듣고
　　미증유을 얻게 되어
　　마음이 크게 기뻐
　　의심의 그물이 다 제거되었나이다.
　　옛적부터 부처님의 가르침을 받아
　　대승법을 잃지 않았으며,
　　부처님의 말씀은 매우 희유한 것으로
　　능히 중생의 번뇌를 제거하시니,
　　나는 이미 누가 다 하였으나
　　법음을 듣고서 근심과 걱정이 없어졌나이다.

　　나는 산속에 있거나
　　나무 아래 있을 때나
　　앉았거나 다닐 때에

항상 그 일을 생각하며
한탄하고 깊이 스스로 책망하기를
어찌하여 스스로 속였는가.
우리들도 또한 불자로서
같은 무루법에 들었으나,
능히 미래에 대하여
무상도를 설할 수 없으며,
금색의 삼십이상과
열가지 힘 그리고 모든 해탈도
다 같이 한 법 가운데 있거늘
그 일을 얻지 못하였으며,
여든가지의 묘한 상호와
열여덟의 불공법과
이와 같은 공덕을
나는 이미 다 잃었다고 여겼으며,
내가 홀로 거닐 적에
부처님이 대중 속에 계시면서
명성이 시방에 가득하여,

널리 중생을 요익하게 함을 보고
스스로 생각하기를
그런 이익을 잃었으니
나를 스스로 속인 것으로 생각하였나이다.
나는 주야로
항상 그 일을 생각했네.

세존께 묻고자 하였으나
잃는 것인가, 잃지 않게 되는 것인가 하였나이다.
나는 항상 세존께서
모든 보살들을 칭찬하심을 보고
그로 인하여 밤낮없이
이같은 일을 헤아려 보았나이다.
지금 부처님의 음성을 듣사오니
근기를 따라 하신 설법이
중생으로 하여금 누를 없애고
도량에 이르게 하였나이다.
나는 본래 사견에 집착하여

모든 바라문교도의 스승이 되었으나
세존께서 내 마음을 아시고
사견을 뽑아주시며 열반을 설하셨나이다.
나는 사견을 다 버리고
공법을 증득하면서
그때 마음으로 생각하기를
멸도에 이르렀다고 생각하였으나
이제 와서 스스로 깨달으니
이는 진실된 멸도가 아니었나이다.
만약 부처님이 되었다면
삼십이상을 갖추어
하늘·사람·야차들과
용·신 등이 공경하리니
그때에는 가히 말할 수 있으리라.
영원히 멸도하여 남음이 없다는 것을.
부처님이 대중 가운데서 설하시되,
내가 마땅히 성불할 것이라고 하시니,
그와 같은 법음을 듣고

모든 의심과 회의를 다 제거할 수 있었나이다.

처음 부처님께서 설하심을 듣고
마음속으로 크게 놀라 의심하기를,
아마도 마구니가 부처님이 되어
나의 마음을 어지럽히는 것이 아닌가
생각하였으나,
부처님께서 여러 가지 인연과 비유로써
정교하게 설하여 주시니
마음이 바다처럼 편안해져
의심의 그물을 끊었나이다.

부처님의 말씀이,
과거세에 멸도하신 한량없는 부처님도
방편에 편안하게 머무르사
또한 모두 이 법을 설하셨으며,
현재와 미래의 부처님도
그 수가 한량이 없되

역시 모든 방편으로
그와 같은 법을 설한다고 하시며,
지금의 세존께서도
태어나서부터 출가하시기에 이르러
도를 얻으시고 법륜을 설하시며
또한 방편으로 설하신다고 하였나이다.
세존께서 진실한 도를 설하시되
마구니는 이 진실한 도가 없나이다.
이로써 나는 결정코 알았나이다.
마구니가 부처님이 된 것이 아니고
내가 의심의 그물에 떨어졌으므로
이를 마구니의 행위라고 생각했던 것이었나
이다.
부처님의 부드러운 음성을 들으면
깊고도 멀고 심히 미묘하여
청정한 법을 부연하여 설하시니,
나의 마음이 크게 기뻐
의심과 후회가 영원히 없어지고

진실된 지혜 속에 안주하게 되었으며,
나는 마땅히 성불하여
하늘과 사람의 공경을 받는 바 되어
위없는 법륜을 설하여
모든 보살을 교화하겠나이다.

그때 부처님이 사리불에게 이르시되, "지금 하늘·사람·사문·바라문 등 대중에게 설하노라. 옛적에 일찍이 이만억 부처님 처소에서 무상도를 위하는 고로 항상 너를 교화하여, 너도 또한 긴 세월에 나를 따라 배웠으니, 내가 방편으로 너를 인도하였으므로 나의 법 가운데 나게 되었느니라.

사리불아, 내가 옛적에 너를 교화하여 부처님의 도에 뜻을 두게 하였으나, 너는 지금 다 잊어버리고 스스로 이미 멸도를 얻었다고 생각함이라. 내가 지금 다시 너로 하여금 돌이켜 본래 원하던 것을 생각하고, 행할 바의 도를 기억하게 하려고 모든 성문을 위하여 이 대승경을 설하노니,

그 이름이 〈묘법연화경〉이라. 보살을 가르치는 법이며, 부처님이 호념하시는 경이니라.

사리불아, 너는 미래의 세상에 한량없고 가이 없는 불가사의겁을 지나, 모든 천만억 부처님을 공양하고 정법을 받들어 지니면서 보살이 행할 도를 구족하게 하여 반드시 성불할 것이니, 그 이름이 화광여래·응공·정변지·명행족·선서·세간해·무상사·조어장부·천인사·불 세존이라.

나라 이름은 이구요. 그 국토는 평정하여 맑고 깨끗하고 장엄하게 꾸며졌으며, 안온하고 풍성하여 즐거우며, 천인들이 번창하고 유리로 땅이 되었느니라. 팔방으로 길이 뻗었으며 황금으로 줄을 지어 그 주위에 경계를 치고, 그 곁에는 각각 칠보로 된 나무가 줄지어 있어 항상 꽃과 열매가 있으리라.

화광여래도 삼승법으로 중생을 교화시키리니,

사리불아! 그 부처님이 출현할 때는 비록 악한 세상은 아니더라도 본래 원하던 것이었으므로 삼승법으로 설하리라.

그 겁의 이름은 대보장엄이니, 어찌하여 이름을 대보장엄이라 하는가 하면, 그 나라는 보살을 큰 보배로 삼기 때문이니라. 그 모든 보살들은 한량없고 가이없어 불가사의하므로 어떠한 숫자나 비유로도 미칠수가 없으니, 부처님의 지혜의 힘이 아니고서는 능히 알 자가 없느니라.

만약 걸어가고자 하면 보배의 꽃으로 발을 받쳐 줄 것이니라. 그 모든 보살들은 초발심이 아니고, 모두 오래 전부터 덕의 근본을 심었으며, 한량없는 백천만억의 부처님의 처소에서 범행을 맑게 닦아 모든 부처님의 칭찬을 받았으며, 항상 부처님의 지혜를 닦아 큰 신통력을 갖추어 일체의 모든 법으로 들어가는 문을 잘 알며, 진실하고 정직하여 거짓이 없고, 의지와 생각이 확고한 이와 같은 보살들이 그 나라에 가득 할 것이니라.

사리불아! 화광불의 수명은 십이소겁이며, 이는 왕자로 있을 때와 성불하기 전은 제외한 것이니라. 그 나라 사람들의 수명은 팔 소겁이니라.

화광여래가 십이 소겁을 지나서 견만보살에게 아뇩다라삼먁삼보리의 수기를 주고 모든 비구들에게 이르시되, "이 견만보살이 다음에 부처님이 될 것이니 그 이름은 화족안행·다타아가도·아라하·삼먁삼불타이며, 그 부처님의 국토도 또한 그와 같으니라."

사리불아! 그 화광 부처님이 멸도한 후 정법이 세상에 머무름은 삼십이 소겁이며, 상법이 세상에 머무름도 또한 삼십이 소겁이니라.

그때 세존께서 이 뜻을 거듭 밝히고자 게송으로 말씀하시었다.

사리불이 오는 세상에
지혜가 넓은 부처님이 되면
그 이름이 화광여래라.

마땅히 한량없는 중생을 제도하리니,
수없는 부처님을 공양하고
보살행과 십력 등의 공덕을 구족하여
무상도를 증득할 것이니라.
한량없는 겁을 지낸 뒤에
겁의 이름은 대보장엄이요,
세계의 이름은 이구라.
맑고 깨끗하여 흠과 더러움이 없으며
유리로 땅이 되고
황금의 줄로써 그 길의 경계를 만들었으며,
여러 가지의 색과 칠보로 된 나무에는
꽃과 열매가 항상 있음이라.
그 나라의 모든 보살은
뜻과 생각이 항상 견고하며
신통한 바라밀이
모두 다 구족하여
수없는 부처님의 처소에서
보살도를 잘 배웠으니,

이와 같은 큰 보살은
화광 부처님이 교화함이라.
그 부처님이 왕자로 있을 때
나라와 세상 영화를 다 버리고
출가하여 최후에 불도를 성취함이라.
화광 부처님이 세상에 머무는
수명은 십이 소겁이고,
그 나라의 백성들은
수명이 팔 소겁이라.
부처님이 멸도한 후
정법이 세상에 머무름은
삼십이 소겁이며
모든 중생을 널리 제도하고
그 정법이 끝난 다음에는
상법도 삼십이 소겁이라.
사리가 널리 유포되어
천상이나 인간계가 널리 공양할 것이니,
화광 부처님이 하시는 바가

다 이와 같아
그 부처님은 가장 높고 거룩하여
견줄 사람이 없으니
그가 곧 지금의 너의 몸이라,
마땅히 스스로 기뻐하라.

그때 사부대중인 비구·비구니·우바새·우
바이·하늘·용·야차·건달바·아수라·가루
라·긴나라·마후라가 등의 대중들은 사리불이
부처님 앞에서 아뇩다라삼먁삼보리의 수기 받는
것을 보고 마음으로 크게 기뻐하였다.

한량없이 뛰며 각각 입었던 옷을 벗어 부처님
께 공양하였으며, 석제환인과 범천왕들이 수없는
천자들과 함께 또한 하늘의 기묘한 옷과 하늘의
만다라꽃과 마하만다라꽃 등으로 부처님께 공양
하니, 그 흩어진 하늘옷이 허공에 머물러 스스로
돌았으며, 모든 하늘의 백천만 가지의 기악이 허

공에서 일시에 울려 퍼지고, 많은 하늘꽃이 비 오
듯이 내리었다.

허공에서 들리는 말이, "부처님께서 옛적 바라
나에서 처음으로 법륜을 설하시고, 지금 다시 위
없는 가장 높고 큰 법륜을 설하시도다."
그때 모든 천자가 거듭 이 뜻을 밝히고자 게송
으로 말씀하였다.

옛적 바라나에서
사제의 법문을 설하사
모든 법의 다섯가지 요소들의 생멸을
분별하여 설하시고,
지금 다시 가장 오묘하고
위없는 큰 법륜을 설하였으니,
그 법이 매우 깊고 오묘하여
이를 믿는 자가 적었나이다.

우리들은 옛적부터 세존의 법문을 자주 들
었사오나
일찍이 이와 같이 깊고 오묘한
최상의 법문은 듣지 못하였기에,
세존께서 이같은 법을 설하시니
우리들도 모두 따라 기뻐하였나이다.
지혜 제일의 사리불이
지금 세존의 수기를 받았사오니,
우리들도 또한 이와 같이
반드시 성불하여,
일체의 세간에서
더할 수 없이 가장 높고 존귀하오리다.

부처님의 도는 불가사의한 것이라
방편으로 근기를 따라 설하시니,
우리가 소유한 복업과
금세이거나 과거세에
부처님을 친견한 공덕을

모두 불도에 회향하나이다.

그때 사리불이 부처님께 말씀하되, "세존이시여! 저는 지금 의심과 후회가 없게 되어 친히 부처님 앞에서 아뇩다라삼먁삼보리의 수기를 얻었나이다.

그 모든 일천이백의 마음이 자재한 자가 옛적에는 배우는 자리에 있을 때, 부처님께서 항상 교화하여 말씀하시기를 '나의 법은 생·노·병·사에서 벗어날 수가 있어, 마침내 열반에 들 것이니라.' 하셨거늘 아직 배우거나 배울 것이 없는 사람도 각각 스스로 「나」라는 견해와 「있다」 「없다」하는 등의 견해에서 벗어나 열반을 얻었다고 생각하였으나, 지금 세존 앞에서 아직까지 듣지 못하였던 법문을 듣고 모두 의혹을 품고 있나이다.

거룩하신 세존이시여! 원컨대 사부대중을 위하

여 그 인연을 설하시어 의혹에서 벗어날 수 있게 하시옵소서."

그때 부처님께서 사리불에게 이르시되, "모든 부처님 세존께서 여러 가지 인연과 비유의 말씀으로써 방편으로 법을 설하심이 모두 아뇩다라삼먁삼보리를 위한 것이라고 설하였다. 그렇게 설한 것은 모두 보살을 교화하기 위한 까닭이니라.

사리불아! 지금 다시 비유로써 그 뜻을 밝힐 것이니, 모든 지혜 있는 자들은 이 비유로써 이해할 수 있으리라.

사리불아! 어느 나라 한 마을에 큰 장자가 있었으니, 나이는 늙었으나 재물은 풍부하여 한량이 없고 논밭과 가옥과 부리는 하인들이 많이 있었느니라.

그 집은 넓고 컸으나 문은 오직 하나뿐이었으

며, 많은 사람들이 있어 일백 · 이백 내지 오백 명의 사람들이 살고 있었느니라.

그 집은 썩고 낡았으며, 벽과 담장은 허물어지고 기둥 뿌리도 썩었으며, 대들보도 기울어져 위태한데, 어느 때 갑자기 한꺼번에 불이 일어나 집을 태우고 있었느니라.

장자의 모든 아들이 열, 혹은 스물, 혹은 서른 명이 그 집안에 있었느니라.

장자가 큰 불이 사면에서 일어나는 것을 보고 크게 놀라고 두려워하여 이런 생각을 하되, '나는 비록 이 불타는 집에서 편안히 나왔으나, 모든 아들들은 이 불타는 집안에서 즐기며 장난하고 노느라 깨닫지도 못하고 알지도 못하고 놀라지도 않고 두려워하지도 아니하며, 불길이 몸에 닿아서 고통이 자신에게 절실할 것이나 걱정하는 마음도 없고 나오려는 생각도 않는구나.'

사리불아! 그 장자는 또 이런 생각을 하였으니 '나는 큰 힘이 있으니 마땅히 옷을 담는 상자나 궤짝에 담아 그 집에서 끌어내어 오리라.' 그러다가 다시 생각하기를, '이 집은 오직 문이 하나뿐이고 좁고 협소하니, 모든 아들들은 어려서 아직 아는 것도 없고, 노는 데에 집착하여 혹시 불속에 떨어져 그 불 속에 타게 될 것이니, 내가 마땅히 두렵고 겁나는 일을 설해 주리라. 이 집은 불에 타고 있으니 지금 속히 나와 불에 타게 되는 해를 입지 않아야 하리라.'

이와 같이 생각하고, 모든 아들에게 자세히 일러주되, "너희들은 속히 나와야 하느니라."

아버지는 비록 가엾게 여기어 좋은 말로 타일렀으나, 모든 아들들은 노는데만 정신이 팔려 이를 믿고 받아들이지 않고 놀라지도 않고 두려워하지도 않으면서, 전혀 나오려는 마음이 없으며 어떤 것이 불이며 어떤 것이 집이며 무엇을 잃게

되는 것인지를 알지 못하고, 다만 동과 서로 뛰어
놀면서 아버지를 보고만 있었다.

그때 장자는 이런 생각을 하되, '이 집은 이미
큰 불길에 타고 있으니, 나와 모든 아들이 만약
곧 나가지 않으면 반드시 불에 타게 되리라. 내가
지금 마땅히 방편을 만들어서 모든 아들로 하여
금 이 피해를 면하게 할 것이라.'
그 아버지는 모든 아들에 대하여 알고 있었음
으로 그들 마음에 각각 좋아하는 것이 있어, 여러
가지 진기하고 보기 좋은 기이한 물건을 반드시
좋아할 것이라고 말하였느니라.
'너희들이 좋아할 수 있는 장난감은 희유하여
얻기 어려운 것이니, 너희들이 만약 가지지 아니
하면 후에 반드시 후회하게 되리라. 여러 가지로
서 양이 끄는 수레·사슴이 끄는 수레·소가 끄
는 수레가 지금 문 밖에 있으며, 가지고 놀 수도
있으니, 너희들은 이 불타는 집에서 속히 나와 너

희들이 가지고 싶은 대로 다 너희에게 주리라.'

그때 모든 아들이 아버지의 말을 듣고 진기한 장난감과 좋은 물건이 마침 그들이 원하던 것이므로, 마음에 각각 용기가 솟구쳐 서로 밀치며 함께 앞다투어 불타는 집에서 뛰쳐 나왔느니라.

그때 장자는 모든 아들이 편안히 나와 모두 네거리의 맨 바닥에 앉아 있어, 다시는 장애가 없게 됨을 보고 그 마음이 편안하고 흐뭇하여 기쁨을 억제할 수가 없었느니라.

그때 모든 아들이 각각 아버지에게 말하기를, "아버지께서 조금 전에 주신다던 좋은 기구로서 양이 끄는 수레·사슴이 끄는 수레·소가 끄는 수레를 원컨대 지금 주시옵소서."하였느니라.

사리불아! 그때 장자가 각각 그 아들에게 평등하게 큰 수레를 하나씩 주었느니라.

그 수레는 높고 넓었으며, 여러 가지 보배로 장

식되었고, 주위에는 난간이 둘러 있으며, 사면에는 풍경을 달아 또 그 위에는 일산을 펴고 휘장을 쳤으며, 또한 진귀한 여러 가지 보배로 장엄하게 꾸몄으며, 보배의 끈으로 얽어매고, 화려한 구슬로 된 발을 드리우고, 부드러운 자리를 겹으로 깔고, 붉은 베개를 놓았으며, 흰 소에게 멍에를 메웠으니 살색이 깨끗하고 체격이 튼튼하여 큰 힘이 있었으며, 걸음걸이가 평탄하여 빠르기가 바람 같았고, 많은 시종들이 시위함이라.

왜냐하면 그 장자는 재물이 풍부하고 한량이 없어 창고마다 저장된 것이 가득하였으므로 이런 생각을 하였느니라.

'나의 재물이 끝이 없으니 보잘것없는 작은 수레로써 모든 아들에게 줄 수 없느니라. 지금 이 어린 것들은 다 나의 아들이니 이들을 사랑함에 있어 치우침이 없으며, 나에게 이러한 칠보로 된 큰 수레가 있되, 그 수가 한량이 없으니, 마땅히 평등한 마음으로 각각 주어야지 차별을 두어서는 아니 되리라. 왜냐하면, 나의 이러한 물건은 온 나라 사람에게 두루 나누어준다고 하더라도 오히려 모자라지 않거늘 하물며 나의 아들들에게 주는 것이랴.'

그때 아들들은 각각 큰 수레를 타고 미증유를 얻어 본래의 소망이 아니었느니라.

사리불아! 너의 생각은 어떠한가. 그 장자가 모든 아들에게 보배로 된 수레를 평등하게 나누어준 것이 허망하다고 여기지 않느냐."

사리불이 말씀하였다.

"그렇지 않사옵니다. 세존이시여! 그 장자는 다만 모든 아들로 하여금 불에 타는 것을 벗어나 그 목숨을 보전하게 한 것으로도 허망한 것이 아니옵니다. 왜냐하면 목숨만 보전하였다고 하여도 이미 좋은 장난감을 얻은 것이 되거늘, 하물며 다시 방편으로 그 불타는 집에서 벗어나게 하여 구제함이오리까.

세존이시여! 만약 그 장자가 가장 작은 수레 하나라도 주지 않았다 하여도 오히려 허망한 것은 아니옵니다. 왜냐하면 그 장자가 앞에서 생각하기를, '나는 방편을 가지고 아들을 벗어나게 해야겠구나.' 생각하였으니 그러한 인연으로 볼 때 허망하지가 않사옵니다. 하물며 장자는 자신의 재물이 풍부하여 한량없음을 알고, 모든 아들들을 요익되게 하고자 하여 평등하게 수레를 나누어 주었나이다."

부처님께서 사리불에게 말씀하시었다.

"착하고 착하도다. 네가 말한 바와 같으니라.

사리불아! 여래도 그와 같아서 일체 세상의 아버지가 되는 것이니라. 이 모든 두려움과 쇠약함과 번뇌·근심·걱정·무명의 어둠이 영원히 없어져 남음이 없고, 한량없는 지견과 힘과 두려움이 없음을 다 성취하였고, 큰 신통력과 지혜력이 있으며, 방편과 지혜바라밀이 구족하고 대자대비를 항상 게을리함이 없으며, 언제나 좋은 일을 구하여 일체를 유익하게 하는 것이니라.

삼계의 썩고 낡은 불타는 집에서 나온 것은 중생을 제도하기 위하여 생·노·병·사와 우·비·고·뇌와 우·치·암·폐와 삼독의 불을 꺼주고 교화하여 아뇩다라삼먁삼보리를 얻게 하려 함이니라.

모든 중생을 보니 이 생·노·병·사와 우·비·고·뇌에 불타고 있으며, 또한 오욕과 재물의 이익 때문에 여러 가지 고통을 받으며, 또 탐심과 집착만을 추구하는 것으로 현세에서 여러 가지 고통을 받고 후에는 지옥·축생·아귀의 고통을 받으며, 만약 천상에 태어나거나 인간계에 있을지라도 가난하고 궁색함과 곤란과 괴로움과 사랑하는 자와 이별하는 괴로움, 원수와 미워하는 사람과 만남의 괴로움이라. 이와 같이 중생이 여러 가지 괴로움 속에 빠져 있으면서도, 이를 기뻐하고 즐겨 놀면서 깨닫지도 못하고, 알지도 못하며, 놀라지도 않고 두려워하지도 않으며, 또한 싫어함을 내지도 않으며, 해탈을 구하지도 않고, 이 삼계의 불타는 집에서 동서로 뛰어다니며 아무리 큰 고통을 받아도 이를 걱정하지 않느니라.

사리불아! 부처님이 이러한 것을 보시고 다음과 같은 생각을 하시었느니라.

'내가 중생의 아버지가 되었으니 마땅히 그러한 고난을 뽑아 없애주고, 한량없고 가이없는 부처님의 지혜로 즐거움을 주어 그들이 즐거이 놀 수 있게 할 것이니라.'

사리불아! 여래는 다시 이런 생각을 하시었느니라.

'만약 내가 신통력과 지혜력만을 가지고, 방편을 버려두고 모든 중생을 위해 여래의 지견과 힘

과 두려움이 없는 것을 찬탄하면, 중생은 능히 그
것으로 제도될 수 없을 것이니라.'

왜냐하면 이 모든 중생들은 아직 생·노·병·
사와 우·비·고·뇌를 벗어나지 못하고 삼계의
불난 집에서 타게 되리니, 능히 부처님의 지혜를
알 수가 있겠는가.

사리불아! 그 장자가 비록 몸과 손에 힘이 있으
나 이를 쓰지 않고, 다만 방편으로써 모든 아들을
구제하여 불타는 집의 위험으로부터 벗어나게 한
후, 각각 진귀한 보배로 된 수레를 주듯이, 여래
도 또한 이와 같아서 비록 두려움이 없는 힘이 있
어도 이를 쓰지 않고, 다만 지혜와 방편으로써 삼
계의 불타는 집에서 중생을 빼내어 구제하려고,
삼승의 성문승·연각승·보살승을 설하며 다음
과 같이 말씀하시었느니라.
"너희들은 삼계의 불타는 집에 머물기를 좋아

하지 말 것이며, 추악하고 퇴폐한 색·성·향· 미·촉을 탐하지 말라. 만약 탐욕에 집착하여 애 착이 생기면 곧 불에 타게 될 것이니, 너희들이 삼계에서 속히 벗어나면 마땅히 삼승의 성문승· 연각승·보살승을 얻을 것이니라. 내가 지금 너 희들을 위하여 이 일을 보증하고 맡기노니 끝내 헛되지 않을 것이니라. 너희들은 다만 부지런히 닦아 정진하라. 여래가 방편으로 중생을 권유하 여 정진하게 하고 다시 말씀하시었느니라.

"너희들은 마땅히 이 삼승법은 다 성인이 칭탄 하는 바이며, 자재하고 얽매임이 없으며, 의지하 거나 바라거나 구하는 것도 없으니, 그 삼승에 의 지하면 무루의 근·역·각·도·선정·해탈· 삼매 등으로 스스로 즐길 수가 있어 한량없는 안 온한 쾌락을 얻을 것이니라."

사리불아! 만약 어떤 중생이 안으로 지혜의 성 품이 있어 부처님을 따라 세존의 법을 듣고 이를

믿고 받아들여 부지런히 정진하며, 속히 삼계에
서 벗어나 스스로 열반을 구하고자 하면, 이름하
여 성문승이라 하고, 그 모든 아들이 양이 끄는
수레를 구하기 위하여 불타는 집에서 나온 것과
같음이라.

만약 어떤 중생이 부처님을 따라 세존의 법을
듣고 이를 믿고 받아 가져 부지런히 정진하여 자
연의 지혜를 구하며 홀로 있기를 즐기고 고요한
데를 좋아하며, 모든 법의 인연을 깊이 아는 자가
있으면, 이름하여 연각승이라 하고, 그 모든 아들
이 사슴이 끄는 수레를 구하기 위하여 불타는 집
에서 나온 것과 같음이라.

만약 어떤 중생이 부처님을 따라 세존의 법을
듣고 이를 믿고 받아 가져 부지런히 수행하고 정
진하여 일체지 · 불지 · 자연지 · 무사지 · 여래의
지견과 힘과 두려움이 없는 것을 구하여, 한량없
는 중생을 가엾이 생각하며 편안하고 즐겁게 하
고, 하늘과 사람을 이익되게 하고 일체를 제도하

여 해탈케 하면, 이름하여 대승보살이라 하느니라. 이러한 승을 구하는 고로 이름하여 마하살이라고 하나니, 저 모든 아들이 소가 끄는 수레를 구하기 위하여 불타는 집에서 나온 것과 같음이라.

사리불아! 그 장자가 모든 아들이 두려움 없이 불타는 집에서 벗어나 안전한 곳에 이른 것을 보고, 스스로 풍부한 재물이 한량없음을 생각하여 평등하게 큰 수레로써 모든 아들에게 준 것과 같이, 여래도 또한 이와 같아서 일체 중생의 아버지가 되심이라. 만약 한량없는 억천의 중생이 부처님 법문으로, 삼계의 고통 속에서 두렵고 험한 길을 벗어나 열반의 즐거움 얻음을 보고 여래는 그때 즉시 이런 생각을 하시었느니라.

'나에게는 한량없고 가이없는 지혜의 힘과 두려움이 없는 것 들의 많은 부처님의 법장이 있으니, 이 모든 중생은 다 나의 아들이며, 평등하게 대승을 주어, 한 사람이라도 홀로 멸도를 얻게 하지 않고, 모두 여래의 멸도로써 열반을 얻게 하리라.' 그 모든 중생의 삼계를 벗어난 자에게 모두 부처님의 선정·해탈 등 오락기구를 다 주었으니, 이는 모두 일상 일종으로 성인이 칭찬하는 바이며, 능히 깨끗하고 오묘한 제일의 즐거움이 생기느니라.

사리불아! 그 장자가 처음에 세 가지 수레로써 모든 아들을 유인한 후에 보물로 장식된 큰 수레를 주어 제일 편안하게 하였으나, 그 장자에게는 거짓말을 한 허물이 없는 것과 같이 여래도 또한 그와 같아서 허망함이 없느니라.

처음으로 삼승을 설하여 중생을 인도한 후에, 다만 대승으로써 제도하여 해탈하게 함이라. 왜냐하면 여래는 한량없는 지혜와 힘과 두려움이 없는 것과, 모든 법장이 있어 일체 중생에게 대승의 법을 주었건만 능히 다 받지 못함이라.

사리불아, 마땅히 알라. 그러한 인연으로 모든 부처님은 방편의 힘을 가진 고로 일불승에서 분별하여 삼승을 설하시느니라."

부처님께서 이 뜻을 거듭 밝히고자 게송으로 말씀하시었다.

비유하면, 어떤 장자에게
큰 집이 하나 있었으니
그 집은 오래 되어 낡았고
또 기울어지고 허물어져
건물은 높으나 위태롭고
기둥 뿌리는 썩었으며,
대들보와 도리가 기울어지고
축대와 뜰이 무너졌으며,
담과 벽이 허물어지고
발랐던 흙이 갈라지고 떨어졌으며,
지붕은 썩어서 떨어져 버리고
서까래 추녀는 어긋났으며,

두루두루 구부러지고
더러운 오물이 가득 찼으나
그곳에 오백 명이
살고 있음이라.

부엉이 · 올빼미 · 소리개 · 독수리와
까마귀 · 까치 · 산비둘기 · 집비둘기와
독사 · 살모사 · 전갈과
지네 · 그리마 ·
수궁 · 노래기 ·
족제비 · 살쾡이 · 새앙쥐 등
모든 나쁜 벌레들이
이리저리 날뛰며,
똥 · 오줌 냄새나는 곳에
더러운 오물이 흘러 넘치면,
쇠똥벌레 · 말똥구리가
그 위에 모여들고
여우 · 이리 · 들개들이

이를 씹어 먹고 짓밟으며,
죽은 송장을 뜯어 먹어
뼈와 살이 낭자하니,
이로 말미암아 뭇 개가
다투어 몰려와 끌고 당기며
굶주리고 당황한 모습으로
곳곳에서 먹을 것을 찾되,
다투면서 할퀴고 잡아당기며
으르렁거리고 시끄럽게 짖어대니
그 집이 공포에 싸여
변괴의 상태가 그와 같으니라.

곳곳마다 있는 것은
도깨비·허깨비이고
야차와 나쁜 귀신이
사람의 고기를 씹어 먹으며,
악독한 벌레들과
사나운 새, 짐승들이

새끼를 쳐서 젖을 먹이고
제각기 감추고 보호하여 기르거늘,
야차가 달려와서
다투어 이를 잡아 먹고
먹고 나서 배 부르면
나쁜 마음이 점점 치열해져
싸우며 다투는 소리가
매우 두려우며,
구반다의 귀신들이
흙더미에 걸터앉아
어떤 때는 땅 위로 솟아 오르기를
한 자, 두 자씩 하여
왔다 갔다 다니면서
제 멋대로 장난하고 즐기며,
개의 두 발을 움켜잡고
구타하여 소리를 내지 못하게 하며
발로 목을 짓눌러
개를 두렵게 해 놓고 자신은 즐기며,

또 어떤 귀신들은
그 몸이 장대하여
검고 야윈 벌거벗은 몸으로
그 가운데 늘 있으면서
크게 사나운 소리를 내며
악을 쓰며 먹을 것을 구하고,
또 어떤 귀신은
목구멍이 바늘같고,
또 어떤 귀신은
머리가 소머리와 같아
혹은 사람의 고기를 먹기도 하며,
혹은 개를 잡아 먹기도 하고
머리털이 험상궂게 텁수룩하여
잔악하고 침해하며 흉칙하고 험상스러우며,
굶주림과 목마름에 시달려
악을 쓰고 돌아다니며
야차 · 아귀와
사나운 새, 짐승들은

굶주림이 급박하여 사방을 헤매면서
창 틈으로 엿보니
그와 같은 모든 환난이
한량없이 두렵고 겁이 남이라.

그렇게 낡은 집이
한 사람에게 속해 있어,
그 사람이 외출한지 얼마 되지 않아
그 집에서
홀연히 불이 일어나,
사면이 일시에
불길이 모두 치열하고
도리와 대들보·서까래·기둥에서
튀는 소리가 진동하여
부러지고 떨어지며
담과 벽이 허물어지니,
모든 귀신들이
소리를 내며 크게 부르짖고,

소리개 · 독수리 등의 새와
구반다 귀신들이
놀라고 겁을 내고 당황하여
스스로 나오지 못하며,
사나운 짐승과 독한 벌레가
구멍을 찾아 숨어들고
비사사 귀신도
그 가운데 머물렀으나
복과 덕이 없는 고로
불길에 쫓기면서
서로가 잔인하게 해를 입혀
피를 빨고 살을 먹으며,
들개들의 무리들은
앞서 이미 다 죽었거늘
크고 악한 짐승들이
달려와서 뜯어 먹으며,
송장 타는 연기가 자욱하여
사면에 가득히 차며

지네와 그리마 ·
독사의 무리들이
뜨거운 불에 타
앞다투어 구멍에서 뛰어 나오면
구반다의 귀신이
나오는대로 주워 먹으며,
그리고 모든 아귀가
머리 위에 불이 붙어
굶주리고 · 목마르고 · 뜨겁고 · 괴로워
황급하게 도망질치니,
그 집도 이와 같이
매우 무섭고 두려워하여
독하고 해로운 화재까지
그 많은 재난이 적지않네.

그때 집 주인이
문 밖에 서 있으면서
어떤 사람의 말을 들으니,

그대의 모든 아들이
앞서 장난의 놀이로 인하여
이 집에 들어왔으나,
어리고 지혜가 없어
놀고 즐기는 데만 빠져 있었음이라.
장자가 그 말을 듣고
놀라 불타는 집에 들어가
바야흐로 구제하여
불에 타는 피해를 입지 않게 하려고
모든 아들을 타이르면서
모든 환난을 설함이라.
악한 귀신·독한 벌레·
재앙과 화재가 만연해서
모든 고통이 차례대로
계속하여 끊이지 않고,
살모사·독사·전갈 그리고
모든 야차와 구반다 귀신과
들개·여우·개와 보라매·독수리·

부엉이·올빼미와 노래기 따위들이
배고프고 목마르며 괴롭고 황급하여
심히 겁이 나고 두렵나니,
이런 고통 견디기 어렵거늘
하물며 큰 불까지 일어났다.

그러나 아들들은 지혜가 없어
아버지의 말을 듣고도
노는 데만 정신이 빠져
장난을 멈추지 아니하네.

그때 장자가 이런 생각을 하되,
모든 아들이 이러하니
나는 근심 걱정을 더 하는구나.
지금 이 집에는
즐거울 것이 하나도 없건만,
아들들은
노는 데만 정신이 팔려

나의 말을 듣지 않으니
장차 불에 타게 되리라.
문득 다시 생각하고
모든 방편을 베풀어
모든 아들에게 이르기를,
나에게는 여러 가지
진기하고 보기 좋은 장난감으로
묘하고 보배로 된 수레가 있느니라.
양 수레 · 사슴 수레 ·
큰 소가 끄는 수레들이
지금 문 밖에 있으니
너희들은 나오너라.
내가 너희들을 위하여
이 수레를 만들었으니
마음대로 골라 가지고
즐기면서 놀아라.

모든 아들이

그런 수레가 있다는 말을 듣고
즉시 앞을 다투며
밀치고 달려나와
빈터까지 이르러
고난에서 벗어나니,
장자는 아들들이
불타는 집에서 빠져 나와
네거리에 있는 것을 보고
사자좌에 앉아
스스로 흐뭇하여 말하기를,
나는 지금 매우 즐겁구나.
이 모든 아들은
낳아 기르기 무척 어렵거늘,
어리석고 아는 것이 없어
험난한 집에 들어가니,
여러 가지 독한 벌레와
무서운 도깨비며
맹렬한 큰 불길이

사면에서 일어났건만,
그 모든 아들들은
장난에 빠져 있는 것을
내가 이들을 구제하여
환난에서 벗어날 수 있게 함이라.
모든 사람들아! 이런고로
나는 지금 무척 즐겁구나.
그때 모든 아들들이
아버지가 편안히 앉아 있음을 알고
모두 아버지의 처소에 가서
아버지께 말하기를,
원컨대 우리들에게
세 가지 보배수레를
앞서 허락하신 대로 주옵소서.
우리들이 뛰어나오면
마땅히 세 가지 수레로써
너희들 소원대로 준다고 하셨으니
지금이 바로 그때이니

나누어 주옵소서.

장자는 큰 부자이므로
창고의 저장됨이 많아
금·은·유리와 자거·마노 등,
여러 가지 보배로써
큰 수레를 만들어
장엄하고 정교하게 장식하고
난간까지 둘렀으며,
사면에 방울을 달아
황금줄로 얽어매고
진주로 만든 그물을
그 위에 덮어 씌워
황금 꽃의 영락을
곳곳에 드리우고,
여러 가지 채색의 비단 장식으로
두루두루 사면을 둘러싸고
부드러운 비단과 솜으로

자리를 하고
섬세하고 묘한 것으로 방석을 해 놓았으니
그 값이 천억이라.
희고 깨끗한 것으로
그 위를 덮었고,
크고 흰 소로서
살찌고 힘이 세고
몸체가 아주 좋은 것을
보배수레에 멍에를 메었으며,
많은 시종들이
모시고 호위하는
그러한 묘한 수레를
모든 아들에게 평등하게 주었으니,
그때 모든 아들이
환희하여 뛰고 기뻐하며
그 보배수레를 타고
사방으로 다니며
희희낙낙 즐겁게 놀아

자유롭고 걸림이 없었노라.

사리불에게 이르시되,
나도 역시 그와 같음이니
성인 중의 성인이며
세상의 아버지라.
일체의 중생이
다 나의 아들이건만,
세상욕락에 깊이 빠져
지혜로운 마음이 없으며
삼계가 편치 않음이
마치 불타는 집과 같아,
온갖 고통이 가득하고
매우 겁나고 두려워라.

항상 나고 · 늙고 · 병들고 · 죽는
근심 · 걱정이 항상 있어
그러한 불길들이

맹렬히 타올라서 꺼지지 않으니,
여래는 이미
삼계의 불타는 집에서 벗어나
고요하고 한가롭게
숲과 들에 편안히 계심이라.
지금 이 삼계는
다 나의 소유이고
그 가운데 있는 중생은
모두가 나의 아들이라.
지금 이곳에는
환난이 많음에
오직 나 혼자만이
능히 구제하여 보호할 수 있느니라.

비록 거듭 타이르고 가르쳐도
믿고 받아들이지 않으니,
이는 모든 탐욕에 물들어
깊이 집착한 때문이니라.

이에 방편으로
삼승을 설하여,
중생으로 하여금
삼계의 고통을 알게 하고
출세간의 도를
열어 보이며 설법하였느니라.

그 모든 아들들이
마음을 결정하면
세 가지 밝음과
여섯 가지 신통이 구족하고
연각을 얻어
불퇴의 보살이 되느니라.

사리불아!
내가 중생을 위하여
그러한 비유로

일불승을 설하노니,
너희들이 만약 능히
이 말을 믿고 받아 들이면
일체가 마땅히
불도를 이루리라.
그 일불승은 미묘하고
청정함이 제일이니,
모든 세간에서
더할 수없이 높은 것으로
부처님이 기뻐하시는 바이며,
일체 중생들도
응당 칭찬하고 찬탄하여
공양 예배할 것이니,
이는 한량없는 억천의
모든 힘과 해탈과
선정·지혜와
부처님의 남은 법이니라.
이러한 일불승을 얻어야만

모든 아들로 하여금
낮과 밤의 오랜 세월을
항상 즐기면서
모든 보살들과
성문의 무리로
그 보배수레를 타고
곧 불도량에 이르게 함이라.
그러한 인연으로
시방에 두루 구하여도
그 밖의 다른 일불승은 없으니
부처님의 방편은 예외이니라.

사리불에게 이르노니,
너희들 모든 사람이
다 나의 아들이고
나는 곧 아버지라.
너희들이 모든 겁을
그 불 속에 타는 고통을 많이 받았거늘

내가 모두 제도하여
삼계에서 벗어나게 함이라.

내가 비록 앞서 설하기를
너희가 멸도했다고 하였으나
그것은 죽고 사는 것만 끝났을 뿐이고
사실은 멸도가 아니라.
지금 마땅히 해야 할 것은
오직 부처님의 지혜이니라.
만약 어떤 보살이
그 대중 가운데서
일심으로 부처님의 진실한 법을 들으면,
모든 부처님 세존께서
비록 방편을 썼으나
그 교화된 중생은
모두 다 보살이니라.

만약 어떤 사람이 지혜가 적어

애욕에 깊이 집착했으면
그런 자들을 위하여
고성제를 설하느니라.
중생들이 마음으로 기뻐하여
미증유를 얻었으니
부처님이 설한 고성제는
진실이고 틀림이 없느니라.
만약 어떤 중생이
괴로움의 근본을 알지 못하고
괴로움의 원인에 깊이 착하여
잠시라도 버리지 못하면,
그러한 자들을 위하여
방편으로 도를 설함이니라.
모든 괴로움의 원인은
탐욕이 근본이니,
만약에 탐욕을 멸하면
의지할 바가 없으리니,
온갖 괴로움을 다 멸함을

이름하여 제삼제라 하며
멸제를 위하여
도를 닦고 행함이니라.
모든 괴로움의 속박에서 벗어남을
이름하여 해탈을 얻었다고 하느니라.
그 사람은 어디에서
해탈을 얻었으랴.
다만 허망함을 벗어나면
이름하여 해탈이라 함이니
일체의 해탈은
아직 얻지 못하였으니
부처님이 말씀하시되 그 사람은
아직 참 멸도가 아니라고 설하느니라.
그러한 사람은 아직까지
무상도를 얻지 못하였으므로
나의 뜻은 그러한 사람에게는
멸도에 이르렀다고 생각하지 않노라.

나는 법왕이라
모든 법에 자유자재하고
중생을 편안하게 하고자
세상에 나옴이라.
사리불아!
나의 이 법인은
세간에 이익을 주려고
설하는 것이니라.

가는 곳 어디서나
함부로 제맘대로 설하지 말라.
만약 듣는 사람이
기쁨으로 받아 들이면
마땅히 알라. 그런 사람은
보살이라 하느니라.

만약 이 경을 믿고
받는 자가 있으면

그 사람은 이미 지난 세상에
부처님을 친견하고
공경 · 공양하였으며
또한 이 법을 들었음이라.
만약 어떤 사람이 능히
너의 말하는 바를 믿는다면
이는 곧 나를 보는 것이며,
또한 너와 비구승과
아울러 모든 보살을 보는 것이니라.
이 법화경은
지혜 깊은 자를 위해 설한 것이므로
지식이 얕은 자가 들으면
미혹하여 알지 못할 것이며,
일체의 성문과 벽지불도
이 경 중에는
힘이 미치지 못할 것이니라.
사리불아,
너도 오히려 이 경에 대해서는

믿음으로 들어와 얻었으니,
하물며 그 밖의 성문이랴.
그 밖의 성문도
부처님의 말씀을 믿었으므로
순수하게 이 경을 받은 것이지
자신의 지혜로 분별이 된 것은 아니니라.

또 사리불아!
교만하고 게으르며
나란 소견을 가진 자에게는
이 경을 설하지 말라.
범부로서 지식이 얕은 자는
오욕에 깊이 집착하므로
들어도 능히 알지 못할 것이니
또한 설하지 말라.

만약 어떤 사람이 믿지 않고
이 경을 헐뜯어 비방하면

곧 일체 세간의
부처님 종자를 끊음이니,
혹 얼굴을 찡그리기도 하며
의혹을 품게 되면
너는 마땅히 그런 사람의 죄의 업보를 잘 들
으라.
부처님이 이 세상에 계시거나
멸도하신 후이거나
이 경전을 비방한 자,
그리고 경전을 읽고·외우며
그 경전을 사경하여 가진 자를 보고
천대하며 미워하여
질투하거나 원한을 품게 되면,
그 사람의 죄의 업보를
너는 지금 다시 들어보라.

그 사람은 죽은 뒤에
아비지옥에 들어가

일겁을 다 채우고,
그 겁이 다하면 다시 태어나고
그렇게 돌고 돌아
수없는 겁에 이르리라.

지옥에서 나오면
마땅히 축생으로 떨어지되,
만약 개나 들개가 되면
그 모양이 수척하여
검은 색깔에 옴이 오른 살결이고
사람에게 놀림감을 당하며,
또 사람들에게 미움과 천대를 받아
항상 굶주리고 목마르며
뼈와 살이 바싹 말라
살아서는 쓰라린 고통을 받고
죽은 뒤에는 돌무덤에 묻히느니라.
부처님의 종자를 끊었으므로
이러한 죄보를 받느니라.

만약 낙타로 태어나거나
나귀로 태어나게 되면,
몸에 항상 무거운 짐을 지고
채찍을 맞으며
다만 물과 풀만을 생각하고
다른 것은 아는 바가 없으니,
이 경을 헐뜯어 비방하였으므로
이러한 죄보를 받느니라.
들개로 태어나
마을에 들어가게 되면
온몸에는 옴과 버짐과
또 한쪽 눈까지 멀었으므로
모든 아이들의 매를 맞게 되고
온갖 고통을 받아
그 때문에 죽기도 하며,
죽은 다음에는
다시 구렁이의 몸을 받되
그 모양이 길기도 하여

오백유순이 되며,
귀 먹고 어리석고 발이 없어
꿈틀꿈틀 기어 다니면서
온갖 작은 벌레에게
비늘 밑을 빨아 먹혀
밤낮으로 고통 받아
쉴 때가 없나니,
이 경을 헐어 비방하였기 때문에
그런 죄보를 받느니라.

만약 사람이 되면
모든 근기가 어둡고 둔하여
난쟁이 · 팔병신 · 절름발이가 되며,
장님 · 귀머거리 · 곱추가 되어
무슨 말을 하더라도
사람들이 믿지 않으며,
입에서는 냄새가 항상 나고
귀신이 붙어 다니며,

가난하고 천대 받아
모든 사람들에게 부림을 당하며,
병이 많고 수척하여
믿고 의지할 데가 없으니,
비록 사람들과 친하려고 해도
사람들은 관심이 없으며,
소득이 있다해도
금방 다시 잃어버리며,
만약 의사가 되어
처방대로 병을 다스려도
오히려 병만 더해지고
혹은 되려 죽게 되며,
혹은 자신에게 병이 나면
치료하고 구해줄 사람이 없고
설혹 좋은 약을 먹는다 해도
병세는 더욱 악화되며,
또는 반역이나
노략질 · 겁탈 · 절도라든가

그러한 죄들로
횡액에 걸려 벌을 받게 되느니라.
그러한 죄인은
오랫동안 부처님을 친견하지 못할 것이며,
모든 성인 중에 왕이신 부처님이
설법하며 교화해도
이러한 죄인은
오랫동안 고난이 있는 곳에 태어나,
미치거나 귀먹고 마음이 혼란하여
영원히 법을 듣지 못하며,
항하사와 같은 수없는 겁에
태어나면 귀먹고·벙어리가 되어
모든 근을 갖추지 못한 불구가 되며,
항상 지옥 속에 있는 것이
동산에 노니는 것과 같이 생각하며
악도에 있는 것을
자기의 집과 같이 여겨
낙타·나귀·돼지·개들로

태어나 살아갈 것이니,
이 법화경을 비방하였으므로
이와 같은 과보를 받느니라.
만약 사람으로 태어난다 하여도
귀 먹고 · 눈 멀고 · 벙어리가 되며,
가난하고 못난 꼴로
스스로를 덮으며
수종 다리나 소갈병과
옴과 문둥병 · 등창 · 종기
그러한 병들로
의복을 삼으며
몸은 항상 냄새나는 곳에 있으면서
때가 끼어 깨끗하지 못하며,
나란 소견에 집착하여
성내는 일이 많아지고,
음탕한 마음이 치열하여
금수와 구별하지 못함이니,
이 경을 비방하였으므로

이러한 죄를 받느니라.

사리불에게 이르노니,
이 경을 비방한 자에게
만약 그 죄를 설하자면
겁이 다해도 끝나지 않느니라.
그러한 인연으로
내가 너에게 말하노라.
지혜가 없는 사람에게는
이 경을 설하지 말라.

만약 근기가 예리한 사람이
지혜가 매우 밝고
많이 듣고 잘 알며
부처님의 도를 구하는 자가 있으면
그러한 사람에게는 설해 줄 것이며,
만약 어떤 사람이
억백천의 부처님을 친견하고

모든 선근을 심어
마음이 깊고 견고하면
그러한 사람에게
설해 줄 것이며,
만약 어떤 사람이 정진하여
항상 자비로운 마음을 닦아
몸과 목숨을 아끼지 아니하면
설해 줄 것이며,
만약 어떤 사람이 공경하여
다른 마음을 두지 않고
모든 어리석은 자를 멀리하고
산속이나 골짜기에 혼자 있으면
그러한 사람에게는
설해 줄 것이니라.
사리불아!
만약 어떤 사람이
악한 벗을 버리고
착한 벗을 가까이 하면

그러한 사람들에게
설해 줄 것이며,
만약 어떤 불자가
계율을 지킴이 깨끗하여
맑은 구슬과 같으며
대승경을 구하면
이러한 사람에게
설해 줄 것이며,
만약 어떤 사람이 성냄이 없이
정직하고 부드러워
항상 일체를 가엾게 생각하며
모든 부처님을 공경하면
그러한 사람에게
설해 줄 것이며,
또 어떤 불자 대중 가운데서
맑고 깨끗한 마음으로
여러 가지 인연과
비유의 말로

설법을 함에 걸림이 없으면
그러한 사람에게는
설해 줄 것이며,
만약 어떤 비구가
일체의 지혜를 위하여
사방으로 법을 구하면서
합장하고 받들어 가지며,
대승의 경전만을
받아 갖기 즐겨 하고
다른 경전 한 게송이라도 받아 갖지 않는
그러한 사람에게도
설해 줄 것이며,
어떤 사람이 지극한 마음으로
부처님의 사리를 구하듯이
이렇게 경을 구하여
얻은 다음에 이를 받들어 가지고
그 사람이 다시
다른 경 구할 뜻이 없으며,

또한 일찍이 삿된 마음으로
외도의 경전을 생각지 않거든
이같은 사람에게 가히
설해 줄 것이니라.
사리불에게 이르노니,
내가 불도를 구하는 자를 설하되
궁겁을 두고 하여도 다하지 못하리라.
이같은 사람은 곧
능히 믿고 이해할 것이니
묘법연화경을
너는 마땅히 설해야 하느니라.

〈비유품 끝〉

제 4 신해품

그때 거룩한 수보리와 마하가전연·마하가섭·마하목건련이 부처님으로부터 미증유의 법과, 세존께서 사리불에게 아뇩다라삼먁삼보리의 수기 주심을 듣고, 희유한 마음을 일으키어 뛸 듯이 기뻐하였다.

즉시 자리에서 일어나 의복을 정돈하고 오른편 어깨를 걷어 올리고 오른편 무릎을 땅에 꿇어 일심으로 합장하고, 몸을 굽혀 공경하고 부처님의 얼굴을 우러러보며 부처님께 말씀드렸다.

"우리들이 대중 가운데의 상수 제자로써 나이가 늙고 오래되어, 스스로 '이미 열반을 얻었으

니 더 할 바가 없다.' 다시 나아가 아뇩다라삼먁
삼보리를 구하지도 아니하였나이다.

세존께서 옛적부터 법을 설하신 지가 오래였으
나, 우리가 그때 자리에 있으면서도 몸이 늙고 피
곤하여, 다만 '이 세상의 모든 것은 실체가 없고
오로지 공에 의해 생긴 것으로 원래부터 형상이
없으며 그 실상의 세계는 인연의 조작을 넘어선
상주 불변의 존재이다.' 만을 생각하고, 보살의
법과 신통을 즐기는 것과, 부처님의 국토를 깨끗
이 하며 중생을 성취시키기를 마음으로 즐거워하
지 아니하였나이다.

왜냐하면 세존께서 우리들로 하여금 삼계에서
벗어나 열반을 증득케 하셨나이다. 또 지금 우리
들이 나이 이미 늙어 부처님께서 보살을 교화하
시는 아뇩다라삼먁삼보리에 대하여 한 생각도 좋
아하는 마음을 내지 아니하였나이다.

우리들이 지금 부처님 앞에서 아뇩다라삼먁삼

보리의 수기를 성문에게 주심을 듣고, 마음이 크게 기뻐 미증유를 얻었으며, 뜻밖에 지금 뜻밖에 세상에 아주 드문 법을 듣게 되어 스스로 매우 즐겁고 다행스럽게 생각하면서 큰 이익을 얻었으니, 이는 한량없는 진귀한 보배를 구하지 않았으나 저절로 얻은 것과 같나이다.

세존이시여! 우리들이 지금 비유를 들어 그 뜻을 밝히겠나이다.

어떤 사람이 나이 어렸을 적에 아버지를 버리고 도망하여, 다른 나라에 가서 오래 살되 십 년·이십 년·오십 년을 지냈으나, 나이가 들고 늙어가도 더욱 더 곤궁하여, 사방으로 돌아다니며 입고 먹을 것을 구하러 돌아다니다가 우연히 본국으로 향하게 되었나이다. 그의 아버지는 먼저 와서 아들을 찾았으나 찾지 못하고 어떤 한 성에 머물러 있었으니, 그 집이 큰 부자여서 재물과 보배가 한량없어 금·은·유리·산호·호박·파리

· 진주들이 창고마다 모두 가득하였고, 많은 시종과 대신·보좌관·청지기·서기들이 많이 있었으며, 코끼리·말·수레·소와 양이 수없이 많았고, 재물을 내어주고 거두는 이익이 다른 나라에 까지 널리 퍼져있어 장사꾼과 고객들도 심히 많았나이다.

그때 곤궁했던 아들은 모든 마을을 돌아다니며 나라와 도시를 거쳐 지나다가, 마침내 그의 아버지가 머물고 있는 성에 이르렀나이다.

그 아버지는 항상 아들 생각을 하며 아들과 이별한 지가 오십여 년이 되건만, 일찍이 다른 사람에게 그와 같은 일을 말하지 않고, 다만 마음속으로 걱정과 한탄을 하며, 스스로 생각하였나이다. '나이는 많고 재물은 많이 있어, 금·은 진귀한 보배가 창고에 가득하지만 자식이 없으니, 만일 죽게 되면 재물이 흩어질 것이나 맡길 곳이 없구나.' 은근히 그 아들을 생각하며 '내가 만약 아들을 만나 재물을 맡겨 주고 나면, 마음이 기뻐서 다시는 근심이 없으리라.'고 하였나이다.

세존이시여! 그때 곤궁한 아들은 품팔이를 하며 이리 저리 다니다가, 우연히 아버지가 사는 집에 이르렀나이다.

대문 곁에 서서 멀리 그의 아버지를 바라보니, 좋은 의자에 걸터 앉아 보배궤로 발을 받치고, 모든 바라문과 왕족과 거사가 다 공경하면서 둘러 쌌으며, 값이 천만 냥이 되는 진주·영락으로 그 몸을 장엄하였고, 시종과 하인들이 손에 흰 총채를 잡고 좌우에 모시고 섰으며, 보배장막을 덮고 갖가지 꽃과 깃발을 드리우고 향수를 땅에 뿌리고, 이름난 꽃을 뿌려 놓았으며, 보물을 늘어 놓고 내어주기도 하고, 받아들이기도 하며 이와 같이 여러 가지로 장엄하게 꾸며 놓았고, 위엄과 덕이 한없이 높음이라.
곤궁한 아들은 큰 힘과 권세가 있는 아버지를

보고, 즉시 두려운 마음을 품고 여기에 온 것을 후회하며 속마음으로 이런 생각을 하되, '이분은 아마 왕이거나 혹은 왕족일 것이며, 내가 품을 팔아 물건을 얻을 수 있는 곳이 아니니, 다른 가난한 마을에 가서 마음대로 품팔이를 하여 옷과 먹을 것을 쉽게 얻는 것만 못하리라. 만약 여기 오래 있게 되면 혹 붙들어 강제로 부려 먹을지도 모르리라.' 이렇게 생각하고 빨리 달아나려 하였나이다.

그때 부자인 장자가 사자좌에서 자기의 아들을 알아보고 마음이 크게 기뻐 생각하기를 '내 창고마다 가득한 재물을 이제는 맡길 데가 있구나! 내가 항상 그 아들을 생각하였으나 만날 수가 없었건만, 홀연히 스스로 왔으니 내가 소원하던 대로 되었도다. 내가 비록 나이 많으나 그래도 탐내고 아까운 생각이 있노라.' 하고 즉시 곁에 있는 사람을 보내어 급히 데려오게 하였나이다.

그때 심부름꾼이 달려가 잡으니, 곤궁했던 아

들이 깜짝 놀라 원망스럽게 큰 소리로 외치기를, "나는 아무 잘못이 없거늘 어찌하여 잡으려고 하는가." 그 사람이 더욱 단단히 붙잡고 데려가려고 하니, 그때 곤궁한 아들은 스스로 생각하되, '죄도 없이 잡혔으니 반드시 죽게 되리라.' 하고 더욱 놀라고 두려워 기절하여 땅에 넘어지니,

아버지가 멀리서 이를 보고 심부름꾼에게 말하기를 "그 사람은 쓰지 않을테니 강제로 데려올 것 없느니라. 냉수를 얼굴에 뿌려 소생하게 하고 더 말하지 말라."하였나이다.

왜냐하면 아버지는 그 아들의 뜻이 낮고 졸렬함을 알고, 자신은 호화롭고 고귀하여 아들이 어려워할 것으로 알았나이다. 분명히 아들인 것을 알면서도, 방편으로써 다른 사람에게는 나의 아들이라 하지 않고, 명을 받은 사람에게 시켜 말하기를, "내가 지금 너를 놓아 줄 것이니 마음대로 가라."

곤궁한 아들은 기뻐하여 미증유를 얻은 것처럼

땅에서 일어나, 가난한 마을에 가서 옷과 먹을 것을 구하였나이다.

그때 장자는 장차 그 아들을 달래어 데려 오려고 방편을 써서, 모양이 초라하고 품위와 덕망이 없는 두 사람을 은밀히 보내며, "너희는 저기에 가서 서두르지 말고 곤궁한 아들에게 '여기 일할 곳이 있으니 너에게 품삯은 배를 주리라.'고 말하라. 곤궁한 아들이 만약 승낙하거든 데리고 와서 일을 시키고, 만약 무슨 일을 하느냐고 묻거든 '거름을 치우는 일이라 하고, 우리 두 사람도 너와 함께 그 일을 하리라.'고 말하라."

그때 명을 받은 두 사람이 즉시 곤궁한 아들을 찾아가 만난 다음에 그 일을 다 일러주니, 그때 곤궁한 아들이 품삯을 먼저 받고 거름을 치는지라 그의 아버지는 아들을 보고 불쌍하고 안타깝게 여겼나이다. 또 다른 날 창문에서 멀리 아들을 바라보니 야위고 초라하였으며, 흙과 먼지가 온 몸을 덮어 추하기가 짝이 없는지라. 즉시 영락으로 꾸민 고급스러운 옷과 장식구를 벗어 놓고, 허름하고 때가 묻은 냄새나는 옷으로 바꾸어 입고, 흙과 먼지를 몸에 바르고 오른손에는 거름 치우는 도구를 들고 두려워하는 태도로서 일꾼에게 말하되, "너희들은 부지런히 일을 하고 게으름을 피우지 말라." 그러한 방편으로 그 아들에게 가까이 갈 수가 있었나이다.

그 후 다시 말하되, "이 사람아, 너는 항상 여기서 일하고 다시는 다른 데로 가지 말라. 마땅히 너에게 품삯을 더 주리라. 그리고 필요한 것이 있으면 항아리·그릇·쌀·밀가루·소금·간장할 것 없이 어려워 말고 말하라. 늙은 하인이 있으니 필요한 것은 무엇이든 주리라. 편안한 마음으로 잘 있어라. 나는 너의 아버지와 같으니 물론 다시는 걱정하지 말라.

왜냐하면 나는 나이가 늙었고 너는 젊었으며, 너는 항상 일을 할 때에 속이거나 게으르거나 성

내거나 한탄하거나 원망하는 말이 없으며 다른
일꾼들처럼 나쁜 버릇이 있음을 전혀 보지 못하
였으니, 지금부터는 자식처럼 생각하겠노라.”하
고 곧 장자는 이름을 다시 지어주고 아들이라고
불렀나이다.

그 때 곤궁한 아들은 비록 그러한 대우가 기쁘
기는 하였으나, 아직 자신은 객인으로 머슴살이
하는 미천한 사람이라 여기며 이십년 동안 항상
거름만 치우고 있었으며, 얼마를 지낸 뒤에야 마
음을 서로 믿으면서 어려워하지 않고 출입하
였으나 그의 거처는 아직 본래 있던 곳에 있었
나이다.

세존이시여, 그때 장자는 자기 스스로 병이 들
어 죽을 때가 멀지 않음을 알고 곤궁한 아들에게
말하기를,

“나에게는 지금 금·은 진귀한 보배가 창고에
가득 차 있으니, 그 중에 많고 적음과, 줄 것과 받
을 것에 대해 네가 다 알아서 하라. 나의 마음이

이러하니, 마땅히 이 뜻을 따라야 하느니라. 왜냐하면 지금은 나와 네가 다를 것이 없으니 마땅히 마음을 분발하여 새어 나가거나 없어지지 않게 하라."

그때 곤궁한 아들이 즉시 명령을 받고 많은 재물을 다 알아 금·은·진귀한 보배와 창고에 쌓인 모든 것을 가졌으나, 한 가지도 가지려는 뜻이 없었고, 그가 거처하는 곳도 본래 있던 그대로였으며 용렬한 마음 또한 버리지 못하였나이다.

그리고 얼마를 지낸 다음에 아버지는 아들의 마음이 점점 트이고 커져서, 큰 뜻을 성취하여 스스로 앞서 생각한 마음이 비열하였다는 것을 알고, 임종할 때에 그 아들에게 명하여 친척과 국왕과 대신과 무사와 거사들을 다 모이게 하고, 즉시 스스로 선언하였나이다.

"그대들은 마땅히 알라. 이는 나의 아들이며 나의 소생이라. 아무 성 중에서 나를 버리고 도망하여 떠돌아다니며 고생한 지가 오십여 년이라. 그의 본래 이름은 아무개이고 나의 이름은 아무개이며, 옛날 본래 성에 있으면서 걱정하여 찾았더니, 홀연히 여기에서 만나게 되었음이라. 그는 사실 나의 아들이고, 나는 그의 아버지라. 지금 내가 갖고 있는 일체의 재물은 모두 이 아들의 소유이며, 앞서 주고 받던 것도 이 아들이 알아 할 바이라." 하였나이다.

세존이시여, 그때 곤궁한 아들은 아버지의 그 말을 듣고 즉시 크게 기뻐하며 미증유를 얻어 생각하기를, '나는 본래 희구하는 마음이 없었건만 지금 이 보배창고가 저절로 이르렀구나.'

세존이시여! 큰 부자인 장자는 곧 여래이시고 우리들은 모두 부처님의 아들과 같사오니 여래께서 항상 우리들을 가리켜 아들이라고 하셨나이다.

세존이시여, 우리들은 세 가지 고통으로 인해 나고 죽고 하는 가운데 여러 가지 괴로움을 받았으며, 미혹하고 아는 것이 없어 소승의 법만 좋아하여 집착하였나이다.

　오늘 세존께서 우리들로 하여금 생각하게 하며 모든 법의 오물을 제거하도록 하였으므로, 우리들이 그 중에서 힘써 정진하여 열반에 이르게 되어, 하루의 품삯을 이미 얻어 마음에 크게 기뻐하여 스스로 만족하게 여겼으며 스스로 생각하기를, '부처님의 법 중에서 힘써 정진하였으므로 소득이 많았노라.' 라고 여겼나이다.

　그러나 세존께서는 벌써부터 우리들의 마음이 욕심에 집착하여 소승법을 좋아하는 것을 아시고, 그대로 내버려 두시고 '너희들도 여래의 지견과 보배창고의 몫을 당연히 소유하고 있음이라.' 라고 하시며, 세존께서 방편의 힘으로 여래의 지혜를 설하였으나, 우리들은 부처님을 따라 열반을 얻고서, 하루의 품삯으로 소득이 컸다고 생각하였으며, 그 대승에 대하여는 구할 뜻이 없었나이다.

우리들은 또 여래의 지혜로 인하여 모든 보살을 위해서, 열어 보이고 연설하였건만 스스로는 여기에 대하여 지원하는 마음이 없었나이다.

왜냐하면 부처님께서 우리들의 마음이 소승법을 좋아하는 줄 아시고 방편으로 우리들의 근기에 따라 설하였으나, 우리들은 참된 본래 불자임을 알지 못하였나이다.

이제야 우리들이 세존께서 부처님의 지혜를 아끼지 아니하심을 알게 되었나이다. 왜냐하면 우리들은 예전부터 참된 부처님의 아들이었으나, 다만 소승법만을 좋아하였기 때문입니다. 만약 우리들이 대승을 좋아하는 마음이 있었다면, 부처님께서는 우리들을 위하여 대승법을 설하셨을 것이옵니다.

이 경 중에서는 오직 일승만을 설하였고, 옛적에 보살 앞에서는 성문들이 소승법을 좋아한다고 꾸짖으셨으나 부처님께서는 대승으로 교화하셨나이다. 이런고로 우리들이 말씀드리기를, 본래부터 구하는 마음이 없었건만, 지금 법왕의 큰 보배가 저절로 이르러 부처님의 아들로서 응당 얻을 것은 이미 다 얻었나이다."

그때 마하가섭이 이 뜻을 거듭 밝히고자 게송으로 말하였다.

우리들이 오늘
부처님의 가르치심을 듣고
뛸 듯이 기뻐하며
미증유를 얻었나이다.

부처님께서 말씀하시되 성문들도
마땅히 부처님이 될 수 있다고 하시니
위없는 보배를 구하지 않았지만

스스로 얻었나이다.

비유하면 어린아이가
아는 것이 없어,
아버지를 버리고 도망하여
다른 곳으로 멀리 가서
모든 나라로 돌아다닌 것이
오십여 년이라.
그 아버지가 근심하고 생각하며
사방으로 찾아 다니다가 지쳐서
어느 성중에 머물러
좋은 집을 지어 놓고
오욕락을 즐겼나이다.
그 집이 큰 부자여서
금과 은·자거·마노·진주·유리
코끼리·말·소·양·
연·수레가 많으며,
논·밭과 종들과

일하는 사람들이 많이 있고,
나가고 들어오는 이익을 받음이
다른 나라까지 미치며,
장사하는 상인과 고객들이
없는 곳이 없으며,
천만억의 대중이
둘러서서 공경하며,
항상 왕이 사랑하고 생각하며
군신과 호족들이
모두 함께 존중함이니,
이 모든 인연으로
오고 가는 사람이 많음이라.
그와 같이 호부하여
큰 힘과 위세를 가졌으나
나이가 늙어감에
아들 걱정 더욱 간절하여
밤낮 없이 생각하다가
죽을 때가 이미 가까움이라.

어리석은 그 아들은 날 버린지 오십여 년,
창고 안의 모든 물건을
어떻게 해야 할 것인가.

그때 곤궁한 아들이
입고 먹을 것을 찾아
이 마을에서 저 마을로
이 나라에서 저 나라로 다니며,
어떤 때는 얻기도 하고
어떤 때는 얻지 못하여
굶주리고 수척해졌으며,
온몸이 헐고 부스럼이 생겨
점차로 돌아다니며
아버지가 있는 성에 도달하여
품팔이로 전전하다 마침내
아버지의 집에 이르렀네.

그때 장자가

그의 집 문 안에
큰 보배의 휘장을 둘러치고
사자좌에 앉아
권속들이 둘러앉고
모든 사람이 호위하고 모시며
혹은 금과 은의
보물을 계산하며
재산의 출납을
문서에 기록함이라.
곤궁한 아들이 아버지의 호귀함과
존중함을 보고,
저분은 국왕이거나
국왕과 같은 분일 것으로 여기고
놀라고 스스로 괴이하게 여기며,
어찌하여 이곳까지 왔을까 하고
다시 스스로 생각하고 말하기를
내가 만약 오래 머물면
강제로 일하게 되리라.

그렇게 생각하고
도망하듯 달아나
가난한 마을을 찾아가
품팔이를 하려고 하는지라.
장자가 그때 사자좌에서
멀리 그 아들을 바라보고
말 없이 알아보고는,
즉시 심부름꾼에게 명하여
따라가서 잡아오라 하니
곤궁한 아들은 너무 놀라 부르짖으며
미혹하여 근심하고 땅에 주저앉아,
이 사람이 나를 잡으니
반드시 죽임을 당하리라.
어찌하여 입고 먹는 것 때문에
내가 이 지경에 이르렀는가.

장자는 아들이 어리석고 둔하며
소견도 좁고 졸열하여

나의 말을 믿지 않으며
아버지인 것도 믿지 않는 것을 알고,
곧 방편으로써
다시 다른 심부름꾼을 보내되,
애꾸눈에 키가 작고 누추하고
위엄과 덕이 없는 이를 보내어,
너는 가서 말하되,
함께 품팔이 가서
거름을 치우면
너에게 품삯은 배를 준다고 하라.
곤궁한 아들은 그 말을 듣고
기뻐하며 따라와서
거름을 치우며
모든 헛간을 깨끗이 하는지라.
장자가 창 너머로
그 아들을 내다보니,
그 아들이 어리석고 졸렬하여
더러운 일만 하는 것을 좋아하는지라.

이에 장자가 때묻고 더러운 옷을 입고
거름 치는 기구를 들고
아들이 있는 곳에 이르러
방편으로 가까이 접근하여
부지런히 일하라고 말하면서,
너에게 품삯도 더 주고
손과 발에 바를 기름과
음식도 충분하게 줄 것이며
이부자리도 따뜻하게 해 주리라.
또 꾸짖어 말하되,
너는 응당 부지런히 일하라.
또는 부드러운 말로
너는 나의 아들 같다고 하였나이다.
장자는 지혜가 있어
점차 출입을 시켜,
이십년이 지나도록
집안 일을 보게 하고
금과 은·진주

그리고 파려 등을 보여 주며
모든 물품의 출입도
다 알게 하였으나,
아직도 문 밖에서 거처하고
초막에서 잠자며
스스로 가난할 때를 생각하여
나는 그런 물건이 없다고 하는지라.

아버지는 아들의 마음이
점점 넓어짐을 알고
재물을 물려주고자 하여
곧 일가 친척과
국왕 대신과 무사ㆍ거사를 모아 놓고
그 대중에게 말하기를,
이는 나의 아들이라.
나를 버리고 다른 데로 간지
오십 년이 지났으며,
그 아들이 다시 와서 만난 지가

이미 이십 년인지라.
옛적 어느 성에서
이 아들을 잃어버리고
이리 저리 찾아 다니다가
마침내 여기까지 왔음이라.
무릇 내가 갖고 있는
집과 사람들을
모두 다 물려주어
마음대로 쓰게 하리라 하니,
아들은 옛적의 가난을 생각하며
뜻이 졸렬하였으나,
지금 아버지 처소에서
진귀한 보배와
아울러 집과 일체의 재물까지 얻고
매우 크게 기뻐하여
미증유를 얻었음이라.

부처님도 또한 이와 같으시니

우리들이 소승법 즐김을 아시고
너희들도 성불할 것이라고
말씀하지 않으시고,
우리들에게 모든 무루를 얻어
소승을 성취한
성문 제자라고 말씀하셨나이다.

부처님께서 우리들에게 말씀하시어
최상의 도를 설하되,
이것을 닦고 익히는 자는
반드시 성불한다고 설하라 하셨나이다.
우리가 부처님의 가르침을 이어받아
큰 보살을 위하여,
모든 인연과
여러 가지 비유와
혹은 말로써
최상의 도를 설하였음이라.
모든 불자들이

우리에게 법문을 듣고
밤낮으로 생각하며
부지런히 닦고 익혔나이다.
그때 모든 부처님이
곧 수기를 주시되,
너희들은 오는 세상에
마땅히 성불하리라.
일체의 모든 부처님의
깊이 간직한 법을,
다만 보살들을 위하여
그 참됨을 설하시고,
우리들을 위하여
진실하고 요긴함은 설하지 않으셨나이다.
저 곤궁한 아들이
아버지를 가까이 하여
비록 모든 보물을 알았으나,
가질 마음이 없는 것과 같아,
우리들이 비록

부처님의 법보장을 설해도
스스로 원하는 뜻이 없음은
마땅히 그와 같나이다.
우리들은 자성만을 멸하고
스스로 만족하다고 생각하여,
오직 이 일만 성취하고 다시
다른 일은 없다고 생각하였나이다.
부처님의 국토를 맑게 하고
중생을 교화하는 것을
우리들이 듣는다고 하여도
전혀 즐겁지가 않았나이다.
왜냐하면
일체의 모든 법은
모두가 공적한 것이어서,
생겨남도 없고 없어짐도 없으며
큰 것도 없고 작은 것도 없고
무루 무위하여
이같이 생각하고

즐거움을 내지 않았나이다.
우리들은 긴 세월을
부처님의 지혜에 대하여
탐하거나 집착함도 없고
뜻을 둠을 원하지 않았으며,
스스로 법에 대하여
이것이 구경이라고 여겼나이다.
우리들이 긴 세월에
공한 법을 닦고 익혀서
삼계의 괴로움과 환란에서
벗어날 수 있게 되어,
최후몸인
유여열반에 머물러,
부처님이 교화하신 바는
참된 도를 얻게 함이니 허망치 않음이라 생각
하며,
이미 부처님의 은혜를
갚는 것이라 하였나이다.

우리들이 비록
모든 불자를 위하여
보살의 법을 설하고
불도를 구하게 하면서도,
그 법에 대해서는 오래도록 원하지도
즐겨하지도 않았으므로
도사께서 버려두셨으며,
우리의 마음을 잘 아셨으므로
처음 권하실 때는 참된 이익이 있다고
설하지 않으셨나이다.
부자인 장자가
아들의 의지가 좁고 적음을 알고
방편의 힘으로
그의 마음을 부드럽게 하여 항복받고
그런 다음에
일체의 재물을 맡긴 것처럼,
부처님도 또한 이와 같아서
희유한 일을 나타내심이라.

소승을 좋아함을 아시고
방편의 힘으로써
그 마음을 조복하신 후
큰 지혜를 가르치시네.

우리들이 오늘에야 미증유를 얻어,
바라지도 않던 것을
저절로 얻게 되니,
그 곤궁했던 아들이
한량없는 보배를 얻음과 같나이다.
세존이시여! 우리가 지금 도를 얻고
과도 얻어
무루의 법에서
맑고 깨끗한 눈을 얻었으니,
우리들은 오랫동안
부처님의 맑은 계를 지키다가
오늘에야 비로소
그 과보를 얻었으며,

법왕의 법 가운데
오래도록 범행을 닦다
지금 무루 최상의
큰 과보를 얻었나이다.
우리들은 지금에야
참된 성문이 되었고,
불도의 음성으로
일체 중생을 듣게 하였으니,
우리들은 지금에야
참된 아라한이 되었나이다.
모든 세간 ·
하늘 · 사람 · 마왕 · 범왕
그 중에서 널리
공양을 받게 되었나이다.

세존의 큰 은혜는
희유한 일로서 우리들을
불쌍히 생각하고 교화하여

우리들을 이익되게 하셨으니,
한량없는 세월에도
누가 능히 갚을 수 있겠나이까.
손과 발로 받들어 모시고
머리 숙여 예배하고 공경하며
일체를 공양한다 하여도
다 갚을 수 없으며,
혹은 머리에 이고
양 어깨에 매고 다니면서
항하사 오랜 세월
마음 다해 공경하며,
또한 좋은 음식과
한량없는 모든 보배와 옷과
모든 이부자리 침구와
가지가지 탕약과
우두의 전단향과
여러 가지 진귀한 보배로
탑을 일으키고

보배로운 옷을 땅에 깔며
그러한 일로써 공양하기를
항하사 겁을 두고 하여도
또한 갚을 수가 없나이다.

모든 부처님은 희유하심이니
한량없고 가이없으며,
생각과 말로 표현할 수 없는 불가사의의
큰 신통한 힘이 있으시며,
무루무위하신 모든 법의 왕이 되시어도
능히 졸렬한 중생을 위하여
이 일을 참으시고 상에 집착한
아상많은 범부에게
근기에 따라 설하셨나이다.

모든 부처님은 법에 있어
가장 자재함을 얻어
모든 중생들의 여러 가지 욕락과

그 지혜와 힘을 알고
감당할 수 있는 능력에 따라
한량없는 비유로써
법을 설하실 때에,
모든 중생들의 숙세의
선근에 따라 설하였으며,
또한 성숙함과
성숙하지 못함을 아시고,
여러 가지로 헤아려보고 생각하여
이를 분별하여 알려주시고
일승의 도를 근기에 따라
삼승으로 설하셨나이다.

〈신해품 끝〉

묘법연화경 제3권

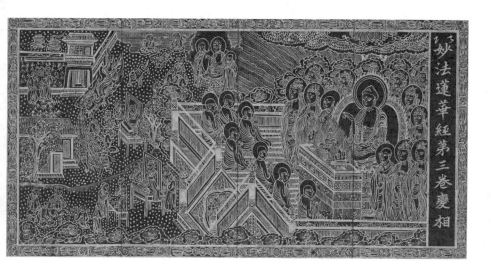

제 5 약초유품

　그때 세존께서 마하가섭과 모든 큰 제자들에게 말씀하시었다.

　'착하고 착하도다, 가섭아! 여래의 참되고 진실한 공덕을 잘 말하였으니, 진실로 네가 말한 바와 같으니라. 여래는 또 한량없고 가이없는 아승지의 공덕이 있으니, 너희들이 만약 한량없는 억겁을 두고 말한다 하여도 다 할 수 없느니라.

　가섭아! 마땅히 알라. 여래는 모든 법의 왕이니 말씀하는 바는 다 헛됨이 없느니라. 일체의 법을 지혜의 방편으로 말씀하였으나 그 설한 법은 다 온갖 지혜의 경지에 이르게 하는 것이니라.

여래는 일체 모든 법의 근본 뜻을 관찰하여 알며, 또한 일체 중생들이 깊은 마음으로 행하는 바를 알고 이를 통달하여 걸림이 없느니라. 또 모든 법에 대하여 끝까지 분명하게 알아, 모든 중생들에게 일체의 지혜를 보여 주었느니라.

가섭아! 비유컨대, 삼천대천세계의 산·천·계곡 그리고 땅에서 나는 풀과 나무와 숲과 모든 약초가 여러 가지 종류로서 이름과 모양이 각각 다르니라.

짙은 구름이 잔뜩 퍼져 삼천대천세계를 두루 덮어, 일시에 골고루 비가 내려 그 윤택함이 널리 적셔주게 되면,

풀·나무·숲과 약초들의 작은 뿌리·작은 줄기와 작은 가지·작은 잎새와 중간 뿌리·중간 줄기와 중간 가지·중간 잎새와 큰 뿌리·큰 줄

기와 큰 가지 · 큰 잎새와 모든 크고 작은 나무들이 상 · 중 · 하를 따라 제각기 받아 들이며, 한 구름에서 내리는 비에도 그 종류와 성품에 따라 자라나 꽃을 피우고 열매를 맺느니라.

비록 한 땅에서 나고 한 비에 젖은 것이라도 여러 가지 풀과 나무는 각각 차별이 있느니라.

가섭아! 마땅히 알라. 여래도 이와 같아서 세상에 나타남은 큰 구름이 일어나는 것과 같으며, 큰 음성으로 온 세계의 하늘 · 인간 · 아수라에게 두루 펴는 것은, 그 큰 구름이 삼천대천국토를 두루 덮는 것과 같음이라.

대중 가운데서 이같이 말씀하시었느니라.
'나는 여래 · 응공 · 정변지 · 명행족 · 선서 · 세간해 · 무상사 · 조어장부 · 천인사 · 불 세존이라. 제도되지 않은 자를 제도하고, 알지 못한 자를 알게 하며 편안하지 못한 이를 편안하게 하고, 열반을 얻지 못한 이에게 열반을 얻게 하느니라.

지금 세상과 오는 세상을 진실하게 아는 사람이니, 나는 일체를 아는 이이며, 일체를 보는 이이며, 도를 아는 이이며, 도를 여는 이이며, 도를 설하는 이이니, 너희들 하늘·인간·아수라들이 여기에 온 것은 법을 듣기 위함이니라.' 그때 한량없는 천만억 중생들이 부처님 계신 곳에 이르러 법을 들었나이다.

여래는 그때 그 중생들의 모든 근기가 영리하고 둔함과, 정진과 게으름을 살펴보고, 그 감당할 수 있는 능력에 따라 법을 설하여, 한량없는 중생들은 모두 다 기쁘게 하여 좋은 이익을 얻게 하였느니라.

모든 중생들이 그 법을 듣고 현세에는 편안하고 내생에는 좋은 곳에 태어나, 도의 즐거움을 받으며 또한 법을 듣게 되고, 이미 법을 듣고는 모든 장애로부터 벗어나고, 그 법 중에서 능력에 따라 점점 도에 들어갈 수 있게 되느니라. 이는 마치 저 큰 구름이 일체에게 비를 내리게 되면, 풀·나무·숲과 모든 약초들이 그 종류와 성질에 따라 흡족하게 비를 맞아 제각기 자라는 것과 같음이니라.

여래의 설법은 한 모양에 한 맛이니, 이는 해탈하는 모습과 벗어나는 모습과 적멸하는 모습이며, 마침내 일체의 지혜에 이르게 되느니라.

그 중생들이 여래의 법을 듣고, 만약 이를 지니고 읽고 외우면서 설한 대로 수행한다면, 얻는 공덕은 스스로 깨닫지도 알지도 못하게 될 것이니라. 왜냐하면 오직 여래만이 중생들의 종류와 모양과 바탕과 성품에 따라 어떤 일을 기억하고 있으며, 무슨 일을 생각하고 있으며, 무슨 일을 닦고 있으며, 어떻게 기억하고 있으며, 어떻게 생각하고 있으며, 어떻게 닦고 있으며, 어떤 법을 기

억하게 하며, 어떤 법을 생각하게 하며, 어떤 법
으로 닦게 하며, 무슨 법으로 어떤 법을 얻게 할
것인가를 아느니라. 중생이 가지가지 경지에 머
무르는 것을 오직 여래만이 있는 그대로 보고 분
명히 알아 걸림이 없으니, 이는 마치 풀·나무·
숲과 모든 약초들이 스스로 상·중·하의 성품을
알지 못하는 것과 같으니라.

여래는 이같은 한 모습과 한 맛의 법을 아시니,
이른바 해탈의 모습·벗어나는 모습·없어지는
모습·열반하여 항상 영원한 모습으로 마침내 중
생이 평등한 텅빈 곳으로 돌아가는것이니라.
부처님은 이미 그런 것을 알고 중생의 욕망을
관찰하여 장차 그를 보호하시려고 하였느니라.
이런고로 일체 지혜를 곧 설하지 않았노라. 가섭
아, 너희들은 심히 희유함이라. 능히 여래가 근기
에 따라 알맞게 설법하심을 알고, 능히 이를 믿고
받아가지느니라. 왜냐하면 모든 부처님이 근기에

따라 설법하신 것은 이해하기 어렵고 알기도 어렵기 때문이니라.'

그때 세존께서 이 뜻을 거듭 밝히고자 게송으로 말씀하시었다.

유를 깨뜨리신 법왕이
세상에 나오시어
중생의 욕망따라
여러가지로 설법하시었다.

여래는 높고 존귀함이요
지혜가 깊고 멀어,
오래도록 침묵을 하시면서
속히 설하시지 아니하였노라.
지혜 있는 자가 듣게 되면
능히 믿고 이해할 수 있으나,
만약 지혜가 없는 자는 의심을 갖게 되어
아주 잃게 될 것이니라.

이런고로 가섭아!
능력에 따라 설하며
여러 가지 인연으로
바른 견해를 얻게 하네.

가섭아! 마땅히 알라.
비유하면 큰 구름이
세간에 일어나
일체를 두루 덮음이니,

지혜의 구름이 비를 품고
번개 불이 밝게 비치며
우뢰 소리 멀리 진동하여
중생들을 기쁘게 하고,
햇빛을 가려주니
땅 위가 서늘하고,
뭉게구름이 덮어
손에 잡힐 듯하네.

그 비는 널리 고르게
사방에 함께 내리며
한량없이 퍼부어
온 국토가 흡족하네.

산과 내와 험한 골짜기나
깊은 곳에 자라난
풀·나무·약초·
크고 작은 모든 나무와,
온갖 곡식·모든 싹과
감자와 포도들이
단비를 흠뻑 맞아
풍족하지 않음이 없으며,
마른 땅에도 고루 젖어
약초와 나무들이 모두 무성하네.

그 구름에서 내리는 비
한 맛의 물맛이나

풀 · 나무 · 숲들이
성분 따라 축여지고,
일체의 모든 나무와
상 · 중 · 하가 다 평등하게
크고 작음에 따라
저마다 자라나,
뿌리 · 줄기 · 가지 · 잎새와
꽃과 열매와 빛과 모양이
같은 비가 내리게 되면
모두 신선하고 윤택해지며,
몸체나 모양은
성분 따라 크고 작으나
같은 비에 젖지마는
무성함은 각각 다르니라.

부처님도 그와 같아
세상에 나오심이,
비유컨대 큰 구름이

널리 세상을 덮어 주는 것과 같음이라.

이미 세상에 나오셔서
중생들을 위하여서
온갖 법의 참된 이치를
분별하여 설하심이니라.
큰 성인 세존께선
모든 하늘·인간들과
모든 대중 가운데서
이렇게 말씀하시기를,
나는 여래이며
양족존이라.
세간에 출현하신 것은
마치 큰 구름 같아
메마른 일체 중생들을
충족하고 흡족하게 하여,
모든 고통에서 벗어나
편안한 즐거움과

세간의 즐거움과
열반의 즐거움을 얻게 함이니라,
모든 천상계와 사람들이
일심으로 마음으로 잘 듣고
모두 여기에 이르러
무상존을 친견하라.
나는 세존이라
능히 미칠 자가 없느니라.
중생을 편안하게 하고자
세간에 출현하여
대중들을 위하여
감로의 맑은 법을 설하노라.
그 법은 한 맛이니
해탈이고 열반이라.
한 가지 묘한 음성으로
널리 이 뜻을 연설하며
항상 대승을 위해
인연을 만드노라.

모든 것을 내가 보니
널리 다 평등하여
너라 하는 마음, 나라 하는 마음,
사랑하는 마음, 미운 마음이 없고
탐욕 애착도 없으며,
또한 막히거나 걸림도 없어
항상 일체를 위하여
평등하게 설법하네,
한 사람을 위하듯이 하며
대중이 많을지라도 또한 그렇게 하여
항상 법만은 설하고
다른 일은 전혀 없으며,
가고 · 오고 · 앉고 · 서도
끝까지 피곤과 싫증을 내지 아니하여
세간을 충족시켜 줌이
비가 널리 흡족하게 함과 같으니라.
귀천이나 상하거나

계를 지키거나 깨뜨리거나
품위가 바르거나
바르지 못하거나
바른 소견이거나 나쁜 소견이거나
영리한 이 이거나 둔한 이 이거나
평등하게 법의 비를 내려
조금도 게으름이 없느니라.

일체 중생이
나의 법을 듣는 자는
능력 따라 받게 되어
모든 경지에 머물적에,
혹은 사람 혹은 천상계·
전륜성왕과
제석천왕·범천왕의 모든 왕에 머무르니,
이는 작은 약초이고,
무루법을 알아서
능히 열반을 얻어

육신통 일으키고
삼명을 얻어
홀로 산이나 숲 속에서
항상 선정을 수행하고
연각을 증득하면
이는 중품 약초이니라.
세존의 경지를 찾아
나도 마땅히 성불한다고 하며
선정 정진을 행하게 되면
이는 상품 약초이니라.
또 모든 불자들이
전심 전력 불도를 닦아
항상 자비로움을 행하여
스스로 성불한 것임을 알고
이를 의심 다시 없는 사람
이름하여 이는 작은 나무라.
신통에 머물러서
불퇴전의 법륜을 설하여

한량없는 백천억의
중생을 제도하게 되면
이와 같은 보살은 이름하여 큰 나무라 이르
노라.
부처님이 평등하게 설법하심은
한 맛의 비와 같으나,
중생의 성품에 따라
받는 것은 같지 않으니,
마치 그 풀과 나무의 받는 바가
각각 다름과 같음이라.
부처님이 이러한 비유로서
방편으로 열어 보이시며
여러 가지 말씀으로
한 법을 설하심은,
부처님의 지혜는
바다의 물 한방울과 같음이라.

내가 법의 비를 내려

세간에 가득 차게 함이니,
한 맛의 법에 대하여
능력 따라 수행함은,
마치 그 우거진 숲과
약초들과 모든 나무가
크고 작음에 따라
자라남과 같느니라.
모든 부처님의 법은
항상 한 맛으로
모든 세간이
널리 구족함을 얻어
점차로 수행하여
모두 도의 결과를 얻게 함이니라.
성문과 연각이
산이나 숲 속에 있으면서
최후의 몸에 머물러
법을 듣고 결과를 얻음이니
이는 이름하여 약초가

각기 자란다고 하느니라.
만약 모든 보살이
지혜가 견고하고
삼계를 밝게 알고
최상승을 얻으면,
이는 이름하여
작은 나무가 점점 자란다고 하느니라.
또 선정에 머물러
신통력을 얻어
모든 법의 평등함을 알아
마음으로 크게 기뻐하며
무수한 빛을 발하여
모든 중생 제도하면,
이는 이름하여
큰 나무가 점점 자란다고 하느니라.
가섭아!
이와 같이 부처님이 설법하신 것을
비유하면 큰 구름과 같아,

한 맛의 비로써
사람과 꽃을 적시어서
각각 열매를 맺게 하느니라.

가섭아! 마땅히 알라.
모든 인연과
가지가지 비유로
불도를 열어 보였으나,
이는 나의 방편이며
모든 부처님도 또한 그러하니라.

지금 너희들을 위하여
가장 진실한 일을 설하노니,
모든 성문의 대중은
다 멸도가 아니며
너희들이 행할 바는
보살도뿐이므로
점차로 닦고 배우면

모두 모두 성불할 것이니라.

〈약초유품 끝〉

제 6 수기품

그때 세존께서 이 게송을 설하시고, 모든 대중에게 이와 같이 말씀하시었다.

'나의 제자 마하가섭은 오는 세상에 반드시 삼백만억의 여러 부처님을 친견하고 받들어 공양·공경하고 존중·찬탄하며, 모든 부처님의 한량없는 큰 법을 널리 설하고 최후의 몸은 성불하리라. 그 이름은 광명여래·응공·정변지·명행족·선서·세간해·무상사·조어장부·천인사·불세존이시라. 나라 이름은 광덕이고, 겁의 이름은 대장엄이며, 부처님 수명은 십이소겁이고, 정법이 세상에 머물기는 이십소겁이며, 상법 또한 이십소겁을 머물 것이니라.

나라를 장엄하게 꾸며 여러 가지 더럽고 악한 것이 없으며, 기와나 돌 그리고 가시덤불과 더러운 오물이 없으며, 그 국토는 평평하여 높고 낮은 웅덩이나 언덕이 없으며 유리로 땅이 되고, 보배 나무가 줄지어 서 있으며, 황금으로 줄을 꼬아 길의 경계를 만들고, 여러 가지 보배꽃을 뿌려서 두루 맑고 깨끗하게 하리라.

  그 나라의 보살은 한량없는 천만억이며, 모든 성문의 대중도 무수히 많으며, 마의 장난이 없으며, 비록 마구니와 마구니의 백성이 있다고 하더라도 모두 부처님의 법을 보호할 것이니라.'

  그때 세존께서 이 뜻을 거듭 밝히고자 게송으로 말씀하시었다.

  모든 비구에게 이르노라.
  내가 부처님의 눈으로
  가섭을 보니,
  오는 세상에

수없는 겁을 지나
반드시 성불하리니,
오는 세상에서
삼백만억의
모든 부처님을
공양하며 받들고 친견하며
부처님의 지혜를 얻으려고
깨끗하게 범행 닦아
가장 높으신
양족존께 공양하고
일체 위없는
지혜를 닦고 익혀
최후의 몸에
성불함을 얻게 될 것이니라.
그 국토는 맑고 깨끗하여
유리로 땅이 되고,
많은 보배나무가
길 옆에 줄지어 있고

황금 줄로 길의 경계를 만들어
보는 사람 기뻐하리라.
좋은 향기 늘 풍기며
여러 가지 이름난 꽃을 뿌려
가지가지 기묘한 것으로 장엄하니,
그 땅은 평평하고
언덕과 구렁이 없으며
모든 보살대중은
가히 헤아릴 수 없지만
그 마음이 조화롭고 부드러워
큰 신통을 얻을 것이며,
모든 부처님의 대승경전을
받들어 지니고,
모든 성문대중의
번뇌를 벗어난 최후의 몸과
법왕의 아들도
또한 헤아릴 수 없으리니,
천안으로도

능히 그 수를 알지 못하리라.
그 부처님의 수명은
십 이 소겁이고,
정법이 세상에 머물기는
이십 소겁이며,
상법 역시 이십 소겁을 머물 것이니,
광명세존의 일이 이와 같으리라.

　그때 대목건련·수보리·마하가전연 등이 모두 송구스러워하고 두려워하여 한결같은 마음으로 합장하고 부처님의 존안을 우러러 보며 눈도 깜박이지 않고, 곧 함께 같은 소리를 내어 게송으로 말씀하시었다.
　대웅하신 세존은
　석씨 문중의 진리의 법왕이시니
　저희들을 가엾이 여기시어
　부처님의 말씀을 주시옵소서.
　만약 우리들의 깊은 마음 아시고

수기를 주신다면,
마치 감로수를 뿌려
열을 제거하고 시원함을 얻음과 같나이다.
굶주린 나라에서 와서
별안간 대왕의 음식을 만났어도
마음에 의심하고 두려운 생각이 들어
감히 곧 먹지 못하다가,
만일 왕이 먹으라면
그때서야 먹을 수 있듯이,
우리들도 또한 그와 같아
매번 소승의 허물만 생각하면서
부처님의 위없는 지혜를 얻으려면
구할길을 몰랐나이다.
비록 우리들도 성불할 것이란
부처님의 음성 들었으나
마음에 항상 걱정과 두려운 생각이 들어
감히 먹지 못함과 같음이라.
만일 부처님께서 수기를 주신다면

쾌히 즐겁고 편안하오리다.
대웅하신 세존께서는
늘 세상을 편안케 하고자 하심이니
원컨대 우리들에게 수기를 주시어
굶주린 사람이 가르침을 받고 먹음과
같으오리다.

그때 세존께서 모든 큰 제자들이 마음에 생각
하는 바를 아시고 모든 비구들에게 이르시었다.

'수보리는 마땅히 오는 세상에서 삼백만억 나
유타의 부처님을 친견하고 받들어 공양·공경하
고 존중·찬탄하며, 항상 범행을 닦아 보살도를
갖추어 최후의 몸으로 성불할 것이니, 그 이름은
명상여래·응공·정변지·명행족·선서·세간
해·무상사·조어장부·천인사·불 세존이며,
겁의 이름은 유보요, 나라 이름은 보생이니라.

그 국토는 평탄하며, 파려로 땅이 되고 보배나
무로 장엄하였으며, 언덕이나 구렁·모래·사금

파려·가시덤불이나 더러운 오물이 없고, 보배 꽃이 땅을 덮어 두루 맑고 깨끗하리라.

그 나라의 백성은 모두 보배로운 집이나 진귀하고 아름다운 누각에 살고 있으며, 성문제자가 한량없고 가이없어 숫자로나 비유로도 알 수가 없으며, 모든 보살들도 무수하여 천만억 나유타이니라. 부처님의 수명은 십 이 소겁이고, 정법이 세상에 머물기는 이십 소겁이며, 상법 또한 이십 소겁을 머무르리라. 그곳의 부처님은 항상 허공에 머물면서 중생을 위해 설법하며, 한량없는 보살과 성문들을 제도하여 해탈케 하시리라.'

그때 세존께서 거듭 이 뜻을 밝히고자 게송으로 말씀하시었다.

모든 비구들아!
지금 너희들에게 이르노니
모두가 한결같은 마음으로
나의 설하는 바를 들으라.

나의 큰 제자인

수보리는 반드시 성불하리니

그 이름은 명상이라.

무수한 만억의

모든 부처님을 공양하며

부처님의 행하신 바를 따라

점차로 큰 도를 갖추고

최후의 몸에서

삼십 이 상을 얻어

단정하고 수승한 묘함이

보배로된 산과 같으리라.

이 부처님의 국토는

장엄함과 엄정함이 제일이며,

이것을 보는 중생은

사랑하고 즐거워하지 않는 이가 없으리니,

부처님은 그 가운데에서

한량없는 중생을 제도하시리라.

이 부처님의 법 가운데에

많은 보살들이 있으니,
모두 근기가 예리하고
불퇴의 법륜을 설하느니라.
그 나라는 항상
보살로 장엄하고
모든 성문대중의 수도
헤아릴 수 없으리니,
모두 삼명을 얻고
육신통을 갖추어서
팔해탈에 머물러서
큰 위덕이 있느니라.
그 부처님의 설법은
한량없이 나타내는
신통스러운 변화가
불가사의한 것이리라.
모든 천상계와 중생의 수는
항하의 모래와 같고
다 같이 합장하고

부처님 말씀을 들으리니,
그 부처님의 수명은
십 이 소겁이며,
정법이 세상에 머무름은
이십 소겁이고,
상법 또한
이십 소겁을 머무르느니라.

그때 세존께서 다시 여러 비구들에게 말씀하시었다.

'내가 지금 너희에게 말하노니, 이 마하가전연은 마땅히 오는 세상에 여러 가지 공양물로 팔천억의 부처님을 공양하고 받들면서 공경하고 존중하며, 모든 부처님이 멸도하신 후에 각기 탑을 세우되, 높이가 일천유순이고, 가로와 세로가 똑같이 오백유순이라, 금·은·유리·자거·마노·진주·매괴 등 칠보를 모아 이룩하고, 여러 가지 꽃과 영락과 바르는 향·뿌리는 향·사르는 향과 비단 증개와 당번으로 그 탑에 공양할 것이니라.

그 일을 마친 후 다시 이만억의 모든 부처님을 공양하되, 또한 그와 같이 하리니, 그 모든 부처님을 공양한 다음에는 보살도를 갖추어 반드시 성불하리니, 그 이름은 염부나제금광여래 · 응공 · 정변지 · 명행족 · 선서 · 세간해 · 무상사 · 조어장부 · 천인사 · 불 세존이라.

그 국토는 평탄해서 반듯하여 유리로 땅이 되고, 보배나무로 장엄하고, 황금으로 줄을 꼬아 길을 경계하며, 아름다운 꽃으로 땅을 덮어 두루 맑고 깨끗하여 보는 이가 기뻐하며,

네 가지의 악도인 지옥 · 아귀 · 축생 · 아수라가 없고, 하늘과 인간, 모든 성문들과 보살들도 만억으로 한량이 없으며, 그 나라를 장엄할 것이니라.

부처님의 수명은 십 이 소겁이고, 정법이 세상에 머물기는 이십 소겁이고, 상법도 또한 이십 소겁을 머무르리라.'

그때 세존께서 그 뜻을 거듭 펴시려고 게송으로 말씀하시었다.

　　모든 비구대중들아!
　　일심으로 들으라.
　　내가 설하는 바는
　　진실하여 다름이 없느니라.
　　이 가전연은,
　　마땅히 여러 가지
　　아름답고 좋은 공양물로
　　모든 부처님을 공양하리라.
　　모든 부처님이 멸도하신 후
　　칠보탑을 세우고,
　　또한 꽃과 향으로
　　사리에 공양하며,
　　그 최후의 몸으로
　　부처님의 지혜를 얻어
　　등정각을 이루리니,
　　국토는 맑고 깨끗하며

한량없는 만억의 중생을
제도하고 해탈시켜
시방으로부터 다
공양을 받을 것이니
부처님의 광명은
능히 이기는 자가 없으리라.
그 부처님의 이름은
염부금광이고,
보살과 성문들이
일체 차별의 유를 끊고
한량없고 수가 없어
그 나라를 장엄하리라.

그때 세존께서 다시 대중에게 말하노라.

'내가 지금 너희들에게 말하노니, 이 대목건련
은 반드시 여러 가지 공양물로 팔천의 모든 부처
님을 공양하며 공경·존중하고, 모든 부처님이
멸도하신 후에 각각 탑과 절을 세우되, 높이가 일

천유순이고, 가로와 세로가 똑같이 오백 유순이며, 금·은·유리·자거·마노·진주·매괴 등 칠보를 모아 이룩하고, 많은 꽃과 영락과 바르는 향·사르는 향·가루향과 비단 증개, 당번으로 공양하리라.

그 일을 마친 후에 다시 이백만억의 모든 부처님을 공양하기를 또한 전과 같이 하고 마땅히 성불하리니, 그 이름은 다마라발전단향여래·응공·정변지·명행족·선서·세간해·무상사·조어장부·천인사·불 세존이리라.

겁의 이름은 희만이요, 나라 이름은 의락이며, 그 국토는 평탄하여 유리로 땅이 되고, 보배나무로 장엄하되, 진주로 된 꽃을 뿌려 두루 맑고 깨끗하여 보는 사람마다 기뻐하고, 하늘과 사람이 많으며 보살과 성문들이 그 수가 한량없으리라. 부처님의 수명은 이십사 소겁이요, 정법이 세상에 머무름은 사십 소겁이며 상법 또한 사십 소겁을 머물 것이니라.'

그때 세존께서 이 뜻을 거듭 밝히고자 게송으로 말씀하시었다.

　　나의 제자인
　　대목건련은
　　이 몸이 다한 뒤에
　　팔천이백 만억의
　　모든 부처님 세존을 친견하고,
　　불도를 위해
　　공양하고 공경하며
　　모든 부처님 계신데서
　　범행을 항상 닦아
　　한량없는 겁에서
　　불법을 받들어 가지리라.
　　모든 부처님이 멸도하신 후에
　　칠보로 된 탑을 세우되,
　　긴 표찰은 황금이고
　　꽃과 향과 기악으로

모든 부처님의 탑과 절에
공양을 하고,
점차 보살도를 갖추어
의락국에서 성불하리라.
그 이름은 다마라발전단향이며
그 부처님의 수명은
이십사소겁으로
항상 천상계와 인간들을 위하여
불도를 설하며,
한량없는 성문들이 항하사와 같아
삼명·육신통을 얻어
큰 위엄과 덕을 갖추었으며,
보살도 한량없어
뜻이 견고하고 정진하며
부처님의 지혜에서
불퇴전하리라.
부처님이 멸도하신 후에
정법이 머무름은

사십 소겁이고
상법도 또한 그러하리라.
위엄과 덕이 갖추어진
나의 제자들
그 수가 오백이며,
모두에게 수기하리니
오는 세상에는
모두 성불하리라.
나와 너희들과의
지난 세상 인연을
내 이제 설하리니
너희들은 잘 들어라.

〈수기품 끝〉

제 7 화성유품

부처님께서 모든 비구들에게 말씀하시었다.

'지난 과거 한량없고 가이없는 불가사의 아승지겁에 부처님이 계셨으니, 그 이름이 대통지승 여래·응공·정변지·명행족·선서·세간해·무상사·조어장부·천인사·불 세존이시라. 그 나라의 이름은 호성이요, 겁의 이름은 대상이었느니라.

모든 비구들아! 그 부처님이 멸도하신지 매우 오래이니, 비유하면 어떤 사람이 삼천대천세계에 있는 모든 땅을 갈아 먹물로 만들어, 동방으로 일천 국토를 지나면서 작은 티끌 만큼의 크기로 한 점을 떨어뜨리고, 또 일천 국토를 지나면서 다시

한 점을 떨어뜨려, 그와 같이 옮겨 다니며 모든 땅을 갈아 만든 먹물을 다 없어지게 하였다면, 너희들의 생각은 어떠하겠느냐. 그 모든 국토를 만약에 수학 선생이나 수학을 잘하는 제자라도 능히 그 끝을 계산하여 그 수를 알 수 있겠느냐.'

'알 수가 없나이다. 세존이시여.'

'모든 비구들아! 그 사람이 지나간 국토에 점을 찍었거나 찍지 않았거나, 모두 갈아 티끌로 만들어 한 티끌을 일 겁이라고 하더라도, 그 부처님이 멸도하신 지는 그 수보다 더 오래되어, 한량없고 가이없는 백천만억의 아승지 겁이니라. 나는 여래 지견의 힘이 있으므로 그 오래된 일을 보는 것이 마치 오늘과 같음이니라.'

그때 세존께서 이 뜻을 거듭 밝히고자 게송으로 말씀하시었다.

내가 지난 세상 생각하니
한량없고 오랜 옛날에

부처님이 계셨으니,
그 이름이 대통지승이라.
어떤 사람이 힘을 가지고,
삼천대천의 국토를
갈아 전부를 먹물로 만들어
일천 국토를 지나면서
한 점을 떨어뜨리고,
그와 같이 전전하며 한 점을 떨어뜨려
그 먹물이 다하게 하고,
이와 같이 모든 국토의
점이 떨어지고 점이 안 떨어진 국토를
모두 다 갈아 가는 티끌을 만들어
한 티끌이 일 겁이 되어도
그 모든 작은 티끌 수에 비해
그 겁의 수는 그보다 더 많음이라.
부처님이 멸도하신 지가
이와 같이 한량없는 겁이니라.
여래는 걸림없는 지혜로써

그 부처님의 멸도하심과
성문·보살을 아는 것이
지금 멸도하심을 보는 것과 같으니라.
모든 비구들은 마땅히 알라.
부처님의 지혜는 맑고도 미묘하여,
번뇌도 없고 걸림도 없어
한량없는 겁에 통달하느니라.

부처님께서 모든 비구에게 말씀하셨습니다.

'대통지승 부처님의 수명은 오백사십만억 나유타 겁이고, 그 부처님이 처음 도량에 앉으사 마구니를 물리치시고 아뇩다라삼먁삼보리를 얻고자 하였으나, 모든 부처님의 법이 앞에 나타나지 않았느니라. 이와 같이 일 소겁에서 십 소겁에 이르기까지 가부좌를 하시고 몸과 마음이 움직이지 아니하였으나, 모든 부처님의 법은 아직도 앞에 나타나지 아니하였느니라.

그때 도리천에서 먼저 그 부처님을 위하여 보

리수 아래에 사자좌를 펴니, 높이가 일 유순이라. 부처님이 그 자리에 앉으시어 마땅히 아뇩다라삼먁삼보리를 얻으리라 하시고 그 자리에 앉으시었느니라.

그때 모든 범천왕이 많은 하늘 꽃을 비처럼 내리니 넓이가 일백 유순이고, 향기로운 바람이 불어와서 시든 꽃은 날려버리고 다시 새로운 꽃을 내리었으니, 이와 같이 끊임없이 십 소겁이 다하도록 부처님을 공양하였으며, 멸도하실 때까지 항상 그 꽃을 내렸으니, 사천왕과 모든 하늘이 그 부처님을 공양하기 위하여 항상 하늘북을 울리며, 그 밖의 모든 하늘들은 하늘의 기악을 울리어 십 소겁이 다 하고, 멸도하실때까지 이르러서도 그와 같이 하였느니라.

모든 비구들아! 대통지승 부처님이 십 소겁을 지나 비로소 모든 부처님의 법이 앞에 나타나게 되어 아뇩다라삼먁삼보리를 이룩하셨느니라.

그 부처님이 출가하시기 전에 열 여섯 아들이 있었으니, 그 첫째 아들의 이름은 지적이라. 모든 아들이 저마다 갖가지 보배롭고 훌륭한 장난감을 갖고 있었으나, 아버지가 아뇩다라삼먁삼보리를 이루셨다는 말을 듣고, 모두 그 보배로운 것을 버리고 부처님 계신 곳으로 찾아가니 모든 어머니들이 눈물을 흘리면서 떠나 보내었느니라. 그의 할아버지인 전륜성왕도 일백의 대신과 백천만억의 백성들에게 둘러싸여 도량에 나아가 함께 대통지승 부처님을 친근하고, 공양·공경하며 존중·찬탄하면서, 그곳에 이르러 머리 숙여 발에다 예배하고, 부처님의 주위를 돌고 나서 일심으로 합장하고, 세존을 우러러 보며 게송으로 찬탄하였느니라.

큰 위엄과 덕을 갖춘 세존께서
중생을 제도하시려고
한량없는 억만년을 지나

성불하셨으니,
모든 소원 성취하시니
거룩하고 길함이 끝이 없네.
세존은 매우 희유하시어
한 자리에 앉아 십 소겁이 지났어도
온몸과 수족이
움직임이 없이 편안하시고
그 마음은 항상 고요하며 두려움이 없고
산란하지 않으시며,
마침내 영원히 적멸하여
무루법에 편안히 머무르심이라.
지금 세존께서
편안하게 불도 이룩하심을 보게 되니
우리들도 좋은 이익 얻어
경축하고 칭송하며 크게 기뻐하나이다.
중생은 항상 괴로워하고
앞도 못보며 어두워 인도하는 스승도 없고
고통 끊는 도를 알지 못하고

해탈을 구하는 것도 알지 못하니,
긴 세월에 악업만 늘고
모든 하늘과 대중들이 복덕이 줄어들어
어둠을 따라 어둠 속으로 들어가
오래토록 부처님의 이름도 듣지 못했나이다.
지금 부처님께서 편안하고 위가 없는
최상의 도를 얻으시니,
우리들과 하늘과 인간이
가장 큰 이익을 얻었나이다.
이런고로 모두 머리를 조아리어
부처님께 귀의하나이다.

그때 열여섯 왕자는 게송으로 부처님에 대한 찬탄을 마치고 세존께 법륜 전해주시기를 간청하며 다함께 이렇게 여쭈었느니라.

'세존께서 설법하시면 우리들이 편안케 하오니 모든 하늘과 인간을 불쌍히 여기시고 두루 널리 이익되게 하시옵소서.'

거듭 게송으로 말씀하시었다.

세존과 같은 분은 다시 없으옵니다.
백복으로 스스로 장엄하여
위없는 지혜 얻으셨으니,
원컨대 세간을 위해 설하여 주시옵소서.
우리들과 모든 중생들을
제도하여 주시고 해탈할 수 있게
분별하여 보이시고
이런 지혜를 얻게 하옵소서.
만약 우리들이 성불하게 되면
중생들도 또한 그렇게 하오리다.
세존께서는 중생이
깊은 마음으로 생각하는 바를 아시옵고,
또한 행해야 할 도를 아실 것이며,
또 지혜의 힘도 아실 것이며,
욕망과 즐거움과 닦은 복과
숙명으로 행한 업도

세존께선 다 아시리니
위없는 가르침 설하여 주시옵소서.

부처님께서 모든 비구에게 말씀하시었다.

'대통지승 부처님께서 아뇩다라삼먁삼보리를 얻으셨을 때, 시방의 각 오백만억 부처님 세계는 여섯 가지로 진동하였으며, 그 나라 가운데 해와 달의 빛으로도 비출 수 없던 어두운 곳까지도 다 크게 밝아지니, 중생들이 각각 서로 보며 이렇게 말하기를, '이 가운데 어찌하여 홀연히 중생들이 태어났는가?' 하였느니라.

또 그 나라의 모든 하늘의 궁전과 범천의 궁전까지도 여섯 가지로 진동하였으며, 큰 광명이 널리 비추어 세계에 두루 가득하여 모든 하늘의 광명보다 더 밝았느니라.

그때 동방 오백만억의 모든 국토 중에서 범천 궁전에 비치는 광명이 항상있던 광명보다 더 밝았느니라. 모든 범천왕이 각각 이렇게 생각하기를, '지금 이 궁전에 비치는 광명은 예전에는 있지 아니하였거늘, 어떠한 인연으로 이러한 상서가 나타남인가' 하였느니라.

모든 범천왕이 각기 서로 나아가 함께 이 일을 의논하는데, 그때 대중 가운데 한 대범천왕이 있으니 이름이 구일체라. 모든 범천의 중생을 위하여 게송으로 설하시었느니라.

우리들 모든 궁전마다
예로부터 이런 광명 없었거늘
이것이 무슨 인연인지
서로 함께 찾을지어다.
대덕이 하늘에 탄생하심인가,
부처님이 세상에 출현하심인가.
이 큰 광명이
시방에 두루 밝히도다.

그때 오백만억 국토의 모든 범천왕이 궁전과 함께 각각 옷자락에 하늘꽃을 가득 담고 모두 서

방으로 가서 상서를 찾다가, 대통지승 부처님께서 도량의 보리수 아래 사자좌에 앉으시어, 모든 하늘과 용왕과 건달바・긴나라・마후라가・인・비인들이 공경하여 그 주위에 둘러 있는 것을 보았으며, 열여섯 왕자가 부처님께 법륜 전해 주시기를 간청하는 것을 보았느니라.

이때 모든 범천왕이 머리숙여 부처님께 예배하고 백천 번이나 그 주위를 돌며, 즉시 하늘의 꽃으로 부처님 위에 뿌리니, 그 뿌린 꽃이 수미산과 같으며, 아울러 부처님이 앉으신 보리수에도 공양하니, 그 보리수의 높이가 십 유순이라. 꽃 공양을 마치고 각자 궁전을 그 부처님께 받들어 올리며 이렇게 말하였느니라.

'가엾게 여기시고 우리들을 이익되게 하시어 원컨대 드리는 궁전을 받아 주시옵소서.'

그때 모든 범천왕이 곧 부처님 앞에서 일심으로 함께 소리내어 게송으로 말씀하시었다.

세존께서 심히 희유하시어

가히 만나뵙기 어렵나니,
한량없는 공덕을 갖추시어
능히 일체를 구원하고 보호하시며
하늘·인간의 큰 스승이 되어
세간을 가엾게 여기시니,
시방의 모든 중생들이
모두 널리 이익을 얻었나이다.
우리들이 지나온 곳은
오백만억의 국토이며,
깊은 선정낙을 버린 것은
부처님을 공양하기 위함이나이다.
우리들은 지난 세상의 복덕으로
궁전을 장엄하게 장식하여
지금 세존께 바치오니
불쌍히 여기사 받아 주시옵소서.

　그때 모든 범천왕이 게송으로 부처님을 찬탄하여 마치고 각각 이렇게 말씀하시었느니라. '원하옵건대 세존께서는 법륜을 전하시고 중생을 제도

하여 해탈케 하시고 열반의 길을 열어 주시옵소
서.'

그때 모든 범천왕이 일심으로 함께 게송을 말
하였느니라.

　세상에서 가장 훌륭한 분이시여
　오직 원컨대 법을 설하시고
　대자대비의 힘으로
　고뇌의 중생을 제도하여 주시옵소서.

그때 대통지승 부처님께서 말없이 이를 허락하
셨습니다.

모든 비구들아! 동남방 오백만억 국토의 모든
대범천왕이 각각 자기의 궁전에, 예전에 없었던
광명이 비치는 것을 보고 기뻐하며, 희유한 마음
을 내어 서로 찾아가 함께 그 일을 의논하였느니
라.

이때 대중 가운데 한 범천왕이 있었으니, 이름
이 대비라. 모든 범천의 대중을 위하여 게송으로

말하였느니라.

이같은 일은 무슨 인연으로
이같은 상서가 나타남인가.
우리들 궁전에는
예전에 없던 광명이 비침이라.
대덕께서 하늘에 나심인가.
부처님이 세상에 출현하심인가.
일찍이 본 적이 없는 이 상서를
일심으로 함께 찾으려고
천만억의 국토를 지나
광명을 따라 함께 찾을지이다.
아마도 부처님이 세상에 나오시어
고뇌의 중생을 제도하시고 해탈케 하심이니라.

그때 오백만억의 모든 범천왕이 궁전과 함께 각각 그릇에다 여러가지 하늘꽃을 가득 담아 서북방으로 함께 가서 그 상서를 찾다가, 대통지승 여래께서 도량의 보리수 아래 사자좌에 앉아 계시고, 모든 하늘·용왕·건달바·긴나라·마후라가·인·비인들이 공경하며 둘러싸고 있는 것을 보고, 아울러 열여섯 왕자가 부처님께 법륜 전해주시기를 청함을 보았느니라.

그때 모든 범천왕이 머리숙여 부처님께 예배하고 백천 번이나 주위를 돌고, 즉시 하늘꽃을 부처님 위에 뿌리니, 그 뿌린 꽃이 수미산과 같았으며, 아울러 부처님이 계시던 보리수에도 공양함이라. 꽃공양을 마치고, 각각 궁전을 받들어 부처님께 올리며 이렇게 말하였느니라.

'불쌍히 여기시어 우리들을 널리 이익되게 하옵시고, 원하옵나니 드리는 이 궁전을 받아 주시옵소서.'

그때 모든 범천왕이 곧 부처님 앞에서 일심으로 다 함께 게송으로 말씀하시었다.

성주이신 하늘 가운데 왕이시여
가릉빈가 음성으로
중생을 가엾게 여기시니
우리들이 지금 공경하고 예배하나이다.

세존은 매우 드무시어
오래되고 먼 세월에 한번 나타나시니,
일백 팔십 겁을 부처님이 안 계시어
헛되이 지냈으므로 삼악도는 충만하고
모든 하늘대중이 줄었음이라.
이제 부처님께서 세상에 나오시어
중생의 눈이 되었으며,
세간에 귀의한 바라.
일체를 구원하고 보호하사
중생의 아버지가 되시어
불쌍히 여겨 널리 이익되게 하시니,
우리들이 지난 세상의 복덕으로
지금 세존을 만났나이다.

그때 모든 범천왕이 게송으로 부처님 찬탄을
마치고 각각 이렇게 말씀하셨느니라.

'원하옵건데, 세존께서는 일체중생을 가엾게
여기사 법륜을 굴리시고 중생을 제도하여 해탈하
게 하시옵소서.'

모든 범천왕이 일심으로 함께 게송으로 말씀하시었느니라.

　　　대성이시여 법륜을 설하시어
　　　모든 법상을 나타내 보이시고
　　　고통에 빠진 중생을 제도하시어
　　　큰 기쁨을 얻게 하시옵소서.
　　　중생들이 그 법을 듣고
　　　도를 얻거나 하늘에 나면
　　　모든 악도는 줄어들고,
　　　인욕하고 착한 사람이 많아지네.
　　그때 대통지승여래께서 말없이 허락하시었다.

　　모든 비구들아! 남방 오백만억 국토의 대범천왕이 각각 자기들의 궁전에 예전에 없었던 광명이 비치는 것을 보고 기뻐하며 희유심을 내어 즉시 서로 찾아가 함께 그 일을 의논하였느니라.
　　'어떠한 인연으로 우리들 궁전에 이러한 광명이 비치는가.'

그때 대중 가운데 이름이 한 대범천왕이 있었으니, 이름이 묘법이라. 모든 범천의 중생을 위하여 게송으로 말씀하시었다.

우리들 모든 궁전에
광명이 매우 밝으므로
그것은 인연이 없지 않으리니
그 상서를 찾아 보리라.
백천겁을 지내도록
아직 이러한 상서를 본 적이 없으니
대덕이 하늘에 나심인가,
부처님이 세상에 출현하심인가.

그때 오백만억 모든 범천왕이 궁전과 함께하며 각각 옷깃으로 하늘꽃을 담아 북방으로 가서 그 상서를 찾다가, 대통지승여래께서 보리수 아래 사자좌에 앉으시고 모든 하늘·용왕·건달바·긴나라·마후라가·인·비인들이 공경스럽게 둘러싸고, 열여섯 왕자들이 부처님께 법륜을 전해 주시기를 간청하는 것을 보았느니라.

그때 모든 범천왕이 머리숙여 부처님께 예배하고 백천 번이나 주위를 돌며, 곧 하늘꽃을 부처님 위에 뿌리니, 그 뿌린 꽃이 수미산과 같았으며, 아울러 부처님이 계시던 보리수에도 꽃 공양을 마치고 제각기 궁전을 받들어 부처님께 올리며 이렇게 말하였느니라.

'가엾게 여기시어 우리들을 널리 이익되게 하시고 드리는 이 궁전을 받아 주옵소서.' 그때 모든 범천왕이 즉시 부처님 앞에 나아가 일심으로 다 함께 게송으로 말씀하시었다.

세존은 매우 뵈옵기 어려워라.
모든 번뇌를 깨뜨리시는 분이시며
일백 삼십 겁을 지나
지금에야 한번 친견하게 되었나이다.
굶주리고 목마른 중생에게
법의 비로 충만하게 하소서.
예전에 본 적이 없었던
한량없는 지혜가 우담발화꽃과 같았으나

오늘에야 만났나이다.
우리들의 모든 궁전이
광명을 받아 장엄하게 꾸며졌으며
큰 자비하신 세존께서는 가엾게 여기시어
받아 주시옵소서.

그때 모든 범천왕이 게송으로 부처님 찬탄을 마치고 각각 말하였다.

'원하옵나니, 세존께서는 법륜을 설하시어 일체 세간의 모든 하늘·마구니·범천·사문·바라문들이 다 안온함을 얻을 수 있게 제도하시고 해탈할 수 있게 하여 주시옵소서.'

이때 모든 범천왕이 일심으로 다 함께 게송으로 말씀하시었다.

원하옵나니 세존이시여,
위없는 법륜을 설하시옵소서.
큰 법고를 울리시고
큰 법라를 부시며
널리 큰 법비를 내리시어

한량없는 중생을 제도하시옵소서.

우리들 모두 귀의하여 바라오니

멀고 깊은 음성으로 설하여 주시옵소서.

그때 대통지승 부처님께서 말없이 허락하셨으며, 서남방과 하방까지도 역시 그와 같았느니라.

그때 상방의 오백만억 국토의 대범천왕들이 머물던 궁전에, 예전에 없었던 광명의 빛이 비치는 것을 보고 기뻐하며 거룩한 마음을 내어 곧 서로 찾아가 함께 그 일을 의논하기를 '어떠한 인연으로 우리들 궁전에 이러한 광명이 비치는가' 하였느니라.

그때 대중 가운데 한 대범천왕이 있었으니, 이름이 시기라. 그 범천왕이 대중을 위하여 게송으로 말씀하였느니라.

지금 무슨 인연으로

우리들 궁전에

위엄과 덕의 광명이 비치어

전에없이 장엄해지며,
이같이 묘한 상서를
예전에 듣지도 보지도 못했거늘.
대덕이 하늘에 나심인가,
부처님이 세상에 출현하심인가.

  그때 오백만억의 모든 범천왕이 궁전과 함께 하며 각각 옷깃으로 하늘 꽃을 담아 하방으로 가서 그 광명의 상서를 찾다가, 대통지승 부처님께서 도량의 보리수 아래 사자좌에 앉아 계시며, 모든 하늘·용왕·건달바·긴나라·마후라가·인·비인이 공경하여 둘러싸고, 열여섯 왕자가 부처님께 법륜을 전하여 주시기를 간청하는 것을 보았느니라.

  그때 모든 범천왕이 머리 숙여 부처님께 예배하고 백천번이나 주위를 돌며, 곧 하늘꽃을 부처님 위에 뿌리니, 그 뿌린 꽃이 수미산과 같았으며, 아울러 부처님이 계시던 보리수에도 꽃공양을 마치고 제각기 궁전을 받들어 부처님께 올리고 이렇게 말씀하였느니라. '우리들을 가엾게 여기시고 널리 이익되게 하옵시고, 원하옵나니 드리는 이 궁전을 받아 주시옵소서.'

그때 모든 범천왕이 즉시 부처님 앞에서 일심으로 다 함께 게송으로 말하였느니라.

거룩하신 모든 부처님이시여,
세상을 구원하시는 세존을 뵈옵고
능히 삼계의 지옥에서
모든 중생을 부지런히 건져 내시니,
넓으신 지혜의 세존께서
중생의 무리들을 가엾게 여기시며
감로의 문을 열어
일체를 널리 제도하시나이다.
옛적부터 한량없는 겁을
부처님이 아니계시어 헛되이 지냈으며
세존께서 출현하시지 아니한 때는
시방이 항상 어둡고 어두워
삼악도만 늘어나고,

아수라도 또한 성하여
하늘의 대중은 점차로 줄어지고,
사후에 많은 악도에 떨어지며
부처님의 법을 듣지못해
항상 착하지 못한 일만 행하니,
몸의 힘과 지혜의 힘
이러한 것들이 다 줄어들고,
죄업의 인연으로
즐거움과 즐거운 생각 모두 잃어,
삿된 견해의 법에 머물러
선한 예의 법칙을 의식하지 못하고,
부처님의 교화를 받지 아니하여
항상 악도에 떨어졌나이다.
부처님께서 세간의 눈이 되어
오랜만에 출현하심이라.
모든 중생을 불쌍히 여겨 세간에 나타나시어
세간을 초월하여 정각을 이루시니,
우리들이 매우 기뻐하며

그 밖의 일체 중생들도
미증유로 기뻐하며 찬탄하나이다.
우리들 모든 궁전이
광명받아 장엄스러워
이제 세존께 바치오니
가엾게 여기시어 받아 주시옵소서.
원하옵나니 이러한 공덕으로
일체에게 보급하여
우리들과 중생이
모두 다 함께 불도를 이루어지어다.

그때 오백만억의 모든 범천왕이 게송으로 부처님 찬탄을 마치고 각각 부처님께 여쭈었느니라.

원하옵나니 세존이시여! 법륜을 전하시어 많은 중생을 편안하게 해 주시고 많은 제도로써 해탈하게 하옵소서.

그때 모든 범천왕이 게송으로 말씀하시었느니라.

세존께서 법륜을 전하시고

감로의 법고를 울리시어
고뇌에 빠진 중생을 제도하사
열반의 길을 열어 보여 주시옵소서.
원컨대, 우리들의 청을 받으시어
크고 미묘하신 음성으로
가엾게 여기시어 연설해 주시옵소서.
한량없는 겁을 거쳐 익힌 법을 널리 설해 주
시옵소서.

그때 대통지승 부처님께서 시방의 모든 범천왕
과 열여섯 왕자들의 간청을 받으시고, 즉시 열두
행의 법륜을 세 번 말씀하시었으니, 사문이나 바
라문이나 하늘이나 마구니·범천이나, 그 밖의
세간에서는 전할 수가 없는 것이니, 이른바 '이
것이 괴로움이며 이것이 괴로움의 모임이며, 이
것이 괴로움이 없어짐이며, 이것이 괴로움을 없
애는 길이라.'고 하시며 아울러 십이인연의 법을
널리 말씀하시었느니라.

'무명의 연은 행. 행의 연은 식. 식의 연은 명색. 명색의 연은 육입. 육입의 연은 촉. 촉의 연은 수. 수의 연은 애. 애의 연은 취. 취의 연은 유. 유의 연은 생. 생의 연은 노 · 사 · 우 · 비 · 고 · 뇌이다.

따라서 무명이 멸하면 즉 행이 멸하고, 행이 멸하면 식이 멸하고, 식이 멸하면 명색이 멸하고, 명색이 멸하면 육입이 멸하고, 육입이 멸하면 촉이 멸하고, 촉이 멸하면 수가 멸하고, 수가 멸하면 애가 멸하고, 애가 멸하면 취가 멸하고, 취가 멸하면 유가 멸하고, 유가 멸하면 생이 멸하고, 생이 멸하면 곧 노 · 사 · 우 · 비 · 고 · 뇌가 멸하느니라.'

부처님께서 하늘 · 인간 · 대중 가운데서 이 법을 설하실 때에, 육백만억 나유타 사람들이 일체법의 영향을 받지 않기 때문에, 모든 번뇌를 벗어나서 마음의 해탈을 얻어, 모두 깊고 미묘한 선정 · 삼명 · 육통을 얻고 팔해탈을 갖추었으며, 두번째 세번째 네번째의 법을 설하실 때도 천만억 항하사 나유타 등의 중생들도 일체법의 영향을 받지 아니하므로, 모든 번뇌를 벗어나서 마음의 해탈을 얻었으며, 이로부터 모든 성문들도 한량없고 가이없어 이루 다 헤아릴 수 없었느니라.

그때 열여섯 왕자는 모두 어린 동자로 출가하여 사미가 되어 육근이 청정하고 지혜가 밝아 이미 백천만억의 모든 부처님께 공양하며 범행을 깨끗이 닦아 아뇩다라삼먁삼보리를 구하기 위하여 부처님께 여쭈었느니라.

'세존이시여! 이 한량없는 천만억 대덕의 성문들이 이미 다 성취하였으니, 세존께서도 우리들을 위하여 아뇩다라삼먁삼보리의 법을 설하여 주시옵소서. 우리들이 듣고 다 같이 닦아 배우려 하나이다.

세존이시여! 우리들이 간절한 마음으로 여래의 지견을 원하옵나니 마음에 깊이 생각하는 바를

부처님께서는 스스로 증득하여 아실 것입니다.'

그때 전륜성왕이 거느리는 대중 속에 팔만억 사람이 열여섯 왕자의 출가함을 보고, 또한 출가하기를 원하므로 왕이 듣고 즉시 허락하였느니라.

그때 그 부처님께서 사미의 청을 받으시고 이만겁을 지나 사부대중들에게 이 대승경을 설하시니, 그 이름이 〈묘법연화경〉이라. 보살을 가르치는 법이며, 부처님의 호념하시는 경이니라.

이 경을 설해 마치시고, 열여섯의 사미는 아뇩다라삼먁삼보리를 이루기 위하여 다 함께 받아 가지고 읽고 외워서 깊은 뜻을 통달하였느니라.

이 경을 설하실 때에 열여섯 보살의 사미는 다 믿고 받았으며, 성문대중 속에서도 믿고 이해하는 이가 있었으나, 그 밖의 중생인 천만억 종류들은 모두 의심을 하였느니라.

부처님이 이 경을 설하시되 팔천 겁 동안 쉰 적이 없었으며, 이 경을 설하신 다음에는 즉시 고요한 방에 들어가 팔만 사천 겁을 선정에 머무르셨느니라.

이때 열여섯 보살 사미는 부처님이 방에 들어가 고요히 선정에 드신 것을 알고, 각각 법좌에 올라 팔만 사천 겁을 사부대중을 위하여 〈묘법연화경〉을 널리 분별하여 설하고, 하나하나 제도한 것이 육백만억 나유타 항하사 중생이었으며, 이로움과 기쁨으로 가르침을 보여 아뇩다라삼먁삼보리의 마음을 일으키게 하였느니라.

대통지승 부처님이 팔만 사천 겁을 지나 삼매에서 일어나시어 법좌에 나아가 편안히 앉으시고, 모든 대중에게 말씀하시었느니라.

'이 열여섯 보살 사미는 매우 희유하여 모든

근기가 통하였으며, 지혜가 밝아 이미 천만억의 모든 부처님을 공양하고, 모든 부처님 계신데서 항상 범행을 닦아 부처님의 지혜를 받아 지녔으며, 중생들에게 열어 보여 그 가운데로 들어가게 하였으니, 너희들은 모두 이들과 자주 친근하여 공양하여야 하느니라. 왜냐하면 성문이나 벽지불이나 모든 보살들이 그 열여섯 보살이 설하는 경과 법을 믿고 받아 지니고 헐뜯지 않으면, 그러한 사람은 모두 아뇩다라삼먁삼보리 부처님의 지혜를 얻을 것이니라.'

부처님께서 모든 비구에게 말씀하시었느니라.

'그 열여섯 보살이 항상 이 묘법연화경을 즐겨 설하여, 하나하나의 보살이 교화시킨 육백만억 나유타 항하사 중생들은 태어나는 세상마다 보살과 함께 그들을 따라 법을 듣고 다 믿고 이해하였으며, 이러한 인연으로 사만억 모든 부처님 세존을 만나게 되었으나 아직도 끝나지 아니하였느니라.

　모든 비구들아! 나는 지금 너희들에게 말하노라. 그 부처님의 제자 열여섯 사미는 지금 모두 아뇩다라삼먁삼보리를 얻어 시방의 국토에서 현재 설법을 하고 있으며, 한량없는 백천만억의 보살과 성문들이 그들의 권속이 되었느니라. 그 두 사미는 동방에서 성불하셨으니, 첫째 이름은 아축으로 환희국에 계시고, 둘째 이름은 수미정이며, 동남방의 두 부처님은, 첫째 이름은 사자음이고, 둘째 이름은 사자상이며, 남방의 두 부처님은, 첫째 이름은 허공주요, 둘째 이름은 상멸이며, 서남방의 두 부처님은, 첫째 이름이 제상이고 둘째 이름은 범상이며 서방의 두 부처님은, 첫째 이름은 아미타이고, 둘째 이름은 도일체세간고뇌이며, 서북방의 두 부처님은, 첫째 이름은 다마라발전단향신통이요, 둘째 이름은 수미상이며, 북방의 두 부처님은, 첫째 이름은 운자재요 둘째 이

름은 운자재왕이며, 동북방의 부처님 이름은 괴
일체세간포외이며, 열여섯째는 나 석가모니불이
니, 사바세계에서 아뇩다라삼먁삼보리를 이루었
느니라.

모든 비구들아! 우리가 사미로 있을 때, 각각
한량없는 백천만억 항하사와 같은 중생을 교화시
켰으니, 나를 따라 법을 듣고 아뇩다라삼먁삼보
리를 이루고자 하느니라. 그 모든 중생이 지금 성
문의 경지에 머무른 이가 있어 내가 항상 아뇩다
라삼먁삼보리로 교화하고 있으니, 그 사람들은
마땅히 이 법으로 점차로 불도에 들어가게 되리
라. 왜냐하면 여래의 지혜는 믿기도 어렵고 알기
도 어렵기 때문이니라. 그때 교화를 받은 한량없
는 항하사 중생들은, 너희들 모든 비구와 내가 멸
도한 뒤에 미래 세상의 성문 제자들이니라.

내가 멸도한 뒤에 다시 제자가 있어 이 경을 듣

지 못하여 보살의 행할 바를 알지도 못하고 깨닫지도 못하였으나, 스스로 얻은 공덕으로 멸도하리라는 생각을 내게 되면 마땅히 열반에 들 것이니라. 내가 다른 나라에서 성불하여 다른 이름을 갖게 되리니, 그 사람이 비록 멸도하리라는 생각을 내어 열반에 들어갔다고 하여도, 그 국토에서 부처님의 지혜를 구하여 이 경을 듣게 될것이니라. 오직 일불승으로서 멸도를 얻을 것이고, 그밖에 다른 승은 없는 것이니, 다만 모든 여래가 방편으로 설법하신 법은 제외되느니라.

모든 비구들아! 만약 여래가 스스로 열반할 때에 이르렀음을 알고, 대중들도 또한 맑고 깨끗하며 믿고 이해함이 견고하여, 법의 빈 속성을 깨달아서 선정에 깊이 든 것을 알게 되면, 곧 모든 보살과 성문대중을 모아서 그들을 위하여 이 경을 설할 것이니, 세간에 이승으로 멸도를 얻을 수 없고 오직 일불승만이 멸도를 얻을 수가 있느니라.

비구들아! 마땅히 알라. 여래는 방편으로 중생의 성품에 깊이 들어가서, 그들의 뜻이 소승법을 즐겨 오욕에 깊이 집착함을 아시고 그들을 위하는 고로 열반을 설하신 것이니, 그 사람들이 듣게 되면 곧 믿고 받아들이게 되느니라.

비유하면 오백유순이나 되는 험난하고 나쁜 길에 인적마저 끊기어, 무섭고 두려운 곳을 많은 대중이 그 길을 지나 진귀한 보물이 있는 곳에 이르고자 하였느니라.

어느 한 인도자가 총명한 지혜로 밝게 통달하여 험악한 그 길의 통하고 막힌 상태를 잘 알고 있으므로, 많은 사람을 인도하여 그 어려운 곳을 지나가려고 하였느니라.

거느리고 가던 사람 중에 중도에서 게으름이

생겨 인도자에게 말하기를, '우리들이 극도로 피곤하며 겁이 나고 두려워 더 나아갈 수 없으며, 앞길도 아직 멀고 험하니 되돌아 가고자 하나이다.' 하였느니라.

그때 인도자는 방편이 많으므로 이러한 생각을 하였느니라.

'이 사람들은 참으로 불쌍하구나! 어찌하여 많고 진귀한 보물을 버리고 되돌아 가려고 하는가.' 하고 곧 방편의 힘으로써 험난한 그 길에 삼백 유순을 지나 성 하나를 변화로 만들어 놓고 모든 사람에게 말하였느니라.

'너희들은 두려워하지 말고 되돌아 가지도 말라. 이제 이 큰 성에 들어가 마음대로 할 수 있으니, 만일 이 성에 들어가면 기꺼이 편안함을 얻을 것이며, 앞에 보물이 있는 곳에 가려고 하면 갈 수 있게 될 것이니라.'

그때 극도로 피곤했던 대중들이 크게 기뻐하여

'이렇게 기쁜 일은 난생처음 있는 일이다' 라고 찬탄하며

우리들이 이제야 험악한 길을 면하고 기꺼이 편안함을 얻었다고 생각하였으며, 많은 사람들이 앞에 있는 변화로 만든 성에 들어가, 이미 제도되었다는 생각으로 편안한 생각을 하였느니라.

그때 인도자는 그 사람들이 이미 휴식을 얻어 피곤함이 없어진 것을 알고, 곧 변화하여 만든 성을 없애고 대중들에게 말하기를 '너희들은 따라오라. 보물이 있는 곳이 가까우니 앞서 있던 큰 성은 내가 변화로 만든 것으로 휴식을 시키기 위한 것이었느니라.'

모든 비구들아! 여래도 또한 이와 같아 이제 너희들을 위하여 큰 인도자가 되어, 모든 나고 죽고 번뇌하는 악한 길이 험난하며 길고 먼 길에서 벗어나 응당 제도되어야 함을 알고 있느니라.

만약 중생이 일불승만을 듣게 되면 부처님을 뵈오려고 하지 않으며 친근하려고도 하지 않고 이렇게 생각하기를, '불도는 길고도 멀어 오래도록 부지런히 고행을 닦아야 마침내 성취할 수 있을 것이라.'

부처님께서 그들의 마음이 겁내고 약하고 졸렬함을 아시고, 방편의 힘으로 중도에서 휴식을 시키기 위하여 두 가지 열반을 설하신 것이니라.

만약 중생이 두 경지에 머물게 되면 여래는 그때 곧 이렇게 설하시되, '너희들은 해야할 바를 아직 다 하지 못하고 있으며, 너희가 머물고 있는 경지는 부처님의 지혜에 가까우니 마땅히 관찰하여 밝게 보고 헤아려야 하느니라.

얻은 바의 열반은 진실이 아니고, 다만 여래가 방편의 힘으로 일불승에 대하여 이를 분별해서 삼승으로 설한 것이며, 그 인도자가 휴식을 시키기 위하여 큰 성을 변화로 만들었다가 휴식이 다 된 것을 알고 말하기를, '보물이 있는 곳이 가까워졌으며, 이 성은 진실이 아니고 내가 신통력으로 만든 것이니라.'라고 한 것과 같느니라.'

그때 세존께서 이 뜻을 거듭 밝히고자 게송으로 말씀하시었다.

대통지승 부처님이
십겁을 도량에 앉았으나
불법이 앞에 나타나지 아니하여
성불 얻지 못함이라.
모든 천신·용왕들과
아수라의 무리들이
항상 하늘꽃비 내려
그 부처님을 공양하였으며,
모든 하늘이 하늘북을 울리고
아울러 여러 가지 기악을 연주하였으며,

향기로운 바람이 시든 꽃을 날리고
다시 새로 좋은 것을 내렸으되
십소겁이 지나서야
이에 불도를 성취하시니
모든 하늘과 세상 사람이
다 마음이 기뻐 뛰네.

저 부처님의 열여섯 왕자는
모든 그의 권속
천만억이 위요하여
부처님 계신 곳에 나아가

머리 숙여 부처님의 발에 예배하고
법륜 전하시기를 간청하되,
성자께서는 법의 비로
우리와 일체를 충만시키시니,
세존은 만나뵙기 심히 어려우며
오랜 세월에 한 번 나타나시어

모든 중생 깨우치기 위하여
일체를 진동케 하시나이다.

동방의 모든 세계 오백만억 국토마다
범궁에 비친 광명이
예전에는 없었던 바라.
모든 범천이 그 상서를 보고
부처님 계신 곳에 찾아와
꽃을 뿌려 공양하고
아울러 궁전까지 받들어 올리면서
부처님께 법륜 전해 주시기를 청하며
게송으로 찬탄함이라.
부처님께서는 때가 되지 않음을 아시고
청을 받고 묵묵히 앉아 계시니,
삼방과 사유와
상하도 또한 이와 같이
꽃을 뿌리며 궁전을 바치고
법륜을 전하실 것을 청하였노라.

세존은 심히 만나 뵙기 어려우니,
본래의 대자비로
감로의 문을 크게 열어
위없는 법륜을 전해 주시옵소서.

한량없이 지혜로운 세존께서
대중의 청을 받으시어,
여러 가지 법을 밝히려고
사제법과 십이인연을 설하시되,
무명에서 늙고 죽음에 이르기까지
모두 인연 따라 생기므로,
그와 같이 거쳐야 할 많은 환난을
너희들은 마땅히 알라.
그 법을 널리 설하실 때에
육백만억의 중생이
모든 괴로움을 다 여의고
모두 아라한을 이루었으며,
두 번째 설법 때에도

천만의 항하사의 중생이
모든 사물법의 영향을 받지 않고
또한 아라한을 이루었느니라.
그 이후에 도를 얻은 자는
그 수가 한량없으니,
만억겁을 두고 헤아려도
능히 그 끝을 알지 못하느니라.

그때 열여섯 왕자가
출가하여 사미가 되어
모두가 부처님께 청하기를,
'대승법을 설해 주시옵소서.
우리들과 함께 온 사람이 모두
마땅히 불도를 이룩하려 하오니
세존처럼 제일가는 맑은 혜안을
얻게 되기를 원하옵나이다.'

부처님께서 사미들의 마음이

전생에서 행한 바를 아시고
한량없는 인연과 여러 가지 비유로
육바라밀과
여러 가지 신통한 일을 설하시어,
진실한 법과
보살이 행할 도를 분별하시고
법화경을 설하시며
항하사 같은 게송을 설하심이라.

부처님께서 이 경을 다 설하시고
고요한 방에서 선정에 드시니,
일심으로 한자리에 앉아
팔만사천겁을 지내시거늘,
모든 사미들이 부처님이
선정에서 나오시지 않음을 알고,
무량억의 중생을 위해
부처님의 위없는 지혜를 설하실 때,
각각 법좌에 앉아

이 대승경을 설하였으며,
부처님이 편안히 적멸하신 후에도
선양법으로 교화해 도왔느니라.
하나하나의 사미들이
제도한 모든 중생은
육백만억 항하사와 같음이라.

저 부처님께서 열반하신 후에
이 법을 들은 모든 자들은
여기저기 모든 불국토에서
항상 스승과 함께 태어나나니,

이 열여섯 사미가
구족하게 불도를 행하고
지금 현재 시방에서
각각 정각을 이루었느니라.

그때 법을 들은 자가

각각 부처님 계신 곳에서
그 성문에 머물러 있음은
점차 가르쳐 불도에 들게 함이니라.
내가 열여섯 왕자의 한 사람으로 있으면서
일찍이 너희를 위해 설법하였으니,
이런고로 방편으로써
너희를 부처님 지혜에 이끌었느니라.

이 본래의 인연으로
지금 법화경을 설하여
너희를 불도에 들게 함이니
놀라고 두려워 하지 말라.

비유하면 험악한 길에
인적은 끊어지고 맹수는 많으며,
또 물과 풀도 없어서
사람들이 두려워하는 곳을
수없는 천만 대중이

그 험악한 길을 지나려 하였으나,
그 길이 매우 황량하고 멀어
오백유순이 넘는지라.

그때 한 도사가 많은 지식과 지혜가 있으며
밝게 통달하고 결단심이 있어
험악한 곳에서 여러 가지 환난을 구해줌이라.

대중들이 피곤하여
도사에게 말하되
우리들은 지금 너무 지쳐서
여기서 돌아가려 하나이다.

도사는 이런 생각을 하되
이 무리가 매우 불쌍하구나.
어찌하여 중도에서 물러가
크게 진귀한 보물을 잃고자 하는가.
그때 방편을 생각하여

마땅히 신통력을 베풀어야겠구나 하고
큰 성곽을 변화로 만들어
많은 집을 장엄하게 꾸미고,
동산과 숲이 둘러 있고,
큰 시내와 연못이 있으며
겹겹 문과 높은 누각에
남 · 녀가 모두 가득하게 함이라.
곧 이런 변화를 다 마친 뒤
대중을 위로하여 말하되, 두려워 말라.
너희들이 이 성에 들어가면
마음대로 즐기리라.

모든 사람들이 성에 들어가
마음으로 크게 기뻐하고
모두가 편안한 생각을 내어
스스로 이미 제도되었노라 생각함으로
도사는 이미 휴식이 된 것을 알고
대중을 모아 놓고 말하기를

너희들은 마땅히 떠나거라.
이것은 변화해서 만든 성이며,
나는 너희들이 극히 피로하여
중도에서 돌아가려 함을 보고
방편의 힘으로써
임시로 이 성을 변화해서 만든 것이니,
너희는 지금 부지런히 정진하여
보물이 있는 곳에 다 함께 가야 하느니라.

나도 또한 이와 같으니
일체의 도사가 되어
모든 불도를 구하는 자들이
중도에서 게으름 피우고 그만두는 많은 사람
나고 죽는 모든 번뇌와
험한 길에서 못 벗어남을 보았노라.
그런고로 방편의 힘으로 휴식시키며
열반을 설하되,
너희들은 고통 멸하여

할 바를 다 했다고 하는구나.

모두 열반에 이르러
다 아라한을 얻은 것을 알고
이에 대중을 모아
진실한 법을 설하노라.
모든 부처님은 방편의 힘으로
삼승으로 나누어 설하심이나
오직 일불승만 있을 뿐,
휴식하는 처소로 이승을 설하심이라.
이제 너희를 위해 진실을 설하노니
너희가 얻은 것은 멸도가 아니고,
부처님의 일체지혜 위하여
마땅히 크게 정진을 일으켜야 하느니라.
너희들이 일체지혜와 십력 등의 불법을
증득하여
삼십이상을 갖추어야만
이것이 진실한 열반이니라

모든 부처님이 도사가 되시어
휴식을 위해 열반을 설하시고,
휴식이 끝난 것을 아시고
부처님의 지혜에 들도록 인도하느니라.

〈화성유품 끝〉

묘법연화경 제4권

제 8 오백제자수기품

    그때 부루나미다라니자는 부처님으로부터 지혜의 방편으로 근기에 따라 설법하심을 들었으며, 또 여러 큰 제자에게 아뇩다라삼먁삼보리의 수기 주심을 듣고, 다시 숙세의 인연에 대한 일을 들었으며, 또 모든 부처님의 자재한 큰 신통력이 있음을 듣고, 미증유를 얻어 마음이 맑아져 뛸 듯이 기뻐하며, 곧 자리에서 일어나 부처님 앞에 이르러 머리를 숙여 예배하고, 물러나 한 쪽에 서서 존안을 우러러보며 눈도 깜빡이지 않고 이러한 생각을 하였다.

    '세존께서는 매우 거룩하시고 하시는 바는 희유하시니 세간의 여러 가지 성품에 따라 방편과 지견으로 설법을 하시어, 곳곳마다 중생의 탐착심을 없애 주시니 우리들은 부처님의 공덕을 능히 말로 다 하지 못하나이다. 오직 부처님 세존만이 우리들의 깊은 마음 속 본래의 원을 아시나이다.'

그때 부처님께서 모든 비구에게 말씀하시었다.

"너희들이 부루나미다라니자를 보았느냐. 나는 항상 설법을 하는 사람 가운데서 그가 제일이라 칭찬했으며, 또 여러 가지의 공덕을 찬탄하였노라.

부지런히 정진하여 나의 법을 받들고 이를 도와 널리 펴며 능히 사부대중에게 보여주며 가르쳐 이롭고 기쁘게 하며, 부처님의 정법을 알기 쉽게 해석하여 같은 범행자를 크게 이롭게 하였으니, 여래가 아니고는 능히 언론변재를 당할 자가 없느니라.

너희들은 부루나가 나의 법을 보호하며 지키고

이를 도와 널리 펴는 것 밖에 못한다고 생각하지 말라. 또한 과거 구십억의 모든 부처님 계신데서도 부처님의 정법을 보호하며 지키고 이를 도와 널리 폈으며 그 설법하는 사람 중에 제일이었느니라.

또 부처님이 설법하신 공한 법까지도 통달했으며, 사·무·애·지를 얻어 항상 잘 살펴 청정하게 설법을 하되 의심이 없게 하며, 보살의 신통력도 갖추고 그 수명을 따라 항상 범행을 닦았으며, 저 부처님의 세상 사람들은 "이는 참다운 성문이라." 하였느니라.

부루나는 이러한 방편으로 한량없는 백천 중생을 이익되게 하였으며, 또 한량없는 아승지의 사람을 교화하여 아뇩다라삼먁삼보리를 얻게 하였으니, 불토를 청정하게 하려고 항상 불사를 하며 중생을 교화하였느니라.

여러 비구들아! 부루나는 과거의 일곱 부처님의 설법하는 사람 가운데 제일이었으며, 지금 내가 있는 곳에서 설법하는 사람 가운데 제일이며, 현겁 중 앞으로 모든 부처님의 설법하는 사람 가운데서도 또한 제일이며, 부처님의 법을 다 보호하여 지키고 이를 도와 널리 펴며, 미래에도 한량없고 가이없는 여러 부처님의 법을 다 보호하며 이를 도와 널리 펴며, 한량없는 중생을 교화시켜 널리 이익되게 하여 아뇩다라삼먁삼보리를 성취하도록 할 것이니라. 그리고 불토를 청정하게 하려고 항상 부지런히 정진하며 중생을 교화하고, 보살의 도를 점점 갖추리라.

한량없는 아승지 겁을 지나게 되면, 반드시 이 땅에서 아뇩다라삼먁삼보리를 얻을 것이니, 그 이름을 법명여래·응공·정변지·명행족·선서·세간해·무상사·조어장부·천인사·불 세존이리라. 그 부처님은 항하사 같이 많은 삼천대천세계를 하나의 불토로 만들어 칠보로 땅이 되게 하였으며, 그 땅은 손바닥처럼 평평하여 산과 언덕이나 계곡과 구렁이 없으며, 칠보로 된 집과 정자가 그 나라에 가득하고, 여러 하늘의 궁전이 허공 가까이 있어 사람과 하늘이 서로 볼 수 있으며, 여러 가지 악도도 없고, 여인도 없으며, 일체 중생이 모두 자연히 태어날 것이므로 음욕이 없느니라.

큰 신통력을 얻어 몸에서 밝은 광명이 나오고 자유롭게 날아다니며, 뜻과 생각이 견고하여 정진하고 지혜로우며, 널리 금색의 삼십이 상으로 스스로 장엄하느니라.

그 나라의 중생은 항상 두 가지 음식을 먹으니, 첫째는 법희식이고, 둘째는 선열식이니라.

한량없는 아승지 천만억 나유타의 여러 보살대중이 있으니, 큰 신통력과 사·무·애·지를 얻어 능히 중생들을 잘 교화하며, 수학으로 계산하여 알 수 없을 정도로 많은 성문대중들까지도, 모두 육통과 삼명과 팔해탈을 얻어 구족하리라.

그 부처님의 국토는 이와 같이 한량없는 공덕

으로 장엄하게 성취되리니, 겁의 이름은 보명이
고, 나라 이름은 선정이리라. 그 부처님의 수명은
한량없는 아승지 겁이고, 법이 세상에 머무름도
심히 오랫동안이며, 부처님이 멸도하신 뒤에는
칠보탑을 세워 그 나라에 가득 채우리라."

그때 세존께서 이 뜻을 거듭 밝히고자 게송으
로 말씀하시었다.

모든 비구들아, 자세히 들어라.
불자가 행한 도는
방편을 잘 배운 까닭으로
너희는 가히 생각하기 어려움이라.
중생들은 소승법을 즐기면서
큰 지혜를 두려워함을 잘 알아
이런 까닭으로 모든 보살이
성문이나 연각이 되어
한량없는 방편으로
모든 중생을 교화하며

스스로 성문으로 말을 하고
불도는 심히 멀다고 말하며,
한량없는 중생을 제도하고 해탈케 하여
모두 다 성취할 수 있게 하였으니,
비록 적은 것만 하려고 게으르긴 하나
점점 닦아 마땅히 성불할 수 있게 함이니라.
안으로는 보살행을 감추고 있지마는
겉으로는 성문의 모습 드러내면서,
적은 것만 하려고 생사에 얽혔어도
실은 스스로 불국토를 청정하게 함이라.
중생에게 삼독을 보이고
또 삿된 견해의 상을 나타내면서
나의 제자는 이같은 방편으로
중생을 제도할 것이니라.
만일에 내가 여러 가지 모습으로
나타낸 일을 다 설하게 되면,
이 말을 들은 중생들은
곧 마음에 의혹을 품게 될 것이니라.

지금 이 부루나는
옛적 천억 부처님에게서
수행의 도를 부지런히 닦아
모든 부처님의 법을 전하고 지키며,
위없는 지혜를 구하기 위하여
모든 부처님 계신데서
상수 제자로 있었으며,
많이 듣고 지혜가 있어
설법에 두려움이 없어서
능히 중생을 환희케 하네,
피곤함을 느낀 적이 없이
부처님의 일을 잘 도우며,
이미 큰 신통을 얻어
사·무·애·지를 갖추고,
모든 중생 영리하고 우둔한 근기를 알아
항상 청정한 법을 설하며,
이러한 뜻을 밝혀

여러 천억의 중생을 교화시켜
대승법에 머물게 하여
스스로 부처님의 국토를 깨끗이 하였으며,
미래에 한량없고 수없는
부처님을 공양하며
바른 법을 보호하고 널리 펴면서
스스로 부처님의 국토를 깨끗이 하고,
항상 여러 가지 방편으로
두려울 바가 없는 법을 설하여
헤아릴 수 없이 많은 중생을 제도하고
모든 지혜 성취케 하였으며,
모든 여래를 공양하고
법보장을 받들어 가지니라.

그 후 성불하리니,
이름은 법명이며
나라 이름은 선정이요
모든 것이 칠보로 이루어졌으며

겁의 이름은 보명이니라.
보살대중이 많아
그 수가 한량없는 억이 되어
모두 큰 신통을 얻고
위덕의 힘을 구족하여
그 국토에 가득하며,
성문들도 또한 무수하지만
삼명과 팔해탈과
사·무·애·지를 얻어
이같은 자들이 승단을 이루고
그 나라의 모든 중생은
음욕을 이미 다 버리고서
순일한 변화로 태어나
장엄한 상을 갖추어 몸을 장엄하였으며,
법희식과 선열식만을 하고
다른 음식의 생각은 없으며,
모든 여인들도 없고
또한 악도가 없을 것이니,

부루나비구는
공덕을 원만하게 다 성취하고
마땅히 이렇게 깨끗한 정토를 얻었으며,
성현들이 한없이 많으리니
이같은 한량없는 대중들 일을
내가 간략히 설하노라.

그때 마음이 자재한 일천이백 아라한들이 이런 생각을 하였다.

'우리들은 기뻐하여 일찍이 없었던 일을 얻었으니, 만약 세존께서 각각 수기 주시기를 다른 큰 제자와 함께 주신다면 얼마나 기쁘겠나이까.'

부처님께서 그들이 마음으로 생각하는 것을 아시고 마하가섭에게 말씀하시었다.

"이 일천이백의 아라한들에게 내가 지금 앞에서 차례로 아뇩다라삼먁삼보리를 수기를 주리라.

이 대중 가운데 있는 나의 큰 제자 교진여비구
는 마땅히 육만 이천억의 부처님을 공양한 뒤에
성불하리니 이름은 보명여래·응공·정변지·
명행족·선서·세간해·무상사·조어장부·천
인사·불 세존이라.

그 오백 아라한인 우루빈나가섭·가야가섭·
나제가섭·가류타이·우타이·아로루타·이바
다·겁빈나·박구라·주타·사가타 등도 모두
마땅히 아뇩다라삼먁삼보리를 얻어, 그 이름은
다같이 보명이라 부를 것이니라."
그때 세존께서 이 뜻을 거듭 밝히고자 게송으
로 말씀하시었다.

교진여 비구는
마땅히 한량없는 부처님을 친견하고
아승지겁을 지내고 마침내

등정각을 이룰 것이니라,
항상 큰 광명을 발하며
모든 신통이 구족하여
그 이름이 시방세계에 두루 알리어
일체가 공경하며
항상 무상도를 설하리니
이름을 보명이라.
그 국토는 맑고 깨끗하며
보살은 모두 용맹스럽고,
아름다운 누각에 올라
시방의 국토에 노닐면서
위없는 공양물로
모든 부처님께 받들어 올리며,
이런 공양 마치고
마음으로 크게 기뻐하며
잠깐 사이에 본국토로 돌아오니
이와 같은 신통력이 있으리라.
부처님의 수명은 육만겁이며,

정법이 세상에 머물기는
그 수명의 두배 되고,
상법은 여기에서 또한 두배를 머무르리라.

법이 사라지면 하늘과 인간이 근심하리라.
그 오백의 비구는 차례로
마땅히 성불하리니,
같은 이름으로 보명이라.
차례로 수기를 주니
내가 멸도한 후에는
그 누구든 성불하리니,
그 교화할 세계는
오늘의 나와 같으리라.
국토의 청정함과
모든 신통력과 보살·성문들과
정법 및 상법의 머무름과
수명과 겁의 많고 적음도
다 위에서 설한 바와 같으니라.

가섭아, 너는 이미 오백의
자재한 이를 알고 있으니
다른 성문의 대중도 또한 마땅히
이와 같으리라.
그들이 이 자리에 있지 아니한 자는
네가 마땅히 설법할지니라.

 그때 오백 아라한이 부처님 앞에서 수기를 받고 기뻐 뛰며, 즉시 자리에서 일어나 부처님 앞에 나아가 머리숙여 부처님께 예배하고, 허물을 뉘우치며 스스로 책망하면서 말하였다.
 "세존이시여, 저희들은 항상 이 같은 생각을 하면서, 이미 거룩한 멸도를 얻었다고 생각하였으나 이제 알고 보니 무지한 자와 같나이다. 왜냐하면 우리들은 마땅히 부처님의 지혜를 얻어야 하겠거늘, 곧 작은 지혜로 스스로 만족하게 생각하였나이다.

세존이시여! 비유하면, 어떤 사람이 친한 친구의 집에 갔다가 술에 취해 누워 자는데, 그때 친한 친구는 관청의 일로 가게 되어 값도 모를 보배 구슬을 그의 옷 속에 매달아 주고 나갔나이다.

그 사람은 취해서 자고 있어 도무지 깨닫지 못하고, 이미 일어나서 길을 떠나 다른 나라에 이르러, 의복과 양식을 얻기 위하여 부지런히 노력하며 찾아 구하였으나 매우 힘들고 어려워, 조그마한 소득이 있어도 곧 만족하다 생각하였나이다.

그후에 친한 친구는 우연히 그 사람을 만나 보고는 이런 말을 하였나이다.

"이 못난 친구야! 어찌하여 입을 것과 먹을 것 때문에 이 지경에 이르렀는가. 내가 예전에 너의 행복과 오욕락을 마음대로 누리게 하고자 하여, 어느 해 어느 달 어느 날 값도 모를 보배구슬을 너의 옷 속에 매달아 주었으니 아직도 그대로 있으리라. 너는 그것을 알지도 못하고 고생하며 근심하고 번뇌하면서 스스로 살아가기를 구하고 있으니, 매우 어리석구나! 너는 이제 이 보배로 필요한 것을 마음대로 바꾼다면 뜻과 같이 되어 모자라는 바가 없으리라."

부처님도 이와 같아서 보살로 계실 때 우리들을 교화하여 일체지의 마음을 내도록 하시었으나, 오래지 않아 잊어 버려 알지도 깨닫지도 못하면서 이미 아라한의 도를 얻고 나서 스스로 멸도하였다고 생각하여 자생이 가난하여 조금만 얻어도 만족하다 하였으며, 일체지를 원했던 서원은 오히려 그대로 있어 잃지 아니하였나이다.

이번에 세존께서 저희들을 깨닫게 하시려고 이렇게 말씀하시나이다.
"여러 비구들아! 너희들이 얻은 것은 구경의 멸도가 아니니라. 내가 오랫동안 너희들로 하여금 부처님의 선근을 심게 하기 위하여, 방편으로 열반의 모습을 보였거늘, 너희들은 진실한 멸도를 얻었다고 생각하는구나."

세존이시여! 우리들은 이제야 비로소 보살로서 아뇩다라삼먁삼보리의 수기를 얻을 수 있음을 알았나이다. 이러한 인연으로 매우 크게 기뻐하여 미증유를 얻었습니다."

그때 아야교진여 등이 그 뜻을 거듭 밝히고자 게송으로 말씀하시었다.

우리들이 위없는
안온의 수기 주시는 음성을 듣고
미증유라고 기뻐하여
무량지의 부처님께 예배드리오며,
지금 세존의 앞에서
스스로 모든 허물을 뉘우치나이다.
한량없는 부처님의 큰 보배 가운데
적은 열반의 한 부분을 얻고서는

마치 지혜 없는 어리석은 사람과 같이
스스로 만족하다 하였나이다.

비유하면, 어떤 가난한 사람이
친한 친구의 집을 찾아가니,
그 집은 큰 부자여서
여러 가지 음식으로 대접하고
값으로 헤아릴 수 없는 보배구슬을
옷 속에 매달아 주고
말없이 떠나갔지만,
이때 누워서 깨닫지도 알지도 못한
그 사람이 일어나
다른 나라에 돌아다니며
의식을 구하고 스스로 해결하려고 하였으
나,
살아가기가 매우 어려워
조금만 얻으면 곧 만족하고
더 좋은 것을 원하지 않으며,

옷 속에 값으로 헤아릴 수 없는
보배구슬이 있는 것을 몰랐었네.

구슬을 준 친한 친구 후에
그 가난한 사람을 보고
매우 꾸짖고 나서
매달아 준 구슬을 알려주니,
빈궁한 사람이 그 구슬을 보고
마음으로 크게 기뻐하며
재물을 풍부하게 갖게 되어
오욕락을 마음대로 누리게 되었나이다.

우리들도 그와 같아
세존께서 오랜 세월을
불쌍히 보시고 교화하시어
위없는 서원을 심게 하셨으나,
저희들이 지혜가 없는고로
깨닫지도 못하고 알지도 못하여

열반을 나누어 얻고서
스스로 만족하여 나머지는 구하지
아니하였나이다.

지금 부처님께서 우리를 깨닫게 하시려고
이는 참 멸도가 아니라
부처님의 위없는 지혜를 얻어야
그것이 진실한 멸도라 말씀하시니,

지금 우리들은 부처님이
수기를 주시는 장엄한 일과
차례로 수기 주심의 결정을 듣고
몸과 마음이 모두 기뻐하옵나이다.

〈오백제자수기품 끝〉

제 9 수학무학인기품

그때 아난과 라후라는 이런 생각을 하였다.

'우리들이 스스로 생각하기를, 만일 수기를 받으면 또한 즐겁지 않겠는가.'

곧 자리에서 일어나 부처님 앞으로 나아가, 머리 숙여 발에 예배하고 부처님께 여쭈었다.

"세존이시여, 우리들에게도 응분의 기회가 있사오니 오직 여래께만 우리들은 귀의하나이다. 또한 우리들에 대하여 일체 세간의 하늘과 사람과 아수라까지도 보고 잘 알고 있나이다.

아난은 항상 시자가 되어 법장을 받들어 가지고 보호하였고, 라후라는 부처님의 아들이오니, 만약 부처님께서 아뇩다라삼먁삼보리의 수기를 주신다면 우리의 소망은 이미 이루어졌으며 대중의 소망도 또한 만족하오리다."

그때 배우는 이·다 배운 이 성문 제자 이천인이 모두 자리에서 일어나 오른쪽 어깨를 올리고, 부처님 앞에 나아가 일심으로 합장하고 부처님을 우러러 보며 아난과 라후라의 소원과 같이 하고, 한쪽에 물러나 서 있었다.

그때 부처님께서 아난에게 말씀하시었다. "너는 오는 세상에 반드시 성불하여 그 이름은 산해혜자재통왕여래·응공·정변지·명행족·선서·세간해·무상사·조어장부·천인사·불 세존이리라.

마땅히 육십이억의 모든 부처님을 공양하고 그 가르침을 굳게 지키고 간직한 뒤에 아뇩다라삼먁삼보리를 얻으리라. 이십 천 만억 항하사 많은 보살들을 교화하여 아뇩다라삼먁삼보리를 성취하게 하리라.

나라의 이름은 상립승번이요, 그 국토는 청정하고 땅은 유리로 될 것이며, 겁의 이름은 묘음변만이라 할 것이니라. 부처님의 수명은 한량없는 천만억 아승지 겁이니 만일 사람이 천만억의 한량없는 아승지겁 동안 산수로 헤아릴지라도 능히 알 수 없으며, 정법이 세상에 머물기는 수명의 두 배가 되고, 상법이 세상에 머물음은 정법의 두 배가 될 것이니라.

아난아! 이 산해혜자재통왕 부처님은 시방의 한량없는 천만억 항하사 모든 부처님들께서 함께 그 공덕을 찬탄하시게 되리라.”

그때 세존께서 이 뜻을 거듭 밝히고자 게송으로 말씀하시었다.

나는 지금 대중들에게 말하노라.
법을 받들어 가지고 지키는 아난은
마땅히 모든 부처님을 공양한 뒤에
정각을 성취하리라.

이름은 산해혜자재통왕불이며
그 국토는 청정하고
이름이 상립승번이니라.
모든 보살을 교화하되
그 수가 항하사같으며
부처님은 큰 위엄과 덕망이 있어
이름이 시방에 가득차고
수명은 한량이 없으리니,
이는 중생을 가엾이 여기기 때문이라.
정법은 수명의 두배가 되고
상법은 다시 그보다 두 배가 되리라.
항하사 수없는 모든 중생이
그 불법 가운데서
불도의 인연을 심으리라.

　그때 대중 가운데 있던 새로 발심한 보살 팔천
인은 다 이렇게 생각하였다.
　'우리들은 아직 큰 보살들도 이와 같은 수기를

받았다는 말을 듣지 못하였는데, 무슨 인연으로 여러 성문들이 이와 같은 수기를 받았는가.'

그때 세존께서 여러 보살들이 마음에 생각하는 바를 아시고 말씀하시었다.

"여러 선남자들이여, 나는 아난과 함께 공왕 부처님 계신 곳에서 동시에 아뇩다라삼먁삼보리의 마음을 내었으나, 아난은 항상 많이 듣기를 좋아하였고, 나는 항상 부지런히 정진하였노라. 그런고로 나는 이미 아뇩다라삼먁삼보리를 성취하였으며, 아난은 나의 법을 받들어 지키며, 또한 장래 여러 부처님의 법장을 받들어 지켜서 모든 보살들을 교화하여 성취시킬 것이니, 그 본래의 서원이 이와 같으므로 이 수기를 주시는 것이니라."

아난이 부처님 앞에서 스스로 수기를 받으며 국토의 장엄함을 듣고, 소원하던 바 만족하여 마음이 크게 기뻐서 미증유를 얻었으며, 곧 이때 과거의 한량없는 천만억의 모든 부처님의 법장을 기억하고 생각하니 통달하여 걸림이 없고, 지금 들은 바와 같으며, 또한 본래 서원을 알았음이라.

그때 아난이 게송으로 말하시었다.

세존은 매우 거룩하시며
나로 하여금 과거의 한량없는
여러 부처님의 법을 생각나게 하시니,
마치 오늘 들은 것과 같음이라.
나는 이제 다시 의심이 없으며
불도에 편안히 머물게 되었으니,
방편으로 시자가 되어
모든 부처님의 법을 보호하며 지키겠나이다.

그때 부처님께서 라후라에게 말씀하시었다.

"너는 오는 세상에 마땅히 성불하리니, 이름은 도칠보화여래·응공·정변지·명행족·선서·세간해·무상사·조어장부·천인사·불 세존이

리라. 마땅히 시방세계의 미진수와 같은 모든 부
처님께 공양하며, 항상 여러 부처님의 장자가 되
어 지금과 같으리라.

이 도칠보화 부처님 국토의 장엄함과 수명의
겁 수와, 교화할 제자와, 정법과 상법도 또한 산
해혜자재통왕 부처님과 다름이 없으며, 또한 그
부처님의 장자가 되리라. 이와 같이 지난 뒤에 반
드시 아뇩다라삼먁삼보리를 얻으리라."

그때 세존께서 이 뜻을 거듭 밝히고자 게송으
로 말씀하시었다.

내가 태자로 있을 때
라후라는 장자가 되었고
내가 불도를 이루니
그 법을 받아 아들이 되었구나.
미래 오는 세상에
무량억의 부처님을 친견하고
다 그의 장자가 되어
일심으로 불도를 구하리니

라후라의 밀행은
오직 나만이 알 수 있느니라.
현재 나의 장자가 되어
여러 중생에게 보여주는
한량없는 억천만의 공덕을
가히 헤아릴 수 없으니,
불법에 편안히 머물면서
위없이 높은 도를 구하노라.

　그때 세존께서 배우는 이와 다 배운 이 이천인을 보니, 그 뜻이 부드럽고 고요하고 청정하여 일심으로 부처님을 우러러 보는 것을 아시고 아난에게 말씀하시었다.
　"너는 이 배우는 이와 다 배운 이의 이천인을 보느냐."
　"이미 보았나이다."
　"아난아! 이 모든 사람들은 마땅히 오십세계의 미진수의 모든 부처님을 공양하고 공경·존중하면서 법장을 받들어 지키다가 나중에는 동시에 시방 국토에서 각각 성불하리니, 모두 같은 이름으로 보상여래 · 응공 · 정변지 · 명행족 · 선서 · 세간해 · 무상사 · 조어장부 · 천인사 · 불 세존이리라. 수명은 일겁이며, 국토의 장엄과 성문과 보살과 정법과 상법이 모두 다 같으리라."

그때 세존께서 이 뜻을 거듭 밝히고자 게송으로 말씀하시었다.

지금 나의 앞에 머물러 있는
이천의 성문들은
모두 다 같이 수기를 주리니
앞으로 오는 세상에 마땅히 성불할 것이며,
공양할 모든 부처님은
위에서 설한 미진수와 같을지니,
그 법장을 보호하며 간직한
후에 반드시 정각을 이룩하리라.
각각 시방 국토에서
모두 다 같은 이름이며,

도량에 함께 앉아
위없는 지혜를 증득하리니
모두 이름을 보상이라 할 것이요,
국토와 많은 제자와
정법과 상법도
다 같아서 다름이 없으리니,
모두가 신통으로 시방의 중생을 제도하여
이름과 명성이 널리 퍼져
점차로 열반에 들리라.

　그때 배우는 이와 다 배운 이 이천인이 부처님
께서 수기 주심을 듣고, 환희하여 뛸듯이 기뻐하
며 게송으로 말씀하되,
　세존은 지혜의 밝은 등불이시라.
　우리들이 수기를 주시는 음성을 듣고
　마음으로 기뻐함이 가득하여
　마치 감로를 흠뻑 받은 것 같나이다.
　　　　　　　　　　　　〈수학무학인기품 끝〉

제 10 법사품

그때 세존께서 약왕보살을 비롯하여, 팔만의 큰 보살들에게 말씀하시었다.

"약왕아! 너는 이 대중 가운데 한량없는 모든 하늘·용왕·야차·건달바·아수라·가루라·긴나라·마후라가·인·비인·비구·비구니·우바새·우바이·성문을 구하는 이나, 벽지불을 구하는 이나 불도를 구하는 이를 보느냐. 이러한 무리들이 모두 부처님 앞에서 〈묘법연화경〉의 한 게송이나 한 구절을 듣고, 오로지 일념으로 따라 기뻐하는 이에게는 내가 모두 수기를 주어 아뇩다라삼먁삼보리를 얻게 하리라."

부처님께서 약왕에게 말씀하시었다. "여래가 멸도한 후에 만일 어떤 사람이 〈묘법연화경〉의 한 게송이나 한 구절을 듣고 일념으로 따라 기뻐하는 이에게는 내가 모두 아뇩다라삼먁삼보리의 수기를 줄 것이니라.

만일 어떤 사람이 〈묘법연화경〉의 한 게송이라도 받아 가지고 읽거나 외우며, 해설하고 쓰거나, 〈묘법연화경〉을 부처님과 같이 공경하며, 여러 가지의 꽃과 향과 영락이며 가루향·바르는 향·사르는 향·증개·당번·의복과 기악 등으로 공양하고 합장·공경하면, 약왕아! 마땅히 알라. 이 모든 사람들은 이미 일찍이 십만억 부처님께 공양하고, 여러 부처님 계신 곳에서 큰 서원을 성취하였으며, 중생을 가엾게 생각하는 고로 이 세상에 인간으로 태어난 것이니라.

약왕아! 어떤 중생이 '미래 오는 세상에서 마땅히 성불하겠느냐.'고 물으면, 이 모든 사람들은 미래에 반드시 성불할 것이라고 대답하여라.

왜냐하면 만일 어떤 선남자·선여인이 이 법화경의 한 구절을 받아 가지고 읽고 외우며 해설하고 옮겨 쓰며, 가지가지로 이 경을 공양하되, 꽃과 향과 영락과 가루향·바르는 향·사르는 향·증개·당번·의복·기악으로 합장·공경하면, 이런 사람은 일체 세간이 우러러 받들 것이며, 반드시 여래에게 공양하듯이 공양할 것이니라.

마땅히 알라. 이런 사람들은 큰보살로서 아뇩다라삼먁삼보리를 성취하였으며 중생을 가엾이 생각하고 이 세상에 나기를 원하여 묘법연화경을 널리 전하며 자세하고 진실하게 설하였지만, 하물며 다 수지하여 가지가지로 공양하는 사람이야 말할게 있느냐.

약왕아! 마땅히 알라. 이런 사람들은 청정한 업보를 스스로 버리고, 내가 멸도한 후에 중생을 가엾이 생각하므로 악한 세상에 태어나 이 경을 널리 설할 것이니라. 만약 선남자·선여인이 내가 멸도한 후에 한 사람을 위해서라도 법화경의 한 구절을 설하면, 마땅히 알라. 그 사람은 곧 여래의 심부름을 하는 분이며 여래가 보낸 자로 여래의 일을 행하는 것이지만, 하물며 큰 대중 가운데 널리 사람을 위하여 설한 공덕을 다 말할 수 있겠느냐.

약왕아! 만일 악한 사람이 착하지 못한 마음으로 일겁 동안을 부처님 앞에 나타나서, 항상 부처님을 훼방하고 꾸짖어도 그 죄는 오히려 가볍지만, 만일 어떤 사람이 한마디의 악한 말로 세속에 있는 사람이나, 출가한 사람이나, 법화경을 읽고 외우는 사람을 비방하면 그 죄는 매우 무거우니라.

약왕아! 이 법화경을 읽고 외우는 사람이 있으면 마땅히 알라. 그러한 사람은 부처님의 장엄으로 스스로를 장엄할 것이며, 여래의 어깨에 실린 바가 되리니, 그가 이르는 곳마다 반드시 예배하며 일심으로 합장하고 공경·공양하며 존중·찬탄하되, 꽃과 향과 영락이며 가루향·바르는 향·사르는 향과 증개·당번·의복·음식과 모든 기악으로 인간 중에 가장 좋은 공양물로 공양하며, 응당 하늘의 보배를 가져다 뿌리고 천상에 쌓여 있는 보배를 받들어 올려야 할 것이니라. 왜냐하면 그 사람이 기뻐하여 설법할 때에 잠깐이라도 이를 듣게 되면, 곧 위없이 완전한 아뇩다라삼먁삼보리를 얻을 수 있기 때문이니라."

그때 세존께서 이 뜻을 거듭 밝히고자 게송으로 말씀하시었다.

만약 불도에 머물러
자연지혜 성취하려면,
법화경을 수지한 이를
항상 부지런히 공양해야 하며,
일체의 온갖 지혜를 빨리 얻으려면,

마땅히 이 경을 받아 가지고
아울러 수지한 이를 공양해야 하느니라.

만일 어떤 사람이 묘법연화경을 수지하였으면
마땅히 알라. 부처님의 사자로서
모든 중생을 가엾게 생각함이니라.
능히 이 묘법연화경을 수지한 이는
청정한 국토를 버리고
중생을 가엾게 생각하는 것으로
여기에 태어남이라.
마땅히 알라. 이같은 사람은
자기가 나고자 하는 곳에 태어나되,
악한 세상에서 능히
위없는 법을 널리 설할 것이니,
응당 하늘꽃과 향과
천상의 보배로운 의복들과
묘한 보배들로
설법하는 이를 공양해야 할지니라.

내가 멸도한 후 악한 세상에
이 경을 가지는 이가 있으면,
마땅히 합장하고 예배 공경하기를
세존을 공양하듯이 하고,
맛있고 좋은 음식들과
가지가지 의복으로
그 불자에게 공양하고
잠시라도 듣기를 바랄 것이니라.
만약 후세에 어떤 사람이 이 경을 수지하게 되면,
이는 내가 인간세상에 보낸 사자로서
여래의 일을 행하게 함이니라.

만일 일겁 동안에
항상 착하지 못한 마음을 품고
성난 표정으로 부처님을 비방하면
한량없는 무거운 죄를 얻으리라.
이 법화경을 받아 지녀 읽고 외우는 이에게
잠시라도 악한 말을 하면

그 죄는 그보다 더 하리라.
어떤 사람이 불도를 구하려고
일겁 동안을
내 앞에서 합장하고
수없는 게송으로 찬탄하면,
이는 부처님을 찬탄하는 것으로
한량없는 공덕을 얻게 되지만,
경을 가진 이를 찬탄하면
그 복은 더 크리라.

팔십억 겁 동안에
가장 묘한 색상과 음성과
향과 음식·의복으로
경을 가진 자를 공양하라.
이같은 공양을 한 다음에
잠깐동안 얻어 들을지라도
반드시 마음이 기뻐
내가 큰 이익을 얻었다고 할 것이니라.

약왕아! 지금 너에게 말하노라.
내가 여러 경을 설한
모든 경전 중에
법화경이 가장 제일이니라.

그때 부처님께서 다시 약왕보살마하살에게 말
씀하시었다.

"내가 설한 경전이 한량없는 천만억이나 되지
마는, 이미 설하였고 지금 설하며 앞으로도 설하
리라. 그중에서 이 법화경이 가장 믿기 어렵고 이
해하기도 어려우니라.

약왕아! 이 경은 모든 부처님이 비밀스럽고 중
요하게 간직하시는 법장이니, 부질없이 함부로
남에게 주지 말라. 이는 여러 부처님께서 수호하
시는 바이니라. 옛적부터 지금까지 아직 드러내
어 설하지 않는 것이니, 이 경은 여래가 있는 현

재에도 원망과 질투가 많았거늘 하물며 멸도한 뒤에는 더 말해 무엇하겠는가.

약왕아! 마땅히 알라. 여래가 멸도한 뒤에 이 경을 받아 가지고, 쓰거나 읽으며 외우고 공양하며 다른 사람을 위하여 설하는 이는, 여래가 곧 옷으로 덮어주실 것이며, 또 현재 타방에 계신 여러 부처님으로부터 호념하시는 바가 되리라. 이 사람은 크게 믿는 힘과 크게 발원하는 힘과 크게 착한 근기의 힘이 있으니, 마땅히 알라. 이 사람은 여래와 함께 자며, 여래가 손으로 그의 머리를 어루만져 주심이니라.

약왕아! 어느 곳에서든지 이 경을 설하거나 읽거나 외우고 쓰거나, 경전이 머물러 있는 곳에는 반드시 칠보로 탑을 세우되, 극히 높고 넓고 장엄하게 꾸미고 다시 사리를 봉안하지 않아도 되느니라. 왜냐하면 법화경 가운데는 이미 여래의 온

몸이 있기 때문이니라. 이 탑에는 응당 일체의 꽃
·향·영락·증개·당번·기악·노래 등으로
공양·공경하며 존중하고 찬탄할 것이니, 만일
어떤 사람이 이 탑을 보고 예배하고 공양하면 마
땅히 알라. 이런 사람은 다 아뇩다라삼먁삼보리
에 가까우니라.

약왕아! 많은 사람이 집에 있거나 또는 출가하
여 보살도를 행하면서 만일 이 법화경을 보고 듣
고 읽고 외우며 받아 쓰고 공양하지 않는 이는 마
땅히 알라. 이런 사람은 보살도를 잘 행하지 못한
사람이라. 만일 이 경전을 얻어 들은 이는 능히
보살도를 잘 행한 사람이니라. 중생 가운데 부처
님의 도를 구하는 이가 이 법화경을 보고 들으며,
듣고 믿어 이해하여 받아가진다면 마땅히 알라.
이런 사람은 아뇩다라삼먁삼보리에 가까운 것이
니라.

약왕아! 비유하면 어떤 사람이 목이 말라 물을 구하려고 높은 언덕에 우물을 팔 적에, 마른 흙만 나오게 되면 물이 아직 먼 줄 알고, 부지런히 쉬지 않고 땅을 파서 점차로 젖은 흙이 나오다가 진흙에 이르면, 그 마음에 물이 가까운 줄을 반드시 아는 것과 같은 것이니라.

보살도 또한 이와 같아서, 이 법화경을 아직 듣지 못하고 이해하지 못하며 능히 닦고 익히지 못하면 마땅히 알라. 이런 사람은 아뇩다라삼먁삼보리에 이르기가 아직 먼 줄을 바로 알라. 만일 듣고 이해하며 생각하고 닦고 익히면 반드시 아뇩다라삼먁삼보리에 가까운 줄을 알 것이니라. 왜냐하면 일체 보살의 아뇩다라삼먁삼보리는 다 이 경에 속하여 있기 때문이니라.

이 경전은 방편의 문을 열고 진실한 모습을 나타내 보이나니, 이 법화경의 법장은 깊고도 견고하며, 아득히 멀어서 능히 거기에 도달할 사람이

없거늘, 이제 부처님이 교화하여 보살을 성취시
키려고 열어 보이신 것이니라.

약왕이여! 만일 어떤 보살이 이 법화경을 듣고
놀라고 의심하며 무서워하고 두려워하면 마땅히
알라. 이런 사람은 새로 발심한 보살이며, 만일
성문이 이 경을 듣고 놀라고 의심하며 무서워하
고 두려워하면 마땅히 알라. 이런 사람은 잘난체
하는 게으른 무리임을 알아야 하느니라.

약왕아! 만일 선남자·선여인이 여래가 멸도하
신 뒤에 사부대중을 위하여 이 법화경을 설하고
자 하는 이는 어떻게 설해야 하겠는가.
이 선남자·선여인은 여래의 방에 들어가 여래
의 옷을 입고, 여래의 자리에 앉아 사부대중을 위
하여 이 경을 널리 설할지니라.
여래의 방은 일체 중생 가운데 큰 자비심이고,
여래의 옷은 부드럽고 화평한 인욕심이며, 여래

의 자리는 일체의 법의 공함이니, 그 가운데 편안
히 머무른 연후에 게으름이 없는 마음으로 모든
보살과 사부대중을 위하여 이 법화경을 널리 설
할지니라.

약왕아! 내가 다른 나라에서 변화한 사람을 보
내어 그를 위하여 설법을 들을 대중을 모이게 하
며, 또 변화한 비구·비구니·우바새·우바이들
을 보내어 그 설법을 듣게 할 것이니, 이 변화인
들이 법을 듣고 믿으며 순종하여 따를 것이니라.
만일 설법하는 이가 고요하고 한적한 곳에 있
으면, 내가 그때 하늘·용·귀신·건달바·아수
라 등을 보내어 그 설법을 듣게 할 것이며, 내가
비록 다른 나라에 있을지라도 그때마다 설법하는
이로 하여금 나의 몸을 보게 하며, 만일 설법하다
가 이 경의 구절을 잊으면 내가 돌아와 설하여 구
족함을 얻게 할 것이니라."
그때 세존께서 이 뜻을 거듭 밝히고자 게송으

로 말씀하시었다.

모든 게으른 마음을 버리려면
마땅히 이 경을 들어야 할 것이니,
이 경은 얻어 듣기도 어려우며
믿고 받아 들이는 이도 또한 어려움이라.

목이 마른 어떤 사람이
높은 언덕에 우물을 팔 적에,
마른 흙 보게 되면
물이 아직 먼 줄 알지만,
젖은 진흙 보게 되면
반드시 물이 가까움을 알게 되리라.

약왕아! 너는 마땅히 알라.
이러한 모든 사람들이
법화경을 듣지 못하면
부처님의 지혜와 거리가 아주 멀지만,

만약 깊이 있는 경을 듣게 되면
성문법을 결정해 마치느니라.
이는 모든 경전 중의 왕이니
잘 듣고 깊이 생각하면,
마땅히 알라.
이런 사람은 부처님의 지혜에 가까움이라.

만약 어떤 사람이 이 경을 설하려면
여래의 방에 들어가
여래의 옷을 입고
여래의 자리에 앉아
대중에게 두려움 없이
널리 분별하여 설할 것이니,
대자비는 방이 되고
부드러움으로 욕됨을 참는 것으로 옷을 삼아
평등한 법 자리삼아
이에 처해서 법을 설해야 하느니라.
만일 이 경을 설할 때에

어떤 사람이 나쁜 말로 꾸짖으며,
칼과 막대기와 기와나 돌로 때릴지라도
부처님을 생각하며 참아야 하느니라.

나는 천만억 국토에서
청정하고 견고한 몸을 나타내어
한량없는 억 겁동안에
중생을 위해 설법할 것이며,
만약 내가 멸도한 후에
이 경을 설하는 이에게는,
내가 변화한 사부대중인
비구·비구니와
청신사·청신녀를 보내어
법사에게 공양하며,
모든 중생을 인도하여
모아 놓고 법을 듣게 하리라.
만일 어떤 사람이 악한 마음으로
칼과 막대기와 기와나 돌로 때리면

곧 변화한 사람을 보내어
그를 보호하게 할 것이며,
만약 설법하는 사람이
아무도 없는 곳에 홀로 있고
사람의 소리가 없는 고요한 곳에서
이 경전을 독송하면,
나는 그때 청정한
광명의 몸을 나타낼 것이며,
만약 구절을 잊게 되면
설하여 통하게 해 줄 것이니라.
만약 어떤 사람이 이런 덕을 갖추어
사부대중을 위해 법을 설하거나
고요한 곳에서 경을 읽는 이에게는
내 몸을 볼 수 있게 할 것이며,
만약 어떤 사람이 한적한 곳에 있으면
내가 하늘·용왕·
야차·귀신을 보내어
법을 듣는 대중이 되게 하리라.

그 사람은 법문 설하기를 좋아하며
분별하되 걸림이 없으면
모든 부처님이 호념하시는 고로
능히 대중을 기쁘게 할 것이니라.

만약 법사를 친근하면
보살도를 빨리 얻을 것이며,
그 법사를 따라 배우면
항하사 부처님을
친견할 것이니라.

〈법사품 끝〉

제 11 견보탑품

그때 부처님 앞에 칠보탑이 있으니, 높이는 오백유순이고, 가로와 세로는 이백 오십 유순으로, 그 칠보탑은 땅에서 솟아나 공중에 머물러 있었다. 여러 가지 보물로 장식되어 있으며, 오천의 난간이 있고 천만의 방이 있으며, 수없이 많은 당번으로 장엄하게 꾸미고, 보배로 된 영락을 드리우고 만억의 보배방울을 탑 위에 달았으며, 사면에는 다마라발전단의 향기가 세계에 두루 가득하고, 모든 번개는 금·은·유리·자거·마노·진주·매괴 등 칠보를 모아 이루었으며, 높이는 사천왕궁에 까지 이르렀다.

삼십삼천이 만다라 꽃을 비 오듯이 내리어 그 보배탑에 공양하고, 그밖에 하늘·용·야차·건달바·아수라·가루라·긴나라·마후라가·인·비인 등 천만억의 중생들도 일체의 꽃과 향·영락·번개·기악들로 그 보배탑에 공양·공경하고 존중·찬탄하였다.

그때 보배탑 가운데서 큰 음성으로 찬탄하였다.
"거룩하고 거룩하도다. 석가모니 세존이시여! 능히 평등한 큰 지혜로 보살을 가르치는 법과, 부처님께서 호념하시는 〈묘법연화경〉으로 대중을 위하여 설하시니, 석가모니 세존께서 설하시는 바는 모두 진실이니라."

그때 사부대중은 큰 보배탑이 허공에 머물러 있는 것을 보고, 또 탑 가운데서 나는 음성을 듣고 모두 기뻐하며, 전에 없던 일이라 이상하게 생각하고 자리에서 일어나 공경하며 합장하고 한쪽에 물러나 있었느니라.

그때 보살마하살이 있었으니, 이름이 대요설이라. 일체 세간의 하늘·인간·아수라 등이 마음에 의심하는 바를 아시고 부처님께 여쭈었다.

"세존이시여! 어떠한 인연으로 이 보배탑이 땅에서 솟아났으며, 그 가운데서 그와 같은 음성이 나오나이까."

그때 부처님께서 대요설보살에게 말씀하시었다.

"이 보배탑 가운데 여래의 전신이 계시며, 저 오랜 과거에 동방으로 한량없는 천만억 아승지 세계를 지나서 보정이라는 나라가 있었으니, 그곳에 부처님이 계셨으니, 이름이 다보여래였느니라.

그 부처님이 보살도를 행할 때 큰 서원을 세우

시기를, '내가 만일 성불하여 멸도한 뒤에 시방 국토에 법화경을 설하는 곳이 있으면, 나의 탑이 이 법화경을 듣기 위하여 그 앞에 솟아나 증명하고 거룩하다고 찬탄할 것이니라."하였느니라.

그 부처님이 도를 이룬 뒤 멸도하실 때에 이르러, 하늘과 인간 대중 가운데서 여러 비구들에게 말씀하시기를, "내가 멸도한 후 나의 전신에 공양하려는 이는 마땅히 큰 탑을 세우라, 하였느니라.

그 부처님의 신통한 원력으로 시방세계 어느 곳에서나 법화경을 설하는 이가 있으면, 그 보배탑이 모두 그 앞에 솟아나 탑 속에 전신이 있어 찬탄하며 '거룩하고 거룩하시도다.' 할 것이니라."

대요설이여! 지금 다보여래의 탑이 이 법화경을 듣기 위해 땅으로부터 솟아 올라와서 '거룩하고 거룩하도다.' 고 찬탄하는 것이니라."

이때 대요설보살이 여래의 신통한 힘으로 부처님께 여쭈었다.

"세존이시여! 우리들이 이 부처님의 전신을 친견하기를 원하옵나이다."

부처님께서 대요설보살마하살에게 말씀하시었다.

"그 다보 부처님께는 심중한 소원이 있으니, 만일 나의 보배탑이 법화경을 듣기 위하여 부처님 앞에 솟아나서, 나의 전신을 사부대중들에게 보이고자 할 때는, 저 부처님의 분신인 여러 부처님이 시방세계에서 설법하시는 모든 부처님이 한 곳으로 다 모인 뒤에야만 나의 전신을 나타내어 보이리라.

대요설아! 시방세계에서 설법하는 나의 분신의 모든 부처님을 지금 모두 모이게 하리라."

대요설이 부처님께 여쭈었다.

"세존이시여, 저희들이 또한 세존의 분신 부처님을 친견하고자 하여 예배하며 공양하나이다."

그때 부처님께서 미간 백호의 한 광명을 놓으시니, 곧 동방의 오백만억 나유타 항하사 등 국토에 있는 모든 부처님을 친견하게 되었다.

그 모든 국토는 땅이 수정으로 되고, 보배나무와 보배옷으로 장엄되었으며, 수없는 천만억 보살이 그 가운데 가득하고, 보배장막을 둘러치고 보배의 그물을 위에 덮었음이라. 그 나라의 모든 부처님이 크고 미묘한 음성으로 법을 설하시며, 또 한량없는 천만억 보살이 국토마다 가득하고 중생을 위하여 설법하는 것도 보았으며, 남·서·북방과 사유와 위아래 어느 곳이나 백호의 광명이 비치는 곳은 모두 이와 같음이라.

그때 시방의 모든 부처님이 각각 여러 보살들에게 말씀하시었다.

"선남자야, 내가 지금 응하여 사바세계의 석가모니 부처님 계신 곳으로 가서 공양하고, 다보여래의 보배탑에도 아울러 공양하리라."

이때 사바세계가 곧 청정하게 변하여, 유리로 땅이 되고 보배 나무로 장엄하며 황금줄을 둘러쳐서 팔도의 경계를 삼고, 여러 가지 작은 마을이나 거리나 성읍이나, 큰 바다나 강과 하천·산이나 내의 수풀이 없어지며, 큰 보배의 향을 피우고 만다라꽃을 그 땅 위에 두루 덮으며, 위에는 보배 그물과 장막을 치고 여러 가지 보배방울을 달았음이라. 오직 여기에 모인 대중만 남기어 두고 여러 하늘과 인간들은 다른 국토로 옮기었다.

이때 여러 부처님이 각각 한사람의 큰 보살을 시자로 삼아 사바세계에 오시어 보배나무 아래에 이르시니, 그 하나하나의 보배나무의 높이가 오백유순이나 되며, 가지와 잎과 꽃과 열매가 모두

차례로 장엄되었고, 그 많은 보배 나무 아래 사자
좌가 놓였으니, 높이가 오유순이고 또한 큰 보배
로 꾸며져 있었다.

그때 여러 부처님이 각각 자기자리에 이르러
가부좌를 맺고 앉으시니, 이와 같이 점차로 이어
져 삼천대천세계에 두루 가득 찼지만, 석가모니
부처님의 한쪽 방위의 분신도 아직 다 앉지 못하
였다.

그때 석가모니 부처님께서 분신의 모든 부처님
을 앉게 하시려고, 팔방으로 각각 이백만억 나유
타 국토를 변화시켜 모두 청정하게 하시니, 지옥
·아귀·축생과 아수라가 없어지고 또 모든 하늘
과 인간은 다른 국토로 옮기시었다.

그 변화된 나라도 또한 유리로 땅이 되고 보배
나무로 장엄하였으니, 그 나무의 높이가 오백유
순이고, 가지와 잎과 꽃과 열매가 차례대로 장엄
되었으며, 나무 아래에는 여러 가지 보배로 된 사
자좌가 놓였으니, 높이가 오유순이며, 여러가지

보물들로 장식되었고, 또한 큰 바다와 강과 하천이 없으며, 목진린타산·마하목진린타산·철위산·대철위산·수미산 등의 여러 큰 산들이 없으며, 한 개의 국토로 통하고 그 보배땅은 평평하고 보배를 서로 교차하여 꾸민 장막으로 두루 그 위를 덮었으며, 여러 가지 번개를 달고 큰 보배향을 피우고, 많은 하늘의 보배꽃은 그 땅을 두루 덮었습니다.

석가모니 부처님께서 모든 부처님을 와서 앉게 하려고, 다시 팔방으로 각각 이백만억 나유타 국토를 모두 깨끗하게 하시니, 지옥·아귀·축생과 아수라가 없어지고, 또 모든 하늘과 인간을 다른 국토로 옮기시었다.

변화된 국토의 땅은 유리로 되고 보배나무로 장엄하였으며, 높이가 오백유순이고 가지와 잎과 꽃과 열매가 차례대로 장엄하였으며, 나무 아래에는 높이 오 유순이 되는 보배로 된 사자좌가 있으니, 또한 큰 보물들로 꾸며졌으며, 또 큰 바다

강 · 하천이 없고 목진린타산 · 마하목진린타산 · 철위산 · 대철위산 · 수미산 등의 여러 큰 산이 없으며 하나의 불국토로 통하였고, 땅은 평평하고 보배로 된 장막이 그 위를 덮었으되, 많은 번개를 달고 큰 보배향을 피우며, 여러 하늘의 보배꽃으로 그 땅을 두루 깔아 놓으시었다.

그때 동방의 석가모니 부처님의 분신인 백천만억 나유타 항하사 등의 국토에 계신 부처님들로, 각각 설법을 들으려고 여기에 모이시었다.

이와 같이 차례로 시방의 모든 부처님이 다 모여 팔방에 앉으시니, 그때 하나하나의 방위의 사백만억 나유타 국토에 여러 부처님이 가득하게 계시었다.

그때 여러 부처님이 각각 보배나무 아래에 있는 사자좌에 앉으시고, 함께 온 시자를 석가모니 부처님께 보내어 문안드리게 하면서, 각각 보배꽃을 한아름 가득 가지고 가라 하시며 말씀하시었다.

"선남자야, 너는 기사굴산의 석가모니 부처님 계신 곳으로 가서 '나의 말과 같이 병도 없으시고 고뇌도 없으시어 기력이 좋으시며, 보살과 성문대중도 모두 편안하나이까.' 그리고 이 보배꽃을 뿌려 부처님께 공양하고 또 말하기를, '저 아무 부처님이 이 보배탑을 열어 주시길 바라옵나이다.'"하고 여쭈어라.

다른 여러 부처님도 각각 사자를 보냄도 이와 같았다.

그때 석가모니 부처님께서 분신의 모든 부처님이 다 모여 각각 사자좌에 앉아 있는 것을 보시고, 모든 부처님이 다 같이 보배탑을 열고자 함을 들으시고, 곧 자리에서 일어나시어 허공 가운데 머무르시니, 일체의 사부대중이 일어나 합장하고 일심으로 부처님을 우러러 보았습니다.

이에 석가모니 부처님께서 오른 손가락으로 칠보탑의 문을 여시니, 큰 소리가 나는 것이 마치 자물쇠를 풀고 큰 성문을 여는 것과 같았다. 그때 법회에 모인 모든 대중들은 모두 다보여래를 보니, 보탑 안의 사자좌에 앉으시어 전신이 흩어지지 않으시고, 선정에 드신 듯하였으며 또 그의 말씀을 들었다.

"거룩하시고 거룩하시도다. 석가모니 부처님께서 이 법화경을 쾌히 설하시니 내가 이 경을 듣기 위하여 이곳에 왔습니다."

그때 사부대중들이 한량없는 천만억 겁의 오랜 과거에 멸도하신 부처님께서 이와 같이 말씀하시는 것을 보고 미증유를 찬탄하며, 하늘의 보배꽃을 한없이 다보 부처님과 석가모니 부처님의 위에 뿌리었다.

그때 다보 부처님이 보배탑 가운데서 자리를

반으로 나누어 석가모니 부처님께 드리고 이렇게 말씀하시었다.

"석가모니 부처님께서 가히 이 자리에 앉으십시오." 즉시 석가모니 부처님께서 그 탑 가운데로 들어가시어, 그 반으로 나누어진 자리에 가부좌를 하고 앉으시었다.

그때 대중들은 두 분 여래께서 칠보탑 가운데 있는 사자좌에 가부좌를 하고 앉으심을 보고 각각 이렇게 생각하였다.

"부처님의 자리가 높고 머오니 오직 원컨대 여래의 신통력으로 우리들로 하여금 허공에 머물도록 하여 주시옵소서." 즉시 석가모니 부처님께서 신통력으로 대중들을 이끌어 다 허공에 있게 하시었다.

큰 음성으로 사부대중에게 널리 말씀하시었다. "누가 능히 이 사바세계에서 〈묘법연화경〉을 설

하겠느냐. 지금이 바로 그때이니라. 여래는 오래
지 아니하여 열반에 들리라. 부처님은 이 〈묘법
연화경〉을 부촉하려 하노라."

　그때 세존께서 이 뜻을 거듭 밝히고자 게송으
로 말씀하시었다.

　　성주이신 세존께서
　　비록 멸도하심이 오래이나,
　　보탑 가운데 계시면서
　　법을 위해 오시거늘,
　　어찌하여 중생들은
　　부지런히 법을 구하려 하지 않는가.
　　그 부처님이 멸도하심이
　　무수하게 오랜 겁이나,
　　곳곳에서 법을 들음은
　　법화경 만나기 어렵기 때문이니라.

　　그 부처님의 본래 서원은

내가 멸도한 후에
어디든지 찾아가서
항상 법화경을 들으려 하심이니라.

또 나의 분신인
항하사와 같은
한량없는 모든 부처님이
법을 듣고자 여기에 오시며,
오래전에 멸도하신
다보여래를 보고자
각각 묘한 국토와
모든 제자들과
하늘·인간·용·신의
모든 공양 다 버리고
법을 오래 머물게 하고자
이곳에 오심이라.

모든 부처님을 앉게 하기 위해

신통력을 나투서서
한량없는 중생들을 옮기시고
국토를 청정케 하심이라.

모든 부처님이 각각
보배나무 아래로 가시니
마치 청정한 연못 위에
연꽃으로 장엄한 듯하며,
보배나무 아래에 있는
모든 사자좌에
부처님께서 그 위에 앉으시니,
광명으로 장엄하게 꾸밈이
마치 어두운 밤에
큰 횃불을 켜 놓은 것과 같음이라.
몸에서는 미묘한 향기가 나와
시방국토에 두루 하니,
중생들은 향기를 맡고
기쁨을 스스로 이기지 못함이라.

비유하면 마치 큰 바람이
작은 나뭇가지에 부는 듯 하며,
그러한 방편으로
법을 오래 머물게 하네.

모든 대중에게 말하노니
내가 멸도한 후에
누가 능히 이 법화경을 받아
읽고 설한다고,
지금 부처님 앞에서
스스로 맹세의 말을 하라.
여기 계신 다보 부처님도
비록 멸도하신지 오래이나
큰 서원으로
사자후를 설하시니,
다보여래와
나의 몸과
그리고 여기 모인 화신불만이

그 뜻을 아느니라.
여러 불자들아,
누가 이 법을 보호할 것인가.
마땅히 큰 서원을 세워서
오래 머물도록 해야 할 것이니라.
이 법화경을
잘 보호하는 이가 있으면
즉 나와 다보 부처님에게
공양함이 되느니라.
이 다보 부처님이 보배탑에 계시면서
항상 시방에 출현하심은
이 경을 위함이니라.
또 다시 여기 오신 모든 화신불이
모든 세계를 장엄하고
광명으로 장엄하는 이를
공양하기 위함이라.
만일 이 경을 설하면
곧 나와 다보여래와 그리고

모든 화신불을 친견함이니라.

여러 선남자들아!
각자 깊이 생각하라.
이것은 어려운 일이니
마땅히 큰 서원을 세워야 하느니라.
이밖에 여러 경전도
항하사와 같으니
비록 이를 다 설한다 하여도
이 보다는 어렵지 않다.

혹은 수미산을 들어다
다른 곳의 무수한 불국토에
멀리 옮겨 놓는다 하더라도
또한 어려운 것이 아니며,
혹은 발가락 하나로
대천세계를 움직여
다른 나라에 멀리 던질지라도

또한 어려운 것이 아니며,
유정천에 올라서서
중생들을 위하여
다른 수많은 경을 설할지라도
또한 어려운 것이 아니지만,
부처님이 멸도하신 후에
악한 세상에 능히
이 경을 설한다면
이것 제일 어려운 일이니라.

가령 어떤 사람이
손으로 허공을 휘어 잡고
놀며 거닌다 해도
역시 어려운 일이 아니지만,
내가 멸도한 후
스스로 써서 가지거나
다른 사람을 시켜서 쓰게 한다면
이것 가장 어려운 일이니라.

만약 큰 땅을
발톱 위에다 올려 놓고
범천에 오른다 하여도
또한 어려운 것이 아니지만,
부처님이 멸도하신 후
악한 세상에 태어나
이 경을 잠시 읽는 것을
이것이 매우 어렵다 할 것이니라.

가령 겁의 불이 활활탈 때
마른 풀을 짊어지고
불 속으로 뛰어 들고도 타지 않는 것은
또한 어려운 일이라 하지 못할 것이며,
내가 멸도한 후에
이 경을 지녀
한 사람에게라도 설하는 일
이것이 가장 어렵다 할 것이니라.

만약 팔만사천 법장과
십이부경을 가지고
사람을 위해 설하며,
이를 듣는 중생들이
육신통을 얻게 하여
비록 능히 그렇게 할지라도
또한 어려운 것이 아니지만,
내가 멸도한 후에
이 경을 받아서 듣고
그 뜻을 묻는 일
이것이 매우 어렵다 할지니라.

만일 어떤 자가 설법하여
천만억의 한량없고 수없는
항하사 중생들로 하여금
아라한을 얻고,
육신통을 갖추게 하여

비록 널리 이익되게 하여도
또한 어려운 것이 아니지만,
내가 멸도한 후에
이 경전을 능히 받들고
지니는 일 이것이 어려움이라.

내가 불도를 위해
한량없는 국토에서
처음부터 지금까지
널리 모든 경을 설하였으나,
그 중에서 이 경이 제일이니,
또한 이를 받아 잘 지니면
곧 부처님의 몸을 가짐이라.
모든 선남자야!
내가 멸도한 후에
누가 능히 이 경을
수지하고 독송할 것인가.
지금 부처님 앞에서

스스로 서원을 말하여라.
이 경은 지니기 어렵나니
잠시라도 지니게 되면
내가 곧 즐거워하고
부처님도 또한 그러하리라.
이와 같은 사람은
부처님의 칭찬하시는 바이니,
이것이 곧 용맹이며 정진이며
이 이름이 지계이며
두타를 행하는 이 이니
위없는 불도를
더 빨리 얻을 것이니라.
능히 오는 세상에서
이 경을 읽고 가지면
이런 이는 참된 불자로서
좋은 땅에 머물 것이며,
부처님이 멸도하신 후에
능히 그 뜻을 알면

이는 모든 하늘과 사람과
세간의 눈이 되며,
두려운 세상에서 능히
잠시만 설하여도
일체의 하늘과 사람이
다 공양할 것이니라.

〈견보탑품 끝〉

제 12 제바달다품

    그때 부처님께서 모든 보살과 하늘·인간·사부대중들에게 말씀하시었다.

    "내가 과거 한량없는 겁 동안 법화경을 구할 적에 게으른 마음이 없었으며, 많은 겁 동안 국왕으로 있으면서 발원하여 위 없는 보리를 구할 때에도 마음이 물러나지 아니하였느니라. 또 육바라밀을 만족하게 하려고 보시를 부지런히 행할 적에도 마음에 인색함이 없이 코끼리·말·칠보·국토·처자·남종·여종들과 머리·눈·얼굴·몸·손·발과 목숨까지도 아끼지 않았으며,

    그때 세상 사람들의 수명은 한량이 없었지만, 법을 구하기 위하여 국왕의 지위도 버리고 정사

는 태자에게 맡기고, 북을 치며 영을 내려서 사방으로 법을 구하되, 누가 능히 나를 위하여 대승을 설하겠는가. 내 종신토록 받들어 모시는 몸종이 되겠노라."

그때 한 선인이 왕을 찾아와서 말하기를, "나에게 대승경이 있으니, 이름이 묘법연화경이라. 만일 나의 뜻을 어기지 아니하시면 마땅히 설하여 주겠노라." 하였느니라.

선인의 말을 들은 왕은 뛸 듯이 기뻐하면서 곧 선인을 따라가서 받들고 시중하는데 과일도 따 오고 물도 길어 오며, 땔 나무도 해 오고 밥도 지으며, 심지어 몸으로 그의 앉는 자리가 되어 주면서도 심신이 게으르지 않았느니라. 이렇게 받들어 모시기를 천년 동안 하였으며, 법을 구하려는 까닭에 오히려 부지런히 모시며 부족함이 없게 하였느니라.

그때 세존께서 이 뜻을 거듭 펴시려고 게송으로 말씀하시었다.

지난 과거 생각하니
큰 법을 구하려고
비록 세상의 국왕이 되었으나,
오욕락을 탐하지 않고
사방에 종을 울려 고하기를
큰 법을 가진 자 누구인가.
만일 나를 위해 설법하면
이 몸이 그의 종이 되리라.
그때 아사라는 선인이
대왕에게 와서 말하기를,
내가 가진 미묘한 법이
세간에는 희유한 바라.
만일 능히 수행하면
내가 마땅히 그대위해 설해 주리라.
그때 왕이 선인의 말을 듣고

마음으로 크게 기뻐하여
즉시 그 선인을 따라가
모시고 받들면서,
나무도 해 오고 열매를 따서
때 맞추어 공경해도,
미묘한 법에 뜻을 두었으므로
몸과 마음이 게으르지 않고,
널리 모든 중생을 위하여
부지런히 큰 법을 구하고,
자기 몸과
오욕락을 위하지 않고,
큰 나라의 왕이 되어
부지런히 이 법을 구하였으니
드디어 성불하여
지금 너희를 위해 설함이니라.

부처님께서 여러 비구들에게 말씀하시었다.
"그때의 왕은 지금의 나의 몸이며, 그때의 선인

은 지금의 제바달다이니라. 제바달다의 선지식이
있었기 때문에 나로 하여금 육바라밀과 자·비·
희·사와 삼십이 상과 팔십 종호와 붉은 황금빛
과 십력과 사무소외와 네가지의 덕행과 열여덟
불공법과 신통력을 갖추어서 등정각을 이루고,
널리 중생을 제도하게 한 것도 모두 제바달다의
선지식이 있었기 때문이니라.

너희 사부대중들에게 말씀하시었다.
제바달다는 한량없이 오랜 겁을 지나서 반드시
성불하리니, 이름은 천왕여래·응공·정변지·
명행족·선서·세간해·무상사·조어장부·천
인사·불 세존이시며, 세계의 이름은 천도이니라.
그때 천왕 부처님이 세상에 머무름은 이십 중
겁으로 널리 중생을 위하여 묘법을 설하리니 항
하사 중생이 아라한과를 얻으며, 한량없는 중생
이 연각심을 발하고, 항하사 중생이 위없는 도심
을 발하여 무생법인을 얻어 불퇴전에 이르리라."

그때 천왕 부처님이 열반한 뒤에 정법이 세상에 머무름은 이십 중겁이며, 전신사리로 칠보탑을 세우되 높이가 육십 유순이고, 가로와 세로는 사십 유순이라. 모든 하늘과 사람들이 여러 가지 꽃과 가루향·사르는 향·바르는 향·의복·영락·당번·번개·기악·노래로 칠보묘탑에 예배 공양하리라.

한량없는 중생들이 아라한과를 얻으며, 한량없는 중생들이 벽지불을 깨달으며, 불가사의의 중생들이 보리심을 발하여 불퇴전에 이르리라."

부처님께서 모든 비구에게 말씀하시었다.

"오는 세상에서 만약 선남자·선여인이 〈묘법연화경〉의 제바달다품을 듣고, 깨끗한 마음으로 믿고 공경하여 의심을 내지 않는 사람은 지옥·아귀·축생에 떨어지지 않고, 시방의 부처님 앞에 태어나게 될 것이며, 태어난 곳에서 항상 이 경을 들을 것이니라. 만약 천상이나 인간으로 태어나면 가장 묘한 즐거운 기쁨을 받을 것이요, 만약 부처님 앞에 나면, 연꽃위에 화생할 것이니라."

이때 하방에서 다보 부처님을 따라온 보살이 있으니, 이름이 지적이라. 다보 부처님께 말씀드리고, "본국으로 돌아가려고 합니다."

석가모니 부처님께서 지적에게 말씀하시었다. "선남자여! 잠시만 기다려라. 여기에 보살이 있으되, 이름이 문수사리라. 서로 만나 미묘한 법을 나누고 나서 가히 본국으로 돌아갈지니라."

그때 문수사리는 큰 수레와 같은 천 개의 잎으로 된 연꽃에 앉아 계시며, 함께 온 보살들도 또한 보배연꽃에 앉아, 큰 바다의 사가라 용궁으로부터 저절로 솟아 허공 중에 머물더니, 영축산으로 와서 연꽃에서 내려와 부처님 앞에 이르러 머리 숙여 두 세존의 발에 예배를 마치고, 지적보살

있는 곳으로 가서, 서로 위로하고 한쪽에 물러나 앉아 있었다.

지적보살이 문수사리에게 물었다.
"어지신 이께서 용궁에 가시어 교화하신 중생의 수는 얼마나 되나이까."
문수사리가 대답하였다.
"그 수는 한량이 없어 헤아릴 수 없는지라 입으로 표현할 수도 없고, 마음으로 측량할 수도 없으니, 잠시만 기다리면 스스로 증명하여 알 수 있으리라."

말이 다 끝나기도 전에 수없는 보살이 보배연꽃에 앉아, 바다로부터 솟아올라 영축산 허공 중에 머물렀다.
이 보살들은 모두 문수사리가 교화 제도한 사람들로서, 보살행을 갖추고 다같이 육바라밀을 이야기함이라. 본래 성문이었던 사람은 허공 중에서 성문의 행을 설하다가, 이제는 다 대승의 공의 뜻을 수행하는 사람들이라.

문수사리가 지적에게 일러 말하였다.
"바다에서 교화한 그 일이 이와 같나이다."

그때 지적보살이 게송으로 찬탄하였다.
　큰 지혜와 덕이 용건하사
　한량없는 중생을 교화 제도하셨으니,
　지금 모인 대중과 나는
　이미 모두 다 보았나이다.
　실상의 뜻을 연설하시고
　일승의 법을 열어 보여
　널리 모든 중생 인도하사
　속히 보리를 이루게 하셨나이다.

문수사리가 말하였다.
"나는 바다 가운데서 오직 〈묘법연화경〉만을

항상 설하였나이다."

지적보살이 문수사리에게 물었다.
"이 경이 심히 깊고 미묘하여 모든 경 중의 보배이며 세상에 희유한 바라, 만일 중생들이 부지런히 정진하여 이 경을 수행하면 쉽게 성불할 수 있나이까."

문수사리가 대답하였다.
"사가라 용왕에게 딸이 있으니 나이는 겨우 여덟 살이라, 지혜롭고 근기가 예리하여 중생의 모든 근기와 행·업을 잘 알며 다라니를 얻어, 여러 부처님께서 설하신 매우 깊고 비밀한 법장을 다 수지하였으며, 선정에 깊이 들어 모든 법을 확연히 통달하고 찰나 사이에 보리심을 발하여 불퇴전의 경지를 얻었으며, 변재가 걸림이 없고, 중생을 사랑하고 생각하기를 어린아이 돌보듯이 하였나이다. 공덕도 갖추어져 마음으로 생각하고 입으로 연설함이 미묘하고 광대하며, 자비롭고 어질고 겸손하며, 뜻이 온화하고 우아하여 능히 보리에 도달할 수 있었나이다."

지적보살이 말하였다.

"내가 석가모니 부처님을 뵈오니, 한량없는 겁 동안 어렵고 고통스러운 수행을 하시면서 공덕을 쌓아 보리도를 구하실적에 일찍이 쉰 적이 없음이라. 삼천대천세계를 보건데, 겨자씨 만한 땅일지라도 보살이 신명을 바치지 아니한 곳이 없으니, 이는 중생을 위한 것이므로 이렇게 하신 뒤에야 비로소 보리의 도를 이루셨거늘, 이 용녀가 잠깐 사이에 정각을 이룬다는 말은 믿지 못하겠나이다."

말이 끝나기도 전에 용왕의 딸이 홀연히 앞에 나타나 머리 숙여 예배하고 한 쪽에 물러나 게송으로 찬탄하시었다.

죄와 복을 깊이 통달하여

시방을 두루 비추시니,
미묘하고 깨끗한 법신이
삼십이상을 갖추시고
팔십종호로
법신을 장엄하시니,
하늘과 인간이 우러러 받들고
용·신이 다 공경하며
일체의 중생들이
받들지 않는 이가 없나이다.
법을 듣고 보리를 이루는 일
오직 부처님만이 아시며 증명하시리라.
내가 대승의 가르침을 열어
고뇌의 중생을 제도 하겠나이다.

그때 사리불이 용녀에게 말하였다.

"오래지 않아 위없는 무상도를 얻었다고 한 말은 믿기 어렵도다. 왜냐하면 여자의 몸은 때묻고 더러워서 법의 그릇이 아니기 때문이다. 어떻게 위없는 무상보리를 이룰 수 있다 말하는가.

불도는 멀고도 멀어 한량없는 겁이 지나도록 부지런히 고행을 쌓고 모든 육바라밀을 완전히 수행한 뒤에 이룰 수 있는 것이니라. 또 여자의 몸은 다섯 가지 장애가 있으니 첫째는 범천왕이 될 수 없고, 둘째는 제석천왕이 될 수 없고, 셋째는 마왕이 될 수 없고, 넷째는 전륜성왕이 될 수 없고, 다섯째는 부처님이 될 수 없는 것이니라. 어찌하여 여자의 몸으로 빨리 성불할 수 있다고 하느냐."

그때 용녀에게 한 보배구슬이 있으니 그 값이 삼천대천세계와 같았다. 이를 받들어 부처님께 바치니 부처님께서 즉시 받으시므로 용녀가 지적보살과 사리불에게 말하였다.

"제가 바친 보배구슬을 세존께서 받아 주시니 이 일이 빠르지 아니합니까?"

대답하기를,

"매우 빠르도다."

용녀가 말하였다.

"여러분은 신통력으로 내가 성불하는 것을 보십시요. 이보다 더 빠를 것입니다."

그때 모인 대중이 다 용녀를 보니, 용녀가 홀연히 남자의 몸으로 변하여 보살행을 갖추고 즉시 남방의 무구세계로 가서 보배 연꽃에 앉아 등정각을 이루니, 삼십이상이요 팔십종호로 두루 시방의 일체 중생을 위하여 미묘한 법을 연설하였다.

그때 사바세계의 보살과 성문과 하늘과 용의 팔부와 인·비인들이 모두 멀리서 용녀가 성불하여, 그때 모인 사람과 하늘을 위하여 널리 설법하는 것을 보고 마음이 크게 기뻐서 모두 멀리서 공경하고 예배하였다.

한량없는 중생이 법을 듣고 이해하고 깨달아

불퇴전을 가졌으며 한량없는 중생이 성불 수기를 받으며, 무구세계가 여섯 가지로 진동하고, 사바 세계의 삼천 중생은 불퇴지에 머물러 있으며, 삼천중생은 보리심을 일으켜 수기를 받았다.

지적보살과 사리불과 그곳에 모인 모든 대중은 말없이 믿고 받아들였다.

〈제바달다품 끝〉

제 13 권지품

그때 약왕보살마하살과 대요설보살마하살이 이만 권속과 함께 모두 부처님 앞에서 이같은 맹세를 하였다.

"원하옵나니, 세존이시여! 염려하지 마옵소서. 저희들은 부처님께서 멸도하신 후에 마땅히 이 경전을 받들어 지니고 읽고 외우며 설하겠나이다. 후에 악한 세상의 중생들은 선근이 줄어들고, 아는 체하는 증상만이 늘며 이익 있는 공양만 탐내어 좋지 못한 근기가 점점 많아지고, 해탈에서 멀리 떠나 비록 교화시키기 어려울지라도, 저희들이 마땅히 크게 인욕의 힘을 일으켜서 이 법화경을 읽고 외우며 받아가지고 설하며 옮겨 쓰고 여러 가지로 공양하기를 신명을 아끼지 않겠나이다."

그때 대중 가운데 수기를 받은 오백 아라한이 부처님께 말하였다.

"세존이시여! 또한 저희들도 스스로 맹세하고 발원하오니, 다른 국토에서 이 경을 널리 설하겠나이다."

또 배우는 이와 다 배운 이로 수기를 받은 팔천 인이 자리에서 일어나서 합장하고 부처님을 향해서 이렇게 맹세를 하였다.

"세존이시여! 저희들도 또한 다른 국토에서 이 경을 널리 설하겠나이다. 왜냐하면, 이 사바세계에는 사람들이 병폐와 악습이 많고 증상만을 품어, 공덕은 천박하고 성내기를 잘하고 마음이 흐리며, 아첨하고 바르지 못하여 마음이 진실하지 않기 때문입니다."

그때 부처님의 이모 마하파사파제비구니는 아직 배우는 비구니와 다 배운 비구니 육천인과 함께 자리에서 일어나 일심으로 합장하고, 세존의 얼굴을 우러러보며 잠시도 눈을 깜박이지 아니하였다.

이때 세존께서 마하파사파제에게 말씀하시었다.

"어찌하여 근심스러운 얼굴로 여래를 보느냐. 네 마음에 장차 내가 너에게 아뇩다라삼먁삼보리의 수기를 주지 않을까 걱정하느냐.

마하파사파제여! 내가 이미 일체 성문에게 모두 수기를 설하였으니, 지금 네가 수기를 원한다면 장차 오는 세상에서 육만 팔천억의 모든 부처님 법 중에서 큰 법사가 될 것이며, 아직 배우고, 다 배운 육천 비구니도 모두 함께 법사가 될 것이니라. 네가 이와 같이 점점 보살도를 갖추어 성불하리니, 그 이름은 일체중생희견여래·응공·정변지·명행족·선서·세간해·무상사·조어장부·천인사·불 세존이리라.

마하파사파제여! 이 일체중생희견 부처님과 육천의 보살이 차례로 수기를 얻어 아뇩다라삼먁삼보리를 얻으리라."

그때 라후라의 어머니 야수다라비구니는 이렇게 생각하였다.

'세존께서 수기를 주시는 가운데 내 이름만 말씀하지 아니하시는구나!' 부처님께서 야수다라에게 말씀하시었다.

"너는 오는 세상에 백천만억의 많은 부처님의 법 가운데서 보살의 행을 닦아 큰 법사가 되고 점점 부처님의 도를 갖추어 좋은 국토에서 성불할 것이니, 그 이름은 구족천만광상여래·응공·정변지·명행족·선서·세간해·무상사·조어장부·천인사·불 세존이며, 부처님의 수명은 한량없는 아승지겁이니라."

그때 마하파사파제비구니와 야수다라비구니와 아울러 그 권속들이 모두 크게 기뻐하고 미증

유를 얻고는

곧 부처님 앞에서 게송으로 말씀하였다.

세존이신 도사께서
하늘과 사람을 편안하게 하시니
우리들이 수기를 듣고
마음에 편안함을 얻었나이다.

모든 비구니들은 이 게송을 마치고 부처님께 여쭈었다.

"세존이시여! 저희들도 또한 다른 국토에서 이 경을 널리 설하겠나이다."

그때 세존께서 팔십만억 나유타의 여러 보살마하살을 굽어보시었다.

그 보살들은 모두 아비발치로 불퇴전의 법륜을 설하며 모든 다라니를 얻었다.

곧 자리에서 일어나 부처님 앞에 나아가 일심으로 합장하고 이렇게 생각하였다.

만일 세존께서 저희들에게 이 경을 설하라고
분부하신다면 마땅히 부처님의 가르침대로 이 법
을 널리 설하겠나이다. 다시 생각하기를 지금 부
처님께서 조용히 계시며 분부하심이 없으시니,
저희들은 어떻게 해야 좋은가.' 하였다.

이때 여러 보살들이 부처님의 뜻을 공경하고
순종하며 아울러 스스로 본래의 원을 만족시키려
고, 곧 부처님 앞에서 사자후를 하며 맹세하였다.

"세존이시여! 저희들도 여래께서 멸도하신 후
에, 시방세계를 두루 다니며 중생들로 하여금 이
경전을 쓰고 받아지니며 읽고 외우게 하고, 그 뜻
을 해설하여 법과 같이 수행하며, 생각을 바르게
하도록 할 것이니, 이것은 모두 부처님의 위신력
이옵나이다. 오직 원하옵건대, 세존께서는 타방
에 계실지라도 멀리서 보시고 수호해 주시옵소
서."

즉시 여러 보살이 같은 소리로 함께 게송으로
말하였다.

바라옵건데 염려하지 마시옵소서.
부처님께서 멸도하신 후
두렵고 악한 세상에서
우리들이 마땅히 널리 설할 것이오니,

지혜없는 사람들이
나쁜 말로 욕하고
칼과 막대기로 때릴지라도
저희들은 모두 참겠나이다.

악한 세상의 비구는
삿된 지혜로 마음 굽어 아첨하며,
얻지 못하고도 얻은 체하고
아만심만 가득 참이라.
혹은 산중에서나 한가한 곳에서
누더기를 입고 한가로이 지내면서
스스로 참된 도를 행한다고 하며

사람을 업신여기고 가벼이 하며
이익에만 탐착하며
속인을 위해 설법하되
세상에서 공경 받음이
육신통의 나한 같으오리다.
이런 사람들은 악심을 품어
항상 세속 일만 생각하고
거짓 적정처라 이름하며,
우리들의 허물을 끌어내어 즐겨하고
이런 말을 하되,
저 모든 비구들은
이익·공양을 탐하기 때문에
외도의 이야기를 설하며,
스스로 경전을 지어
세간 사람을 현혹시키고,
이름과 명예를 구하기 때문에
이 경을 분별하여 설한다고 하며,
항상 대중 속에 있으면서

우리를 헐뜯고자 하는고로,
국왕과 대신들과
바라문과 거사와
다른 비구와 대중에게까지
우리를 비방하나이다.
이 사견을 가진 사람들이
외도 이야기를 설한다고 하오리다.
그러나 우리들은 부처님을 공경하는 고로
이같은 악을 다 참을 것이며,
또 경멸하는 말로
우리들을 부처님이라고 하고
가벼이 여기고 빈정대는 말도
모두 참고 견디겠나이다.

탁한 겁과 악한 세상에는
겁나고 두려운 일이 많아
악귀가 그 몸에 들어가
꾸짖고 욕을 해도,

부처님을 믿고 공경하는 저희들은
인욕의 갑옷 입고
이 경을 설하기 위해
이 모든 어려움도 견디겠으며,
우리는 신명을 사랑하지 않고
무상도만을 아끼오리다.
우리들이 오는 세상에는
부처님의 부촉하시는 바를 받들어 보호하리

세존께서는 마땅히 아시오리다.
탁한 세상의 악한 비구는
부처님께서 방편으로 근기를 따라
설법하심을 모르고,
나쁜 말을 하며 얼굴 찡그리고,
수시로 쫓아내어
탑과 절에서 멀리 떠나게 하여도,
이와 같은 온갖 고통
부처님의 분부를 생각하는 고로

모두 다 참겠나이다.

모든 마을이나 도시거나
그 법을 구하는 이가 있으면,
우리들이 그곳에 찾아가서
부처님께서 부촉하신 법을 설하겠나이다.
저는 세존의 사자로서
대중에 처해서 두려움 없이
마땅히 법을 설할 것이오니,
원컨대 부처님께서는 편안하게 머무소서.

저는 세존과
모든 시방에서 오신 부처님 앞에서
이같은 맹세의 말을 하오니
부처님께서는 저희 마음 아옵소서.

〈권지품 끝〉

묘법연화경 제5권

제 14 안락행품

그때 문수사리법왕자 보살마하살이 부처님께 여쭈었다.

"세존이시여! 이 모든 보살은 매우 있기 어렵나이다. 부처님을 순종하고 공경하므로 큰 서원을 일으켜 미래의 악한 세상에 이 법화경을 보호하고 지니면서 읽고 외우고 설하오리다.

세존이시여! 보살마하살이 미래의 악한 세상에 어떻게 이 경을 설해야 하겠나이까."

부처님께서 문수사리에게 대답하시었다.

"만약 보살마하살이 미래의 악한 세상에 이 경

을 설하려 한다면 네 가지 법에 편안히 머물러야 하느니라.

첫째, 보살이 행할 곳과 친근할 곳에 편안히 머물러야 중생을 위하여 이 경을 설할 수 있느니라.

문수사리야! 무엇을 보살마하살이 행할 곳이라 하는가. 만약 보살마하살이 인욕의 경지에 머물러, 부드럽고 온화하고 착하고 순하며, 성급하고 난폭한 행동을 하지 않고, 마음 또한 놀라지 말아야 할 것이며, 또 법에 대해 행하는 바가 없이 하여, 모든 법을 실상과 같이 관찰하고 또한 행하지도 말며 분별하지도 말 것이니, 이를 보살마하살이 행할 곳이라 하느니라.

무엇을 이름하여 보살마하살의 친근할 곳이라 하느냐. 보살마하살은 국왕·왕자·대신과 관리들을 친근하지 말 것이며, 그밖에 외도의 범지와 니건자 등과 세속의 글을 짓거나 외서를 찬탄하는 이들과, 순세외도와 역 순세외도들을 친근하지 말 것이니라.

또한 모든 흉악한 장난과 서로 치고 서로 때리는 것과 나라 등의 갖가지 변덕스러운 장난을 친근하지 말 것이며, 아울러 전다라와 돼지·양·닭·개를 기르거나 사냥하고 물고기를 잡는 나쁜 직업에 종사하는 이들을 친근하지 말아야 할 것이니라. 이와 같은 사람들이 혹시 찾아오면 그들을 위하여 설법하되, 아무것도 바라는 바가 있어서는 안될 것이다.

또 성문을 구하는 비구·비구니와 우바새·우바이를 친근하지 말 것이며, 또한 방문도 하지 말 것이며, 혹은 방이나 경행하는 곳이나 강당 안이거나 함께 머물지 말아야 할 것이며, 혹시 찾아오면 적절하게 설법하되 바라는 바가 있어서는 안될 것이니라.

문수사리여! 또 보살마하살이 여인의 몸에 애

욕을 일으키는 생각을 내어 설법해서는 안될 것이며, 또한 보기를 좋아해서도 안될 것이며, 만약 남의 집에 들어가더라도 젊은 여자·처녀·과부 등과 함께 말하지 말 것이며,

또한 다섯 가지의 남자답지 못한 남자를 가까이 하여 깊이 친하지 말 것이며, 혼자서 남의 집에 들어가지 말아야 할 것이며 만약 볼 일이 있어 혼자서 들어가야 할 때에는 오직 일심으로 부처님을 생각할 것이며, 만약 여인을 위해 설법하게 되면 이를 드러내어 웃지 말며, 가슴을 드러내지 말아야 할 것이니, 법을 위해서라도 오히려 친밀해서는 안될 것이며, 하물며 다른 일이야 말할 것이 있겠느냐.

나이 어린 제자와 사미와 어린아이 기르기를 좋아하지 말 것이며, 또한 함께 한 스승 모시기를 좋아하지 말아야 하느니라.

항상 좌선하기를 좋아하여 한적한 곳에 있으면서 마음을 잘 닦고 다스릴 것이니, 문수사리여!

이를 첫째 친근할 곳이라 하느니라.

또 보살마하살은 일체의 법이 공함을 관찰하되
참 모습과 같이 하여 전도되지 않으며, 동요하지
않으며, 물러나지 않으며, 빈 허공과 같아 성품이
있는 바가 아니니, 일체 언어의 길이 끊어져서 생
기지도 않고, 나오지도 않고, 일어나지도 않으며,
이름도 없고, 모습도 없고, 소유도 없고, 헤아림
도 없고, 끝도 없으며, 걸림도 없고, 막힘도 없건
마는, 다만 인연으로 전도에 따라 생겨나는 것이
라고 설하느니라.

항상 즐겨 이러한 법의 모습을 관해야 하므로
이것을 이름하여 보살마하살의 둘째 친근할 곳이
라고하느니라."

그때 세존께서 이 뜻을 거듭 밝히려고 게송으
로 말씀하시었다.

만약 어떤 보살이

미래 악한 세상에서
겁나고 두려움이 없는 마음으로
이 경을 설하고자 한다면,
마땅히 행할 곳과
친근할 곳에 들어가되,
항상 국왕과 왕자,
대신, 관료와
흉한 장난을 하는 이와
전다라와 외도의 범지를
친근하지 말 것이며,
아상 많은 사람과
소승을 탐착하는
삼장의 학자와
파계한 비구와
이름뿐인 아라한과
희롱하고 웃기를 좋아하는 비구니와
깊이 오욕에 탐착하고
현세에서 멸도를 구하는

모든 우바이들을
친근하지 말지니라.
만약 이러한 사람들이
좋은 마음으로
보살 처소에 이르러
불도를 듣고자 하거든,
보살은 곧 두려움 없는 마음으로
바라는 마음을 품지 말고
설법하여야 하며,
과부거나 처녀거나
남자답지 못한 사람을
다 친근하여
깊이 친하게 친근하지 말며,
백정과 생선 파는 자와
사냥하는 자, 고기잡이로
이익을 위해 살해하고
그 고기를 팔아 살아가며,
여색을 팔아 살아가는

이러한 사람들을
모두 친근하지 말며,
흉악하게 서로 치고
여러가지 장난꾼과
모든 음탕한 여인들을
모두 가까이 하지 말며,
혼자 있는 으슥한 곳에서
여인에게 설법하지 말 것이니,
만약 설법을 하게 되면
희롱하거나 웃지 말며,
마을에 들어가 걸식할 때는
한 사람의 비구와 같이 갈지니라.
만약 비구가 없거든
일심으로 부처님을 생각하라.
이것을 이름하여
행할 곳과 친근처라 하느니라.
이 두 가지 마음으로
편안하게 설해야 하느니라.

또 상·중·하의 법과
유위 무위 분별 말고
참되거나 거짓된 법을
행하지 말며,
또한 이것은 남자이다, 이것은 여자이다
분별하지 말 것이며,
모든 법을 얻었다 하지 말며
아는체도 하지 말며, 보려고도 하지 말라.
이것을 이름하여
보살이 행할 곳이라 하느니라.

일체의 모든 법이
공으로써 있는 바가 없으며,
항상 머물러 있는 것도 없고
일어나고 멸함도 없느니라.
이것을 이름하여
지혜로운 이가 친근할 곳이라 이름하느니라.

전도된 생각 때문에
모든 법의 있고 없음과
실제와 실제 아님과
생함과 생기지 않음을 분별하노니,
한적한 곳에서
마음을 잘 다스려
편안하게 머물러 흔들리지 아니함이
수미산과 같이하여,
일체의 법을 관함이
모두 있는 것이 아니고,
오히려 허공과도 같아
견고함도 없으며
오는 것 없고 가는 것도 없고,
움직이지도 않고 물러나지도 않아
항상 한 모습에 머무름으로
이를 이름하여 친근할 곳이라 하느니라.

만약 어떤 비구가

내가 멸도한 후에
이러한 행할 곳과
친근할 곳에 들어 간다면,
이 경을 설할 때
겁나고 나약함이 없을 것이니,
보살이 때로는
고요한 방에 들어가
바른 생각으로
뜻에 따라 법을 관하고
선정에서 일어나
모든 국왕과 왕자와 신하와 백성과
바라문 등을 위하여
참 뜻을 알기 쉽게
이 경전을 설하되,
그 마음이 안온하여
겁내고 나약함이 없을 것이니라.

문수사리여! 이를 이름하여

'보살이 처음 법에 편안하게 잘 들어서
후세에 법화경을 능히 설한다.'고 하느니라.
또 문수사리여! 여래가 멸도한 후 말법 중에 이
경을 설하려면 마땅히 안락한 행에 머물러야 할
것이니라.

만약 입으로 설하거나 혹은 경을 읽을 때 다른
사람과 경전의 허물을 즐겨 말하지 말며, 또한 다
른 법사들을 업신여기지 말며,

다른 사람의 좋고 나쁜 점과 장점과 단점을 말
하지 말며, 성문의 사람에 대해 그 이름을 지적하
여 과실을 말하지 말며, 이름을 들어 미덕을 말하
지도 말며, 또한 원망과 싫어하는 마음을 품지 말
라. 이러한 안락한 마음을 잘 닦는 까닭에 모든
듣는 이들이 그 뜻을 거역하지 않으며, 어렵게 묻
는 바가 있더라도 소승법으로 대답하지 말고, 다
만 대승법으로 해설하여 일체의 종지를 얻게 하
여라.

그때 세존께서 이 뜻을 거듭 밝히고자 게송으

로 말씀하시었다.

　　보살은 항상 즐겁고
　　조용하게 설법하되,
　　청정한 땅에
　　법상의 자리를 하고
　　먼지와 때를 씻고
　　향유를 몸에 발라
　　새로운 깨끗한 옷을 입어
　　안과 밖을 모두 청결히 하고
　　편안히 법좌에 앉아
　　질문 따라 알맞게 설할 것이니라.
　　만약 비구 · 비구니와
　　우바새 · 우바이와
　　국왕과 왕자와
　　신하들과 학자와
　　백성들이 있거든
　　미묘한 뜻으로

온화한 얼굴로
설해 줄 것이며,
만약 어려운 질문이거든
뜻에 따라 대답하되
인연과 비유로
자세히 설하여 주며
이러한 방편으로
모두 발심하게 하고
점차 더 이익되게 하여
불도에 들어가게 할지니라.
게으른 마음과 싫증내는 마음 버리며
나태하고 차분하지 못한 생각을 제거하고,
모든 근심과 걱정 떠나
자비로운 마음으로 설법하되,
밤낮으로 항상
위없는 도의 가르침을 설하여
모든 인연과
한량없는 비유로

중생들을 깨우쳐주어
모두 기쁘게 하여주며
의복과 침구와
음식과 의약
그 가운데에 어느 것도
바라지 말고,
오직 일심으로
설법한 인연을 생각하여
불도를 이루고
대중들도 그렇게 되길
원해야 할 것이니,
이것이 크게 이롭고
안락한 공양이니라.
내가 멸도한 후,
만약 어떤 비구가
능히 이 묘법연화경을 연설하면
마음에 질투와 성냄과
모든 번뇌와 장애가 없게 되고,

또한 근심 걱정도
욕하고 꾸짖는 사람도 없으며,
또는 겁내고 두려움과 칼과 막대기로
해치는 일도 없을 것이며,
또한 내쫓기는 일도 없을 것이니
인욕으로 편안히 머무르기 때문이니라.

지혜로운 이가 이와 같이
그 마음을 잘 닦으면
능히 안락에 머무름이
내가 위에서 설한 바와 같아
그 사람의 공덕은
천만억겁에
산수와 비유로도
이루 다 설하지 못하느니라.

또 문수사리여! 보살마하살이 후의 말세에서
법이 없어지려 할 적에, 이 경전을 받아 지니고

읽고 외우는 사람은 질투와 아첨하고 속이려는 마음을 품어서는 안될 것이며, 또한 부처님의 도를 배우는 사람을 경멸하거나 욕하면서 그 장단점을 찾지 말아야 하느니라.

만일 비구·비구니·우바새·우바이들이 성문을 구하는 이와 벽지불을 구하는 이와 보살도를 구하는 이를 번뇌케 하고 의심케 하며 후회하게 하여 그 사람에게 말하되, '너희는 도와 거리가 심히 멀어서, 마침내 일체의 종지를 얻지 못하리라. 왜냐하면 너는 방일한 사람이라. 도에 게으름을 피웠기 때문이니라.' 라고 말하지 말라. 또한 모든 법을 희롱하며 논쟁을 하는 일이 없게하라.

마땅히 일체 중생에게 큰 자비심을 일으키며, 모든 부처님은 자비로운 아버지같은 생각을 일으키며, 모든 보살에게는 큰 스승이라는 생각을 일으키며, 시방의 모든 큰 보살에게는 항상 깊은 마음으로 공경하고 예배하며, 일체 중생에게는 평등하게 설법하되 법에 순응하기 위하여 많이 하지도 적게 하지도 말 것이며, 아무리 법을 깊이 좋아하는 사람이라도 많이 설해 주지 말아야 하느니라.

문수사리여! 이 보살마하살이 후의 말세에서 법이 멸하려 할 때, 셋째 안락행을 성취하는 사람은 이 법을 설할 때 괴로움에 시달리는 일이 없으며 좋은 도반을 만나 함께 이 경을 독송하며, 또한 대중이 찾아와 듣고 받아 지니게 할 것이니, 듣고 나서는 이를 지니고, 지닌 뒤에는 외우고, 외운 뒤에는 설하고, 설한 뒤에는 쓰거나 다른 사람을 시켜 쓰게 하여 경전을 공양·공경하고 존중하고 찬탄할 것이니라.
그때 세존께서 이 뜻을 거듭 펴시려고 게송으로 말씀하시었다.

만약 이 경을 설하고자 하면
마땅히 질투와 성냄과 교만한 마음과
아첨하고 거짓된 마음을 버리고
항상 진실하고 정직한 행을 닦으며
다른 사람을 가벼이 하고 업신여기지 말며,
또는 법을 희롱하지 말며,
다른 사람으로 하여금 의심하고 후회하지
않도록
그대 성불 못한다고 말하지 말라.

이러한 불자가 설법하려거든
항상 부드럽고 온화한 마음으로 참으면서
일체 중생 사랑하여
게으른 마음을 내지 않으며,
시방의 큰 보살은
중생 사랑하기 때문에
도를 행하는 것이니,
마땅히 공경하는 마음을 내어

저분들은 곧 나의 스승이다 라고 생각하며
모든 부처님 세존을
위없는 아버지라고 생각하여
교만심을 깨뜨리며
설법하는데 장애가 없게 하라.
셋째의 법이 이와 같으니
지혜로운 이는 마땅히 잘 지켜
일심으로 안락행을 닦으면
한량없는 중생의 공경을 받을 것이니라.

또 문수사리여! 보살마하살이 후의 말세에서 법이 멸하고자 할 때 이 법화경을 지니는 사람은, 집에 사는 사람이나 출가한 사람 중에서 큰 자비심을 내고, 보살이 아닌 사람에게도 큰 자비심을 낼지니라.

응당 이러한 생각을 하였다.
'이와 같은 사람은 여래께서 방편으로 근기에

따라 설법하여도, 듣지도 못하고 알지도 못하며,
깨닫지도 못하고, 묻지도 아니하고, 믿지도 못하
고, 이해하지도 못하는구나.

그 사람이 비록 이 경에 대해 묻지도 않고 믿지
도 못하고 이해하지 못하지만, 내가 아뇩다라삼
먁삼보리를 얻었을 때, 어느 곳에 있더라도 신통
력과 지혜력으로 인도하여, 이 법 가운데 머물게
하리라.'

문수사리여! 이 보살마하살이 여래가 멸도한
후에 이 넷째 법을 성취하는 이는, 이 법을 설할
때 허물이 없을 것이니라.

항상 비구·비구니·우바새·우바이와 국왕
·왕자·대신·백성과 바라문·거사들의 공양
·공경과 존중·찬탄을 받으며, 허공의 모든 하
늘이 법을 듣기 위하여 항상 따라 모실 것이며,
만약 촌락이나 도시거나 고요한 숲 속에 있을 때

사람들이 찾아와서 어려운 질문을 하더라도, 하늘이 밤낮으로 항상 법을 위해 호위하여, 듣는 사람으로 하여금 모두 기쁨을 얻게 할 것이니라. 왜냐하면 이 경은 일체의 과거·미래·현재의 모든 부처님께서 신통력으로 보호하시기 때문이니라.

문수사리여! 이 법화경은 한량없이 많은 나라에서 이름도 듣지 못하거늘, 하물며 얻어 보고 지니고 읽고 외우는 것은 더 어려운 일이니라.

문수사리여! 비유하면 힘이 강한 전륜성왕이 위엄과 세력으로 다른 나라들을 항복시키려 할 때, 모든 소왕들이 그 명령을 따르지 않으면, 그때 전륜성왕이 가지가지 군대를 일으켜 토벌하느니라.

왕이 군사들 중에 전쟁에서 공을 세운 이를 보고 크게 기뻐하여 공에 따라 상을 주는데, 혹은 전답과 집과 마을과 고을을 주기도 하고, 혹은 의

복과 장신구를 주기도 하며, 혹은 갖가지 진귀한
보물인 금·은·유리·자거·마노·산호·호박
과 코끼리·말·수레·노비·백성을 주었으나,
오직 머리 위의 상투 속의 밝은 구슬만은 주지 않
느니라. 왜냐하면 오직 왕의 머리 위에만 이 구슬
이 있으니, 만약 이것을 준다면 왕의 여러 권속들
이 반드시 크게 놀라고 이상하게 여기기 때문이
니라.

　문수사리여! 여래도 이와 같아 선정과 지혜력
으로 법의 국토를 얻어 삼계의 왕이 되었지만, 마
왕들이 순종하지 않고 항복하지 않으므로 여래의
어질고 훌륭한 모든 장수가 그들과 함께 싸워, 공
이 있는 이에게는 마음으로 기뻐하여 사부대중에
게 여러 경을 설하고, 그 마음을 기쁘게 하여 선
정·해탈·무루·근력과 모든 법의 재물을 주고,
또 다시 열반의 성을 주어 멸도를 얻었다고 말하
며, 그들의 마음을 인도하여 모두 기쁘게 하면서
도 이 법화경만은 설하지 아니하였노라.

문수사리여! 전륜성왕이 병사들 가운데 큰 공이 있는 자를 보고 마음이 크게 기쁘긴 하지만, 이 믿기 어려운 구슬을 오래도록 머리의 상투 속에 두고 함부로 사람에게 주지 않다가 지금 이것을 주는 것처럼, 여래도 이와 같아서 삼계 가운데 대법왕이 되어 법으로 일체의 중생을 교화하시느니라. 어질고 훌륭한 군대가 오음의 마구니와 번뇌의 마구니와 죽음의 마구니와 싸워 큰 공을 세워, 삼독을 없애고 삼계를 벗어나 마구니의 그물을 깨뜨리는 것을 보고, 그때 여래도 또한 크게 기뻐하시어 이 법화경이 중생들로 하여금 일체지혜에 이르게 하되, 일체 세간에서 많이 원망하고 믿지 않으므로, 먼저 설하지 아니하던 것을 이제야 설하는 것이니라.

문수사리여! 이 법화경은 모든 여래의 제일가는 설법이며, 그 뜻이 매우 깊어 최후에야 설해 주는 것이니, 저 힘이 강한 왕이 오래도록 간직하였던 밝은 구슬을 이제야 주는 것과 같으니라.

문수사리야! 이 법화경은 모든 부처님 여래의 비밀스런 법장으로 모든 경 가운데 가장 으뜸이니, 오랜 세월에 잘 간직하여 함부로 설하지 않다가, 오늘에야 비로소 너희들에게 설해 주노라.

그때 세존께서 이 뜻을 거듭 밝히고자 게송으로 말씀하시었다.

항상 인욕을 행하고
일체중생 가엾게 여겨
이에 부처님이 찬탄하신 경을
설법할 것이며,

오는 세상 말법시대
이 경을 지니는 자는
재가자이거나 출가자이거나
보살이거나 보살이 아니거나

마땅히 자비심을 내어야 하느니라.

이러한 사람들이
이 경을 듣지 않고 믿지 않으면
큰 것을 잃게 될 것이니,
내가 불도를 이루어서
온갖 방편으로
이 법을 설하여
그 가운데 머물게 할 것이니라.

비유하면 힘이 강한
전륜성왕이
전쟁에 공을 세운 이에게
여러 가지 상을 내리되,
코끼리·말·수레·장신구와
모든 논과 밭과 집과
촌락·고을을 주기도 하고,
혹은 의복과

갖가지 진귀한 보배와
노비와 재물을
기쁜 마음으로 주었으며
용감하게 늠름한 병사
어려운 일을 해내면
왕이 머리의 상투 속에
밝은 구슬을 풀어 주는 것과 같으니라.

여래도 또한 이와 같아
모든 법의 왕이 되어
인욕의 큰 힘과,
간직하고 있는 풍부한 지혜와
큰 자비로써
진리대로 세상을 교화하네.
일체의 사람이
온갖 고통을 받으면서
해탈을 구하고자
여러 마군과 싸우는 것을 보고,

그 중생들을 위해
갖가지 법을 설하여
큰 방편으로
이 모든 경들을 설하다가,
이미 중생이
그 힘을 얻었음을 알고
맨 끝에 그를 위해 이 법화경을 설하나니,
왕이 상투 속의 밝은 구슬을
풀어 주는 것과 같으니라.

이 경은 존귀하여
모든 경전 중 으뜸이라
내가 항상 수호하여
함부로 열어 보이지 않았으나
지금이 바로 이때라.
너희들을 위해 설하노라.

내가 멸도한 후

불도를 구하는 이가
편안함을 얻어서
이 경을 설하고자 하면,
마땅히 이와 같은 네 가지 법을
친근해야 할 것이니,

이 경을 읽는 사람은
항상 근심과 괴로움이 없으며,
또한 병과 고통도 없어
얼굴빛이 아름답고,
가난하고 비천하고
누추한 곳에 태어나지 않으며,
중생이 보기를 즐겨하되
어진 성인 사모함과 같으며,
하늘의 모든 시자가
따라와서 시봉하리라.
칼과 막대기로 때리지 못하고
독약도 해치지 못하며,

만일 사람이 욕하고 헐뜯으면
욕한 입이 곧 막히리라.
어느 곳을 가도 두려움 없음이
사자왕과 같으며,
지혜의 광명이
해가 비치는 것과 같으리라.
혹은 꿈 속에서는
미묘한 일만 보게 되니
모든 여래께서
사자좌에 앉으시고
모든 비구 대중에게 둘러 싸여
설법하시는 것을 보며,
또 항하사와 같은
용과 귀신과 아수라 등이
공경 · 합장하고
자신이 그들을 위해
설법하고 있는 것도 스스로 보게되리.
또 모든 부처님들이

황금색으로 몸을 갖추시고
한량없는 광명을 놓으사
일체를 다 비추시며,
아름다운 목소리로
온갖 법을 설하심이라.

부처님께서 사부대중을 위하여
위없는 법을 설하시고,
자신의 몸이 그 가운데에 있서 합장하고
부처님을 찬탄하는 것을 보며
법을 듣고 기뻐하여
받들어 공양하고,
다라니를 얻어
불퇴지혜 증득하니,
부처님께서 그 마음이
도에 깊이 들어갔음을 아시고
즉시 최정각을 이룬다고
수기 주시며,

선남자야!
너는 마땅히 오는 세상에
한량없는 지혜
부처님의 대도를 얻어
장엄하고 청정한 국토가
비할 수 없이 넓고 크며,
또한 사부대중이
합장하고 법을 들으리라.

또 자신이 산림 속에서
좋은 법을 닦고 익혀
모든 실상을 증득하며
선정에 깊이 들어
시방의 부처님을 친견할 것이니,
모든 부처님은 금색의 몸에
온갖 백복을 갖춘 모습으로
장엄하시되
법을 듣고 다른 사람들을 위해 설하리니

항상 이러한 좋은 꿈만 꾸게 되리로다.

또 꿈속에 국왕이 되어
궁전과 권속들과
가장 묘한 오욕락을 버리고,
불도량에 나아가
보리수 아래
사자좌에 앉아
도를 구한 지 칠일만에,
모든 부처님의 지혜를 얻어
위없는 도를 이룩하고
일어나 법륜을 전하며
사부대중을 위해 설법하되,
천만억겁이 지나도록
무루의 묘법을 설하여
한량없는 중생을 제도한 후에
마침내 연기가 다 사라지고 등불이 꺼지듯이
열반에 들 것이니라.

만일 후의 악세에서
이 으뜸가는 법화경을 설하면,
이 사람은 큰 이익을 얻음이
위의 모든 공덕과 같을 것이니라.

〈안락행품 끝〉

제 15 종지용출품

그때 다른 국토에서 온 모든 보살마하살이 여덟 항하사보다 많음이라. 그들이 대중 가운데서 일어나 합장하여 예배하고 부처님께 여쭈었다.

"세존이시여! 만약 저희가 부처님께서 멸도하신 후, 이 사바세계에서 더욱 부지런히 정진하고, 이 경전을 보호하고 지니며 읽고 외우고 쓰면서 공양하는 것을 허락하신다면, 마땅히 이 국토에서 널리 설하겠나이다."

그때 부처님께서 보살마하살에게 말씀하시었다.

"그만두라, 선남자들이여! 너희들이 이 경을

받들어 가지고 보호하기를 바라지 않노라. 왜냐하면 이 사바세계에는 육만 항하사 보살마하살이 있으며, 하나하나의 보살이 저마다 육만의 항하사 권속을 거느리고 있으니, 이 사람들이 내가 멸도한 후에 보호하고 지니고 읽고 외우며 이 경을 널리 설하기 때문이니라."

부처님께서 이를 설하실 때 사바세계 삼천대천 국토의 땅이 모두 진동하면서 열리더니, 그 속에서 한량없는 천만억 보살마하살이 동시에 솟아나왔음이라. 이 보살들은 모두 몸이 황금색이고 삼십이 상을 갖추었으며 한량없는 광명이 있었으니 이전에는 모두 이 사바세계 아래에 있는 그 허공 가운데 머물러 있었으나, 여러 보살들이 석가모니 부처님께서 설법하시는 음성을 듣고 하방으로부터 솟아 올라온 것이다.

한 사람 한 사람의 보살이 모두 대중을 이끄는

지도자로서, 저마다 육만 항하사 권속을 거느렸으며, 하물며 오만·사만·삼만·이만·일만 내지 일 항하사·반 항하사·사분의 일·내지 천만억 나유타 분의 일이며, 하물며 또 천만억 나유타 권속이며, 억만 권속이며, 또한 천만·백만이며, 나아가 일만이며, 일천·일백이며, 십이며, 또한 다섯·넷·셋·둘·하나의 제자를 거느리고 있었다. 또한 번거로움을 멀리 떠나 혼자서 행하기를 즐기니, 이러한 사람들이 한량없고 가이없어 숫자로 계산하거나 비유로도 알 수 없느니라.

이 보살들이 땅으로부터 솟아나와 저마다 허공의 칠보탑에 계신 다보여래와 석가모니 부처님 앞으로 가서, 두 세존을 향하여 머리를 숙여 발을 받들어 예배하고, 보리수 아래 사자좌에 앉으신 부처님 계신 곳으로 가서 또한 다 예배하고, 오른쪽으로 세 번 돌며 합장·공경하며, 모든 보살들이 갖가지 찬탄하는 법으로 찬탄하고, 한쪽으로 물러나 기쁜 마음으로 두 세존을 우러러 보았다.

이 보살마하살들이 처음 땅에서 솟아 올라와 여러 보살들의 갖가지 찬탄하는 법으로 부처님을 찬탄하니, 이와 같이 흘러간 시간이 오십 소겁이라.

이때 석가모니 부처님께서 말없이 앉아 계시고 사부대중들도 모두 말없이 앉아계셨다. 오십 소겁을 부처님의 신력으로 모든 대중들로 하여금 반나절과 같이 생각되었다.

그때 사부대중들도 부처님의 신통력으로 많은 보살들이 한량없는 백천만억 국토의 허공에 두루 가득 찬 것을 보게 되었다.

이 보살대중 가운데 네분의 도사가 있었으니, 첫째 이름은 상행이요 둘째 이름은 무변행이요 셋째 이름은 정행이요 넷째 이름은 안립행이라. 이 네분의 보살이 그들 대중 가운데 가장 상수로서 대중을 인도하는 스승이었으니, 대중 앞에서 각각 모두 합장한 채 석가모니 부처님을 우러러 보고 문안하여 여쭈었다.

"세존이시여! 병도 없고 고뇌도 없이 안락행을 누리시나이까. 제도할 이들은 가르침을 쉽게 잘 받아 들이고 있나이까. 세존을 피로하게 하지는 않나이까."

그때 네분의 큰 보살이 게송으로 말하였다.

세존께서는 편안하고 즐거우시며
병도 고뇌도 없으시고
중생을 교화하심에
피로도 없으시며,
또한 중생들은
교화를 쉽게 잘 받으며
세존을 피로하게 하지는 않나이까.

그때 세존께서 보살대중들 가운데서 말씀하시었다.

"이와 같도다, 모든 선남자여! 여래는 편안하여 병도 없고 고뇌도 없으며, 중생들도 교화가 잘 되어 피로하지 않으시니, 왜냐하면 이 모든 중생들이 오랜 세상으로부터 항상 나의 교화를 받아 왔으며, 또한 과거 모든 부처님을 공경하고 존중하여 여러 선근을 심었기 때문이니라.

이 여러 중생들이 처음 내 몸을 보고, 나의 설한 바를 듣고, 즉시 모두 믿고 받아서 여래의 지혜에 들어갔느니라. 다만 먼저 닦고 익히고 배운 소승은 제외되었으며, 이와 같은 사람도 내가 이제 이 경을 설법하여 부처님의 지혜에 들어갈 수 있게 하리라."

그때 여러 큰 보살들이 게송으로 말하였다.

거룩하고 거룩하시도다.
대웅하신 세존이시여!
모든 중생들을 쉽게 교화 제도하시어
능히 모든 부처님께 매우 깊은 지혜를 여쭈어
듣고서는 믿고 행하오니
우리들도 따라서 기뻐하나이다.

이때 세존께서 모든 상수의 큰 보살들을 찬탄하시었다.

"착하고 착하도다. 선남자여! 그대들은 능히 여래를 따라 기쁜 마음을 일으켰노라.

그때 미륵보살과 팔천 항하사 보살대중이 모두 이런 생각을 하였다.

"우리들이 예로부터 이와 같이 큰 보살마하살의 대중들이 땅으로부터 솟아나와 세존 앞에 머물러 합장·공양하고 여래를 문안드리는 것을 보지도 못하고 듣지도 못하였도다."

이때 미륵보살마하살이 팔천 항하사 보살들의 마음속에 생각하는 바를 알고, 아울러 자신도 의심하던 바를 해결하고자 부처님을 향해 합장하고 게송으로 여쭈었다.

한량없는 천만억 대중의 모든 보살들은
예전에 일찍이 보지 못한 바이오니
바라옵건대 양족존께서는

설하여 주시옵소서.
이들은 어느 곳에서 왔으며
무슨 인연으로 모였나이까.
큰 몸에 큰 신통력과
불가사의한 지혜는
그 뜻과 생각이 견고하며,
큰 인욕력이 있어
중생들이 기쁜 마음으로 보게 되었으니
이는 어느 곳으로부터 왔나이까.
하나하나의 모든 보살들이
저마다 거느린 권속들은
그 수가 한량없고
항하사와 같아,
어떤 큰 보살은
육만 항하사 권속을 거느리고 있으며,
이와 같은 모든 대중들이
일심으로 불도를 구하기에
이 모든 대사 등,

육만 항하사가
함께 와서 부처님께 공양하고
이 경을 받들어 지니며
오만 항하사를 거느린이
그 수는 이보다 많으며,
사만 · 삼만과
이만 · 일만이며
일천 · 일백과
내지 일항하사이며,
반분으로부터 삼 · 사분과
억만분의 일이며, 천만 나유타와
만억의 모든 제자로부터
반억에 이르나니
그 수가 또 앞의 수보다 많으며
백만에서 일만에 이르고
일천 내지 일백과
오십과 십내지
셋 · 둘 · 하나를 거느리며

권속도 없이 홀몸으로서
다니기를 좋아하는 자들도
함께 부처님 계신 곳에 나온이도
그 수가 또 앞의 수보다 많사옵니다.
이와 같은 모든 대중을
어떤 사람이 숫자로써 그 수를 헤아리며
항하사 겁을 지나더라도
오히려 다 알 수 없을 것이니,
이 여러 대위덕과
정진을 갖춘 보살대중은
누가 설법하여
교화하고 성취케 하였으며,
누구를 따라 처음 발심하였으며,
어떠한 불법을 찬양하며,
누구의 경을 받아 지니고 수행하며,
어떠한 불도를 닦아 익혔나이까.
이와 같은 보살들이
신통력과 큰 지혜력으로

사방의 땅이 진동하여 갈라지자
그 가운데에서 솟아 나왔나이다.
세존이시여! 제가 옛날부터
이러한 일은 본 적이 없으니,
바라옵건대 그들이 있던
국토의 이름을 설해 주시옵소서.
제가 항상 여러 국토를 다녔으나
아직 이러한 대중을 본 적이 없으며,
제가 이 대중 가운데
한 사람도 알지 못하나이다.
홀연히 땅에서 솟아 나왔으니,
바라옵건대 그 인연을 설하여 주시옵소서.
지금 이 자리의 한량없는
백천만억 보살들이 모두
이 일을 알고자 하니,
이 모든 보살대중의
처음부터 끝까지의 인연을
한량없는 덕을 갖춘 세존께서는

오직 원컨대 설하시어
대중들의 의심을 풀게 하시옵소서.

그때 석가모니 부처님의 모든 분신불이 한량없
는 천만억의 타방 국토로부터 오시어, 팔방의 모
든 보배나무 아래의 사자좌에 가부좌를 맺고 앉
아 계시니 그 부처님의 시자들도 각각 이 보살대
중이 삼천대천세계 사방의 땅으로부터 솟아 나와
허공에 머무름을 보고 각각 부처님께 여쭈었다.
"세존이시여! 이 한량없고 가이없는 아승지의
보살대중은 어디로부터 왔나이까."
그때 여러 부처님이 각각 시자들에게 말씀
하시었다.
"여러 선남자여! 잠시 기다려라. 보살마하살이
있으니 이름이 미륵이라. 석가모니 부처님의 수
기를 받았으니 차후에 성불하리라. 이미 이 일을
물었으니, 부처님께서 지금 대답하실 것이며 너
희들도 자연히 듣게 될것이니라."

그때 석가모니 부처님께서 미륵보살에게 말씀
하시었다.

"착하고 착하도다. 미륵보살이여! 능히 부처님
의 이와 같은 큰 일을 물었으니, 너희는 모두 일
심으로 정진의 갑옷을 입고 견고한 뜻을 일으켜
라. 여래께서 지금 모든 부처님의 지혜와, 모든
부처님의 자재로운 신통력과, 모든 부처님의 사
자 분신지력과 모든 부처님의 위맹대세의 힘을
나타내어 일으켜 펴 보이고자 하노라.

그때 세존께서 이 뜻을 거듭 펴고자 게송으로
말씀하시었다.

마땅히 일심으로 정진하라.
내가 이 일을 설하고자 하노니
의심과 후회를 품지 말라.
부처님의 지혜는 불가사의하니
너희는 이제 신심의 힘을 내어
인욕과 선법에 잘 머물러서

옛적에 듣지 못한 법을
지금 모두 들을 수 있을 것이니라.
내가 이제 너희를 위로하노니
의심과 두려움을 품지 말라.
부처님 말씀은 진실이며
지혜는 헤아릴 수 없느니라.
얻은 바 으뜸가는 법은
심히 깊어 분별하기 어려워
이와 같은 것을 이제 설하리니
너희는 일심으로 들을지니라.

그때 세존께서 이 게송을 다 설하시고 미륵보
살에게 말씀하시었다.

"내가 이 대중인 너희들에게 널리 말하노라.
미륵이여! 이 모든 큰 보살마하살이 한량없고 수
가 없는 아승지의 수만큼 땅 속에서 솟아 나온 일
은 너희들은 옛적에 보지 못한 것이니라.

내가 이 사바세계에서 아뇩다라삼먁삼보리를
얻은 다음, 이 보살들을 교화하고 인도하여 그 마

음을 조복받고 도의를 일으키게 하였느니라. 그 모든 보살들이 모두 이 사바세계 아래에 있는 허공 가운데 머물며, 모든 경전을 읽고 외워 통달하고 사유를 분별하여 바르게 생각하고 기억함이니라.

미륵이여! 이 모든 선남자들이 대중들 속에서 많이 설하는 것을 좋아하지 않고, 항상 고요한 곳을 찾아 부지런히 수행 정진하되 일찍이 휴식한 적이 없느니라.

또한 인간이나 하늘에 의지하여 머무르지 않고, 항상 깊은 지혜를 좋아하여 아무런 장애가 없으며, 또한 항상 모든 부처님의 법을 즐겨하여 일심으로 정진해 위없는 지혜를 구하였느니라."

그때 세존께서 이 뜻을 거듭 밝히고자 게송으로 말씀하시었다.

미륵이여! 너는 마땅히 알라.
이 큰 보살들은

무수한 겁으로부터
부처님의 지혜를 닦고 익혔으니,
이는 다 내가 교화한 바로서
큰 도심을 일으키게 하였느니라.
이들은 나의 아들로
이 세상에 머물면서,
항상 청정한 행을 하며
고요한 곳에서 있기를 좋아하고
시끄러운 대중 속에서
많이 설하기를 좋아하지 않느니라.
이러한 모든 아들들이
나의 도법을 배워 익히되
밤낮으로 항상 정진하며
불도를 구하였으므로,
사바세계의 아래
공중에 머무는 것이리니,
뜻과 생각하는 힘이 견고해서
항상 부지런히 지혜를 구하며

갖가지 미묘한 법을 설해
그 마음에 두려울 바가 없느니라.
내가 가야성
보리수 아래에 앉아
최정각을 이룩하고
무상 법륜을 전하여
이들을 교화하고
처음으로 도심을 일으키게 하였으며,
이제는 모두 불퇴전의 자리에 머물렀으니
모두 성불할 것이니라.
내가 이제 진실을 말하노니
너희는 일심으로 믿으라.
나는 오랜 먼 옛날부터
이 대중들을 교화하였노라.

그때 미륵보살마하살과 수없는 모든 보살들이
일찍이 없었던 이상한 일이므로 마음에 의심이
생겨 이렇게 생각하였다.

'어떻게 세존께서 그 짧은 시간에 이와 같이 한량없고 가이없는 아승지의 모든 보살들을 교화하여 아뇩다라삼먁삼보리에 머물게 하셨을까.'

곧 부처님께 여쭈었다.

"세존이시여! 여래께서 태자로 계실 적에 석가족의 궁에서 나오시어, 가야성에서 멀지 않은 도량에 앉으사 아뇩다라삼먁삼보리를 성취하였으니, 그때부터 지금까지 겨우 사십여 년이 지났나이다. 세존이시여! 어찌 이 짧은 기간에 큰 부처님 일을 하셨나이까. 부처님의 위신력과 부처님의 공덕으로, 이와 같은 한량없는 큰 보살 대중을 교화하여 아뇩다라삼먁삼보리를 이루게 하셨나이까.

세존이시여! 이 큰 보살 대중들을 어떤 사람이 천만억 겁을 세어볼지라도 능히 다 세지 못하며, 그 끝을 얻지 못하오리다. 이들이 오랜 옛날부터 한량없고 가이없는 부처님 계신 곳에 모든 선근을 심어 보살도를 완성하였으며 항상 범행을 닦았다고 하오니, 세존이시여! 이러한 일은 세상에서는 믿기 어렵나이다.

비유하자면, 얼굴이 아름답고 머리는 검은 스물다섯된 사람이 백 살된 사람을 가리켜 "이는 나의 아들이다."하고 말하니, 그 백 살된 사람도 젊은 이를 가리켜 "저분은 나의 아버지며 나를 낳아서 길러 주셨다."라고 한다면 그 일은 세상에서 믿겠나이까.

부처님께서도 또한 이와 같이 깨달음을 얻으심이 사실 오래지 않고, 이 대중 보살들은 이미 한량없는 천만억 겁동안 불도를 위하여 부지런히 행하고 정진하여, 백천만억의 삼매에 잘 들고 나고 머물러서 큰 신통을 얻고, 오래도록 범행을 닦아 차례로 좋은 법을 잘 알아 문답도 자유자재하니 사람들 가운데 보배로, 이는 일체 세간에 매우 드문 일입니다.

지금 세존께서는 '불도를 얻었을 때, 처음으로 발심시켜 교화하여 보이시고 인도하여 아뇩다라 삼먁삼보리로 향하게 하였다.'고 하시지만, 세존 께서 성불하신지 오래되지 않으시나, 어떻게 이 큰 공덕을 지으셨습니까.

저희들이 비록 부처님께서 근기에 따라 설하신 가르침이나 부처님 말씀이 모두 헛된 거짓이 없 다고 믿사오며, 부처님께서 알고 계신 일체를 다 통달하였다고 하시오나, 새로 발심한 보살들이 부처님께서 멸도하신 후에, 만일 이러한 말씀을 듣는다면 혹 믿고 받아 들이지를 못하여 법을 깨 뜨리고 파괴하는 죄를 짓는 행위의 원인이 될까 두렵습니다.

세존이시여! 바라옵건대 이 일을 자세히 설명 하여 주시어 저희들의 의심을 풀어 주시고, 미래 세상의 선남자들도 이러한 말을 듣고 의심을 일 으키지 않게 하시옵소서."

그때 미륵보살이 이 뜻을 거듭 펴려고 게송으로 말하였다.

　　　　부처님께서 옛적 석가족에서
　　　　출가하시어 가까운 가야성에 있는
　　　　보리수 아래 앉으신 것이
　　　　아직 오래지 아니하였으며,
　　　　지금 이 불자들은
　　　　그 수를 가히 헤아릴 수 없사오나,
　　　　이미 오래 전부터 불도를 행하여
　　　　신통력에 머물렀으며,
　　　　보살도를 잘 배워
　　　　세간법에 물들지 않은 것이
　　　　연꽃이 물에 핀 것과 같음이라.
　　　　땅에서 솟아 나와
　　　　모두 공경하는 마음을 일으켜
　　　　세존 앞에 머물렀으니,
　　　　이 일은 어렵고 불가사의하며

어떻게 믿을 수 있겠나이까.
부처님께서 도를 얻으심은 심히 가깝고
성취하신 바는 심히 많으시니,
바라옵건대 대중의 의심이 없도록
여실하게 분별하고 해설하여 주시옵소서.

비유컨대, 나이 스물다섯 젊은 사람이
백발이 성성하고 얼굴이 주름 투성이인
백 살된 노인을 가리켜
이는 나의 아들이라 하고
아들도 또한 이는 아버지라 한다면
아버지는 젊고 아들은 늙었으므로
온 세상이 믿지 아니 하오리다.

세존께서도 또한 이와 같아서
도를 얻으신 것이 매우 가깝고,
이 모든 보살들은 뜻이 견고하여
겁내거나 약함이 없어,

한량없는 겁으로부터
보살도를 행하여
어려운 질문과 대답에 교묘하되
그 마음에 두려운 바가 없으며,
인욕의 마음이 결정되고
단정하며 위덕이 있어
시방의 부처님께서 찬탄하시는 바라.
능히 잘 분별하여 설하며
많은 사람들과 있기를 즐겨하지 않고
항상 선정에 들기를 좋아하며,
불도를 구하려고
아래 허공의 세계에 머무르네.

우리는 부처님으로부터 들어서
이 일에 의심이 없지만,
원컨대 부처님께서는 미래를 위하여
이 까닭을 설하셔서 확실히 알게 하옵소서.
만약 이 경에 의심을 일으키고

믿지 아니하는 이는
그는 곧 악도에 떨어질 것이니,
바라옵건대 지금 해설하여 주시옵소서.
이 한량없는 보살들을
어떻게 하여 그토록 짧은 시간에
교화시켜 그들로 하여금 발심하여
불퇴지에 머물도록 하셨나이까.

〈종지용출품 끝〉

제 16 여래수량품

그때 부처님께서 보살들과 일체 대중에게 말씀하시었다.

"선남자들이여! 너희는 여래의 진실한 말씀을 믿고 이해할지니라."

다시 대중에게 말씀하시었다.

"너희는 반드시 여래의 진실한 말씀을 믿고 이해할지니라."

다시 대중들에게 말씀하시었다. "너희는 반드시 여래의 진실한 말씀을 듣고 이해하여 굳게 믿도록 하라."

이때 보살 대중 가운데 미륵보살이 선두가 되

어, 합장하고 부처님께 여쭈었다.

"세존이시여. 오직 바라옵건데 설하여 주시옵소서. 저희들이 반드시 부처님의 말씀을 믿고 받아 들이겠나이다."

이와 같이 세 번이나 말씀하고 다시 여쭈었다.

"오직 바라옵건대 설하여 주시옵소서. 저희들이 반드시 부처님의 말씀을 믿고 받들겠나이다."

그때 세존께서 보살들이 세 번이나 청하여 그치지 아니함을 아시고 말씀하시었다.

"너희들은 잘 들으라. 여래의 비밀스런 신통력을 일체 세간의 하늘과 인간과 아수라들은 모두가 말하기를, '지금 석가모니 부처님은 석가족의 궁을 나와, 가야성에서 멀지 않은 도량에 앉아 아뇩다라삼먁삼보리를 얻었다.'고 생각하지만. 그러나 선남자여! 나는 실로 성불한 지는 이미 한량없고 가이없는 백천만억 나유타 겁이 지났느니라.

비유하자면, 오백천만억 나유타 아승지의 삼천대천세계를, 가령 어떤 사람이 모두 부수어 가는 티끌로 만들어서 동방으로 오백천만억 나유타 아승지 세계를 지날 때마다 한 티끌씩 떨어뜨려, 이와 같이 동쪽으로 가면서 그 작은 티끌이 다 했다면, 선남자들이여! 어떻게 생각하느냐. 이 모든 세계를 생각하고 헤아려서 그 수를 알 수 있겠느냐."

미륵보살과 여러 대중이 함께 부처님께 여쭈었다. "세존이시여! 그 세계들은 한량없고 가이없어 수학으로도 알 수 없고 또한 마음의 생각으로도 알 수가 없나이다. 일체 성문과 벽지불이 무루의 지혜로 생각하여도 그 수치의 한계를 알 수 없으며, 저희가 아비발치지에 머물고 있지만 이런 일에는 도저히 알지 못하는 바이오니, 세존이시여! 이러한 모든 세계가 한량없고 가이없나이다."

그때 부처님께서 큰 보살 대중에게 말씀하시었다.

"선남자들이여! 이제 분명히 너희에게 널리 말하노라. 이 모든 세계에 만약 작은 티끌이 떨어진 곳이나 떨어지지 않은 곳이나 모두 티끌로 만들어 그 한 티끌이 일 겁이라 할지라도, 내가 성불한 지난 겁수는 그보다 더 오래인 백천만억 나유타 아승지겁이니라.

그로부터 나는 항상 이 사바세계에 있으면서 설법하고 교화하며, 또한 다른 곳 백천만억 나유타 아승지의 나라에서도 중생을 인도하여 이롭게 하였느니라.

선남자들이여! 이 중간에 내가 연등불 등을 설하였으며, 또 다시 그가 열반에 들었다고 말하였으나, 이러한 것은 다 방편으로 분별한 것이니라.

선남자들이여! 만약 어떤 중생이 내가 있는 곳

에 오면, 나는 부처님의 눈으로 그 믿음과 모든 근기가 예리한가 둔한가를 관찰하며 응하여 제도될 바에 따라 곳곳에서 스스로 설하되, 이름이 같지 않으며, 연대가 크고 작으며, 또한 다시 나타나 '열반에 들 것이다.' 라고 말하기도 하고 또 가지가지 방편으로 미묘한 법을 설하여, 능히 중생들로 하여금 환희심을 일으키게 하느니라.

'선남자들이여! 여래는 중생들이 소승의 법만 즐겨하여 덕이 적고 업이 무거운 이를 보면, 이러한 사람을 위하여 설하기를, '나는 젊어서 출가하여 아뇩다라삼먁삼보리를 얻었다.' 고 하였느니라. 그러나 내가 실로 성불한 지는 이미 오래였으나, 방편으로 중생을 교화시켜 불도에 들게 하기 위하여 이렇게 말하였느니라.

선남자들이여! 여래가 설한 경전은 다 중생을 제도하여 해탈하게 하기 위한 것이니, 혹 자기의 몸을 설하거나, 혹 다른 사람의 몸을 설하며, 혹

자기의 몸을 보이거나 다른 사람의 몸을 보이며, 혹 자기의 일을 보이거나 다른 사람의 일을 보이지만, 모든 말로 설하는 바는 다 진실하고 허망하지 않느니라.

왜냐하면 여래는 삼계의 참 모습을 진실되게 알아보아, 나고 죽음과 물러나거나 벗어남이 없으며, 또한 세상에 있거나 멸도하는 자도 없으며, 진실함도 아니요 허망함도 아니며, 같지도 않고 다르지도 않아, 삼계를 삼계로 보는 것과 같지 아니함이니라.

이와 같은 일을 여래는 밝게 보아 어긋남이 없느니라. 그러나 모든 중생들이 가지가지 성품과, 가지가지 욕망과 가지가지의 행과 가지가지의 기억과 생각함이 분별이 있으므로, 모든 선근을 일으키게 하려고 여러 가지 인연과 비유와 말로 가지가지 설법을 하여 부처님의 일을 하되 잠시도 쉬어 본 적이 없느니라.

이와 같이 내가 성불함이 심히 오래되어 수명

이 한량없는 아승지겁이라 항상 머물러 있어 멸하지 않느니라.'

선남자들이여! 내가 본래 보살도를 행하여 이룬 수명이 아직도 다하지 않은 것은 위에서 말한 수의 배나 되느니라. 나는 그대들에게 내가 잠시 후에 멸도할 것이라고 말하지만 그러나 이것은 참 멸도가 아니요, 여래는 이와 같이 방편으로 중생을 교화하느니라.

왜냐하면 만일 부처님이 오래 세상에 머문다고 하면, 박덕한 사람들은 선근을 심지 않아 빈궁하고 천박하며, 오욕을 탐착하여 기억과 생각이 허망하게 보는 그물에 들어가게 될 것이며, 만약 여래가 항상 머물러 멸하지 않는 것을 보게 되면, 곧 교만한 마음을 일으키고 싫어지며 게으름을 피워 만나기 어렵다는 생각과 공경하는 마음을 일으키지 아니하리라. 이런고로 여래가 방편으로 말하느니라.

'비구들아! 분명히 알라. 모든 부처님이 세상에 나오심을 만나기는 매우 어려우니라.'고 설하느니라. 왜냐하면 모든 박덕한 사람들은 한량없는 백천만억 겁을 지나서야 부처님을 친견하기도 하고 친견하지 못하기도 하니, 그런 까닭에 내가 말하느니라.

'비구들아! 여래는 만나 보기 어렵다.'고 한다면 이 중생들이 이러한 말을 들으면 반드시 만나기 어렵다는 생각을 내어 마음속으로 그리워하고 사모하여 부처님을 만나 보기를 갈망하여 곧 선근을 심게 되리니, 이런고로 여래는 진실로 멸도하지 않건만 '멸도한다.'고 말하느니라.

또 선남자여! 모든 부처님 여래의 법이 다 이와 같아서, 중생을 제도하기 위한 것이니, 모두 진실이요 허망하지 않느니라.

비유한다면, 훌륭한 의사는 지혜롭고 총명하고

통달해서 좋은 처방과 좋은 약을 만들어 여러 가지 병을 잘 치료했느니라. 그 의사에게 자식이 많아 십 또는 이십, 나아가 백 명이나 되었느니라.

아버지가 볼 일이 있어 멀리 다른 나라로 간 사이 아들들이 독약을 잘못 먹고 약 기운이 일어나 정신이 혼미한 채 땅에 뒹굴며 괴로워 하였느니라.

그 아버지인 의사가 집으로 돌아와 보니, 아들들이 독약을 먹어 어떤 아들은 본심을 잃고 어떤 아들은 본심을 잃지 않고 있다가, 멀리서 오는 아버지를 보고 모두 크게 기뻐하여 무릎을 꿇고 절하며 이렇게 문안드리기를, '편안히 잘 다녀오셨나이까. 저희가 어리석어 독약을 잘못 먹었으니, 원컨대 보시고 치료하여 다시 생명을 주시옵소서.' 하였느니라.

아버지는 아들들의 고통이 이와 같음을 보고, 여러가지 처방에 따라 좋은 약초를 구하여 빛과 향과 맛을 모두 잘 갖춘 것을 구해 방아에 찧고 체로 걸러 환을 지어 아들에게 먹이면서 이런 말을 하되, '이것이 매우 좋은 약으로 빛과 향과 좋은 맛이 모두 잘 갖추어졌으니, 너희가 먹으면 고통이 빨리 낫고 다시는 모든 병에 걸리지 않을 것이니라.' 하였느니라.

그 모든 아들 중에 본심을 잃지 않은 자는 이 좋은 약의 빛과 향이 모두 갖추어진 것을 보고 곧 복용하여 병이 모두 나았으나, 나머지 본심을 잃은 자는 아버지가 오는 것을 보고, 비록 기뻐하며 문안하고 병을 치료할 방도를 찾아 고쳐주기를 원했으나 약을 주어도 먹지 아니함이라. 왜냐하면 독기가 깊이 들어가 본심을 잃은 탓에 이 좋은 빛과 향을 갖춘 약을 좋지 못하다고 생각하였기 때문이니라.

아버지는 이런 생각을 하였느니라.

'이 아들들이 참으로 불쌍하구나! 독약에 중독되어 마음이 모두 뒤집혀서 비록 나를 보고 기뻐하며 병을 치료하길 원했지만, 이와 같은 좋은 약을 먹으려 하지 않으니, 내가 이제 방편을 베풀어 이 약을 먹게 하리라.' 그리고 이렇게 말하였느니라.

'너희는 똑똑히 알라. 내가 이제 노쇠하여 죽을 때가 이미 임박하여 이 좋은 약을 이제 이 곳에 남겨 둘 것이니, 너희는 먹되 효험이 없을까 걱정하지 말라.'

이러한 분부를 한 다음 다시 다른 나라로 가서 사람을 보내어 '너희 아버지는 이미 죽었다.'고 말하였느니라.

이때 여러 아들들이 아버지가 돌아가셨다는 소식을 듣고 마음으로 크게 근심하고 걱정하여 이같은 생각을 하였다.

'만약 아버지가 계신다면 우리들을 불쌍히 여

겨 구원하고 보호하시련마는 이제 우리를 버리시고 멀리 타국에서 세상을 떠나셨으니, 다시 보호 받지도 못하고 의지 할 수도 없구나.' 이렇게 항상 슬픈 생각에 젖어 지내다가, 마침내 마음으로 깨달아 그제야 이 약이 빛과 향과 좋은 맛이 있는 줄 알고 곧 가져다 먹으니 병이 모두 나았느니라.

그 아버지는 아들들이 이미 다 나았다는 소식을 듣고 다시 돌아와 아들들로 하여금 보게 하는 것과 같으니라.

선남자들이여! 생각이 어떠하냐. 어떤 사람이 이 좋은 의사를 두고 거짓의 죄가 있다고 할 수 있겠느냐."
"그렇지 않사옵니다. 세존이시여!"

부처님께서 말씀하시었다.
"나도 또한 이와 같이 성불한 이래로 한량없고

가이없는 백천만억 나유타 아승지 겁이지만, 중생을 위하는 까닭에 방편으로 반드시 '멸도할 것이니라.' 하고 말한 것이니, 또한 법과 같이 설한 나를 가리켜 '거짓의 잘못을 범했다.' 고 할 사람은 아무도 없을 것이니라."

그때 세존께서 이 뜻을 거듭 밝히려고 게송으로 말씀하시었다.

　내가 성불한 이래
　지나온 겁의 수는
　한량없는 백천만억 아승지라.

　항상 수없는 억만 중생을
　설법으로 교화하여
　불도에 들어가게 함이라.
　그 세월도 한량없는 겁이니

　중생을 제도하기 위하여서
　방편으로 열반을 나타내었으나,

그러나 실은 멸도하지 않고
항상 이곳에 머물러 설법함이라.
내가 항상 이곳에 머물러 있어,
온갖 신통력으로
어리석은 중생들로 하여금
비록 가까이 있어도 보지 못하게 한 것이라.
중생들이 내가 멸도한 것을 보고
널리 사리에 공양하며,
모두 연모의 정을 품고
그리워하는 마음을 일으킴이라.
중생이 이미 신복하여
뜻이 곧고 부드러워
일심으로 부처님을 친견하기를 원하면은
스스로 신명을 아끼지 아니함이라.
그때 내가 여러 스님들과
함께 영축산에 나타나
중생에게 말하기를,
항상 이곳에 있어 멸도하지 아니하건만,

방편력을 베풀어서
멸과 불멸이 있음을 보이느니라.
다른 국토의 중생도
공경하고 믿고 즐거워하는 자가 있으면,
내가 다시 그곳에 가서
위없는 법을 설하건만,
너희는 이러한 것을 듣지도 못하므로
다만 내가 멸도한 것으로만 생각하느니라.

내가 보니 모든 중생들이
고통속에 빠져 있는지라.
그러므로 몸을 나타내지 않고서
그들로 하여금 그리워하는 마음을
일으키게 한 다음
그 마음으로 인하여 연모하여야만
드디어 나와서 설법을 하느니라.

신통력이 이와 같아서

아승지겁에
항상 영축산과
다른 곳에 머물러 있느니라

중생들이 겁이 다하여
큰 불에 타려고 할 때에도,
나의 이 국토는 안온하여
하늘과 사람이 항상 가득히 차 있으며,
동산과 숲, 여러 집들을
갖가지 보배로 장엄하고
보배나무에 꽃과 열매가 많아
중생들이 즐겨 노닐며,
모든 하늘이 하늘의 북을 울려
항상 온갖 기악을 연주하고
만다라 꽃비를 내려
부처님과 대중들에게 뿌리니라.

나의 정토는 헐리지 않건마는

중생들은 불에 타버리는 것을 보고
근심과 공포와 온갖 괴로움이
이토록 모두 충만하니,
이 죄를 지은 모든 중생들은
악업의 인연으로
아승지겁을 지나도록
삼보의 이름조차 듣지 못함이라.
모든 공덕을 닦아
부드럽고 순수하며 정직한 자들은
나의 몸이 이 곳에 머물러
설법하는 것을 볼 것이니,
어떤 때는 이 중생들을 위하여
부처님의 수명이 한량없다고 설하고,
오랫동안 부처님을 친견하는 자에게는
부처님은 만나기 어렵다고 말하노라.

나의 지혜의 힘은 이와 같아
지혜의 광명이 한량없이 비추고

수명이 무수한 겁이니
오랫동안 선업을 닦아 얻음이라.
너희 지혜있는 이들은
여기에 의심을 내지 말고
마땅히 끊어 영원히 없애도록 하라.
부처님의 말씀은 진실이라 헛됨이 없노라.

마치 의사가 방편을 잘 써서
본심 잃은 아들을 치료하기 위하여
살아 있으면서 죽었다고 말하지만,
거짓이라 말할 수 없는 것과 같다.

나도 또한 세상의 아버지로서
온갖 고통에 시달리는 이들을 구제하느니라.
범부들이 전도되어 있기에
사실은 존재하는데도 '멸도했다.'고 말하지만,
항상 나를 친견할 수 있으므로
교만하고 방자한 마음을 일으켜

방탕하고 안일하여 오욕에 탐착해서
악도에 빠지게 됨이라.
내가 항상 중생들이 도를 행하기도 하고
도를 행하지 않기도 함을 알고 있어
응하여 제도할 바를 따라
갖가지 설법을 하는 것이니라.
항상 스스로 이 같은 생각을 하되,
어떻게 하면 중생들로 하여금
무상도에 들어가 불신을
속히 성취하게 할 수 있을까 함이니라.

〈여래수량품 끝〉

제 17 분별공덕품

그때 모임에서 '부처님의 수명의 겁수가 장원하다.'고 설하심을 듣고 한량없고 가이없는 아승지 중생이 큰 이익을 얻음이라.

이때 세존께서 미륵보살마하살에게 말씀하시었다.

"미륵이여! 내가 '여래의 수명은 장원하다.'고 설할 때 육백 팔십 만억 나유타 항하사 중생들이 무생법인을 얻었으며, 또 천 배의 보살마하살이 문지 다라니를 얻었고, 또 일세계 미진수 보살마하살은 설법에 걸림이 없는 변재를 얻었으며, 또 일세계 미진수 보살마하살은 백천만억의 한량없는 선다라니를 얻었다.

또 삼천대천세계의 미진수 보살마하살은 능히 불퇴전의 법륜을 설하였으며, 또 이천 중 국토의 미진수 보살마하살은 능히 청정한 법륜을 설하였고, 또 소천 국토의 미진수 보살마하살은 여덟 생에 마땅히 아뇩다라삼먁삼보리를 얻게 되었으며, 또 네 사천하의 미진수 보살마하살은 네번 다시 태어나는 동안에 마땅히 아뇩다라삼먁삼보리를 얻었으며, 또 세 사천하의 미진수 보살마하살이 삼생에 아뇩다라삼먁삼보리를 얻었으며, 또 두 사천하의 미진수 보살마하살이 이생에 아뇩다라삼먁삼보리를 얻었으며, 또 한 사천하의 미진수 보살마하살이 일생에 아뇩다라삼먁삼보리를 얻었으며, 또 여덟 세계의 미진수 중생이 모두 아뇩다라삼먁삼보리의 마음을 일으키었느니라."

부처님께서 이 모든 보살마하살이 큰 법의 이익을 얻었다고 설하실 때에, 허공에서 만다라 꽃과 마하만다라 꽃이 비처럼 내려, 한량없는 백천만억 보리수 아래 사자좌에 계신 모든 부처님들께 뿌렸으며, 아울러 칠보탑 속의 사자좌에 계신 석가모니 부처님과, 멸도하신 지 이미 오래이신 다보여래께도 뿌렸으며, 또한 일체의 모든 큰 보살들과 사부대중에게도 뿌렸다.

또 고운 가루 전단향과 침수향을 비 내리듯 뿌리며, 허공 중에서 하늘 북이 스스로 울리니 아름다운 소리가 깊고도 멀리까지 들렸으며 또 천 가지 하늘옷이 비 내리듯 뿌리며, 온갖 영락인 진주 영락과 마니주 영락·여의주 영락을 아홉 방위에 두루 드리우며, 갖가지 보배향로에 값을 모를 좋은 향을 사르니, 자연히 두루 퍼져 모임에 공양하고, 하나하나의 부처님 위에는 모든 보살들이 번개를 들고 차례로 올라가 범천에 이르며, 이 모든 보살들이 아름다운 음성으로 한량없는 게송을 노래하며 모든 부처님을 찬탄하였다.

그때 미륵보살이 자리에서 일어나 오른쪽 어깨를 올리고 부처님을 향해 합장하고 게송으로 말씀드렸다.

부처님께서 설하신 희유한 법은
예전에는 듣지 못함이라.
세존은 큰 힘이 있으시고
수명은 가히 헤아릴 수 없으며,
무수한 모든 불자들이
세존께서 분별하여
법리를 얻은 자를 설하심을 듣고
기쁨이 온몸에 충만하나이다.

혹은 불퇴지에 머물고
혹은 다라니를 얻으며,
혹은 걸림없는 요설무애와
만억의 한량없는 가르침을 간직하여,
혹은 대천세계의
미진수 보살들이

각각 다 불퇴전의 법륜을
능히 전하며,
또 중천세계의
미진수 보살들이
각각 모두 청정한 법륜을
설해 넓히네.

또 소천세계의
미진수 보살들이
각각 팔생에서 불도를 성취하며,
또 사삼이의
이와 같은 사천하의
모든 미진수 보살들이
그 세계의 수대로 성불하며,
혹 한 사 천하의
미진수 보살들이
나머지 일생에서
일체지를 이룰 것이니,

이러한 중생들이
부처님의 수명이 장원함을 듣고
한량없는 번뇌와 미혹을 없애고
청정한 과보를 얻으며,

또 여덟세계의 미진수 중생이
부처님의 수명 영원하심을 듣고
모두 위없는 마음을 일으킴이라.

세존께서 한량없는 불가사의한
법을 설하시어
큰 이익 얻었음은
마치 허공이 가이없음과 같거늘.
하늘에서 만다라와 마하만다라의
꽃비가 내리며,
제석천·범천이 항하사와 같이
한량없는 부처님 나라로부터 와서
전단향과 침수향을

비오듯이 어지럽게 뿌려져 떨어지되
마치 새가 허공을 날다 내려오듯이
모든 부처님께 뿌려서 공양하였으며,
하늘 북이 허공에서
절로 미묘한 소리를 내고
천만 가지의 하늘 옷이
돌면서 내려오며,
여러 가지 보배 향로에는
값도 모를 향을 피웠고
향기가 자연히 두루 퍼져
모든 세존을 공양하며,
큰 보살 대중이
칠보로 된 번개·당번
만억 가지를 손에 잡고서
차례로 범천에 오름이라.
하나하나 모든 부처님 앞에다
보배의 당간과 승번을 달았으며
또한 천만 게송으로

모든 여래를 찬탄하였느니라.

이러한 갖가지 일들은
예로부터 일찍이 없던 것으로
부처님의 수명이 한량없다는 것을 듣고
모두 다 기뻐하나이다.
부처님의 이름이 시방에 들려
널리 중생을 이익되게 하니
일체의 선근을 갖추시고
위없는 마음을 도우셨나이다.

그때 부처님께서 미륵보살마하살에게 말씀
하시었다.

"미륵이여! 어떤 중생이 부처님 수명이 장원하
다는 말을 듣고 한 생각이라도 믿고 이해하는 마
음을 낸다면, 얻는 공덕이 한량없으리라. 만약 어
떤 선남자·선여인이 아뇩다라삼먁삼보리를 얻
기 위하여 팔십만억 나유타겁에 다섯바라밀을 행

하되, 보시바라밀·지계바라밀·인욕바라밀·정진바라밀·선정바라밀을 행하고 지혜바라밀은 제외함이라. 이러한 공덕으로 앞의 공덕에 비유하면 백 분, 천 분이나 백천만억 분의 일에도 미치지 못하며, 나아가 숫자로나 비유로도 알 수 없느니라. 만약 선남자 선여인이 이러한 공덕을 가지고 아뇩다라삼먁삼보리에서 물러나지 않느니라."

그때 세존께서 이 뜻을 거듭 밝히고자 게송으로 말씀하시었다.

만약 어떤 사람이
부처님의 지혜를 구하고자
팔십만억 나유타겁 수에
다섯바라밀을 행하니,

이 모든 겁 중에서
부처님과 연각과 성문의 제자와

아울러 모든 보살 대중에게
보시하며 공양하되,
진귀한 음식과
좋은 의복과 침구를 보시하고,
전단향으로 정사를 지어주고
동산으로 장엄하게 꾸미며,
이와 같은 보시로서
여러 가지 모두 미묘한 것을
그 모든 겁 수가 다하도록
불도에 회향하며,

혹은 금해야 할 계율을 지키되
청정하고 미혹 없으며,
무상도를 구함에
모든 부처님이 찬탄하시는 바라.

또는 인욕을 행하되
마음이 부드러운 자리에 머물러,

비록 온갖 고통 가하여도
그 마음이 기울거나 움직이지 않으며,
모든 법을 얻은 자가
교만한맘 품고
이를 빈정대며 경멸하여도
이와 같은 것을 또한 능히 참으리라.

혹은 부지런히 정진하여
뜻과 생각이 견고하고
한량없는 억겁동안
한 마음도 게으르지 아니하며,

또 무수한 겁동안 고요한 곳에 머물면서,
혹은 앉거나 경행하며
잠자지 않고 항상 마음을 조절하니,
이러한 인연으로
능히 모든 선정이 생기어서
팔십만 억겁을

편안히 머물러 마음이 산란하지 않으며,
이 정신 통일의 복을 지니고
무상도 구하기를 원하여
내가 일체지를 얻어
모든 선정을 다 하리라.
이 사람이 백천만억겁 수 중에
행한 이 모든 공덕은
위에서 설한 바와 같으며,

어떤 선남자·선여인들이
나의 수명 설함을 듣고
오로지 일념으로 믿으면
그 복이 이보다 더 많으리라.
만약 어떤 사람이
일체의 모든 의심이 없이
깊은 마음으로 잠깐 믿을지라도
그 복덕은 이와 같으니라.

모든 보살들이
한량없는 겁 동안 도를 행하면
나의 수명 설함을 듣고
이를 능히 믿으리니,
이러한 사람들이 머리숙여 이 경전을
받들고서
원컨대 내가 오는 세상에
장수하여 중생을 제도하되,
마치 오늘날 세존께서
석가족 중의 왕으로서,
도량에서 사자후로
설법하여 두려울 바가 없으며,
우리들도 오는 세상에
일체 중생의 존경을 받으면서
도량에 앉아서
수명을 설할 때에도
또한 이와 같으리라.
만약 깊은 마음을 가진 이가

청정하고 정직하여
많이 듣고 능히 기억하고 다 가지며
진리 따라 부처님의 말씀을 이해하면,
이와 같은 사람들은
여기에 대해 의심이 없으리라.

또 미륵이여! 만일 '부처님의 수명이 장원하다.'는 설함을 듣고 그 말뜻을 이해한다면, 이 사람이 얻는 공덕은 한량이 없어 능히 여래의 위없이 큰 지혜를 일으킬 수 있을 것이니라.

하물며 이 경을 널리 듣고 사람으로 하여금 듣도록 하고, 혹은 남에게 가르쳐 듣게 하며, 혹은 스스로 지니고 혹은 남에게 가르쳐 지니게 하고, 혹은 스스로 쓰고 혹은 남에게 가르쳐 쓰게 하며, 혹은 꽃이나 향과 영락·당번·증개와 향유·소등으로 경전에 공양하면, 이 사람의 공덕은 한량없고 가이없어 능히 일체종지를 갖추게 되느니라.

미륵이여! 만약 선남자 선여인이 '부처님의 수명은 장원하다.'고 하는 나의 설함을 듣고 깊은 마음으로 믿고 이해하면, 부처님께서 항상 영축산에 계시면서 큰 보살과 성문대중에게 둘러 싸여 설법하고 있는 것을 볼 수 있을 것이니라.

또 이 사바사계의 땅이 유리로 되어 평탄하고 반듯하며, 염부단금으로 팔도의 경계를 만들고, 보배나무가 줄지어 늘어서 있으며, 모든 집과 누각들이 모두 보배로 만들어져 있어 보살 대중이 모두 그 가운데 살고 있는 것을 볼 것이니, 만약 이렇게 볼 수 있는 이라면, 마땅히 알라. 이는 깊이 믿고 이해하는 결과임을 마땅히 알라.

또 여래가 멸도한 후에, 만약 이 경을 듣고도 헐뜯고 비방하지 않으며 따라 기뻐하는 마음을 일으킨다면, 마땅히 알라. 이는 깊은 믿음으로 이해하는 사람의 경지임을 알아야한다.

하물며 이를 읽고 외우며 받아 지니는 이 사람은 머리 위에 여래를 받들어 모시고 있는 것이 되느니라.

미륵이여! 이러한 선남자·선여인은 나를 위해 다시 탑을 세우거나 절을 짓거나 승방을 짓거나, 네 가지의 일로써 스님·대중에게 공양하지 않아도 되느니라. 왜냐하면 그 선남자·선여인이 이 경전을 받아 지니고 읽고 외우는 이는 이미 탑을 세우고 절을 지어 스님·대중에게 공양한 것이 되기 때문이라.

이는 곧 부처님의 사리를 모시기 위하여 칠보탑을 세우되, 높이와 넓이가 점점 작아져 범천까지 이르며, 온갖 번개와 여러 가지 보배방울을 달고, 꽃·향·영락과 가루 향·바르는 향·사르는 향과 여러 가지 북과 기악·피리·퉁소·공후와 갖가지 춤과 놀이와 아름다운 음성으로 노래를 부르며 게송으로 찬탄하고 한량없는 천만억 겁에 지극한 공양을 하는 것과 같으니라.

미륵이여! 만약 내가 멸도한 후에, 이 경전을 듣고 능히 받아 지녀 자신이 쓰거나 남에게 가르쳐 쓰게 한다면, 이는 절을 세울 적에 붉은 전단향 나무로 여러 전당 서른두 채를 짓되, 높이는 팔다라수라, 높이와 넓이가 장엄하고 좋으며, 백천의 비구가 그 가운데 머무르고 좋은 동산과 목욕할 연못과 경행과 선방·의복·음식·침상·침구며 탕약과 일체의 오락기구가 그 가운데 가득히 갖추어진, 이러한 절과 누각이 백천만억으로 그 수를 헤아릴 수 없거늘, 이러한 것으로 현재의 나와 비구 들에게 공양하는 것과 같으니라.

이런고로 내가 말하노라.
'여래가 멸도한 후에, 만약 받아 지니거나 읽고 외우면서 다른 사람을 위해 설하고, 만약 자신이 쓰거나 남에게 가르쳐 쓰게 하여 경전에 공양

하면, 다시 탑과 절을 세우거나 승방을 지어 스님
들께 공양하지 아니해도 무방함이라.'

하물며 어떤 사람이 능히 이 경을 지니고 보시 ·
지계 · 인욕 · 정진 · 선정 · 지혜를 행한다면,
그 공덕이 가장 높아 한량없고 가이없으니, 비
유하면 허공의 동 · 서 · 남 · 북과 네 간방과 상 ·
하방이 한량없고 가이없는 것처럼, 이 사람의 공
덕도 이와 같이 한량없고 가이없어 일체 종지에
빨리 이르게 되리라.

만약 어떤 사람이 이 경을 읽고 외우고 받아 지
니고서 다른 사람을 위해 설해 주며, 만약 자신이
쓰거나 다른 사람에게 하여금 가르쳐 쓰게 하고,
다시 탑을 세우고 절을 지어 성문과 스님들에게
공양 · 찬탄하며, 또한 백천만억의 찬탄하는 법으
로 보살의 공덕을 찬탄하느니라.

또 다른 사람을 위하여 가지가지 인연으로 뜻에 따라 이 법화경을 해설하고, 또 청정한 계율을 지키며, 유순하고 온화한 이들과 함께 머무르며, 인욕을 하고 성냄이 없으며, 뜻과 생각이 견고하고, 항상 좌선을 귀히 여기고, 모든 깊은 선정을 얻어 용맹 정진하여 여러 선법을 섭수하며, 예리한 근기의 지혜로 어려운 질문에 잘 대답하느니라.

미륵이여! 만약 내가 멸도한 후에 모든 선남자·선여인들이 이 경전을 받아 지니고 읽고 외우며 다시 이러한 여러 가지 훌륭한 공덕을 닦으면, 마땅히 알라. 이 사람은 이미 내가 깨달음을 성취한 도량인 붓다가야의 보리수 아래 앉아 있는 것과 같으니 이는 아뇩다라삼먁삼보리에 가까워진것임을 알아야 하느니라.

미륵이여! 이 선남자·선여인은 혹은 앉거나 혹은 서거나 경행하는 곳이면, 거기에 반드시 탑

을 세우고 일체의 하늘과 사람이 모두 부처님의
탑처럼 공양해야 할 것이니라.

　그때 세존께서 이 뜻을 거듭 펴시려고 게송으
로 말씀하시었다.

　　만약 내가 멸도한 후에
　　능히 이 경을 받들어 지닌다면
　　이 사람의 복은 한량없어
　　위에서 설한 바와 같을 것이니,
　　이는 일체의 모든 공양을
　　갖춘 것이 되는 것이요.

　　사리탑을 세워
　　칠보로 장엄하며,
　　탑 위의 당간은 높고 넓으며
　　점차 작아지면서 범천까지 이르며,
　　천만억의 보배방울이
　　바람에 움직여 미묘한 소리를 내며,

또 한량없는 겁을
이 탑에 공양하되
꽃과 향과 영락과 하늘옷,
여러 가지 기악을 바치고
향유등과 소등을 켜서
두루 항상 밝게 비추니,
악한 세상, 말법 시대에
능히 이 경을 지니는 사람은
이미 말했듯이
온갖 공양을 구족한 것이 되느니라.
만약 능히 이 경을 지니면
이는 마치 부처님께서 계실 때에
우두전단으로
승방을 일으켜 공양하되,
서른 두 칸의 좋은 전당 있어
높이는 팔다라수이며,
좋은 음식과 훌륭한 의복과
침상과 침구가 모두 구족하며,

백천의 대중이 머무는 곳에
동산과 목욕할 연못과
경행하는 곳과 선방들을
모두 가지가지로 장엄하여 공양함과 같느니라.

만약 믿고 이해하는 마음으로
받아 지니고 읽고 외우고 쓰거나
또 다른 사람에게 쓰게 하거나
경전에 공양하되,
꽃과 향과 가루 향을 뿌리며
수만나와 첨복향과
아제목다가와
훈초의 기름으로 항상 불을 밝혀
이같이 공양하는 사람은
한량없는 공덕을 얻어
허공이 가이없는 것과 같아
그 복도 이와 같느니라.

하물며 이 경을 지니고서
더욱 보시와 지계를 겸하며,
인욕하고 선정을 즐기며,
성내지 않고 남의 험담 하지 않으며,
사리탑을 공경하며,
모든 비구들에게 겸손하며,
교만심을 멀리 여의고
항상 지혜를 생각하며,
어려운 것을 질문하면
성내지 않고 뜻에 따라 해설해 주며,

만일 능히 이러한 행을 실행한다면
공덕은 가히 헤아릴 수 없을 것이니라.
만일 이 법사가
이러한 공덕을 성취한 것을 보게 되면,
응당 하늘 꽃을 뿌리고
하늘옷으로 그의 몸을 감싸 주며,
머리를 숙여 예배하되

부처님과 같다는 생각을 내며,
또 응당 생각하기를,
이 사람은 불도량에 나아간 지 오래지 않아
무루 무위 법을 얻어
널리 모든 인간과 하늘을 이롭게 하리라.
그가 머물러 있는 처소에서
경행하거나 앉거나 누워서
심지어 한 게송을 설하거든
이곳에 응당 탑을 세워
미묘하고 훌륭하게 장엄하고
가지가지 공양을 올려야 할 것이니,
불자가 이같은 경지에 이르면
이것이 곧 부처님이 수용하심이라.
항상 그 가운데 있으면서
경행하거나 앉고 누우시리라.

〈분별공덕품 끝〉

묘법연화경 제6권

제 18 수희공덕품

그때 미륵보살마하살이 부처님께 여쭈었다.

"세존이시여, 만일 선남자 · 선여인이 이 법화경의 말씀을 듣고, 따라 기뻐하는 이는 그 얻는 복이 얼마나 되나이까."하고, 게송으로 말하였다.

세존께서 멸도하신 후에

이 경을 듣고

능히 따라 기뻐한 자는

얼마만한 복을 얻게 되나이까.

그때 부처님께서 미륵보살마하살에게 말씀하시었다.

"미륵이여! 여래께서 멸도하신 후에, 만일 비

구·비구니·우바새·우바이와, 다른 지혜 있는 이로서 어른이거나 혹은 어린아이이거나 이 경을 듣고 따라 기뻐하며 법회에서 나와 다른 곳에 이르되, 혹은 승방이거나, 혹은 한적한 곳이거나, 고을의 길거리이거나, 시골과 농촌을 들르면서, 그 들은 바와 같이 부모와 친척과 친한 친구와 지식 있는 이를 위하여 능력대로 연설하였느니라.

그 많은 사람들이 듣고 따라 기뻐하여 또 다른 이에게 전하여 가르치면, 다른 사람들도 그 설법을 듣고 따라 기뻐하며 또 전하여 가르쳐서, 이와 같이 전하여서 오십 사람에 이르렀나이다.

미륵이여! 그 오십번째의 선남자·선여인이 따라 기뻐한 공덕을 내 이제 말하리니 너희들은 반드시 잘 들으라.

만일 사백만억 아승지 세계에 육취·사생의 중

생인 난생·태생·습생·화생과 모양이 있는 것
과 모양이 없는 것과 유상과 무상과 비유상·비
무상과 발이 없는 것과 두 발을 가진 것과, 네 발
가진 것과 다리가 많은 것으로서, 이와 같이 많은
수에 들어 있는 중생들에게 어떤 사람이 복을 구
하려고 그들이 원하는 바에 따라 오락의 도구를
모두 나누어 주되, 그 하나하나의 중생에게 이 세
계가 가득 찰만한 금·은·유리·자거·마노·
산호·호박의 여러 가지 아름답고 진귀하고 묘한
보물과 코끼리·말 수레와 칠보로 만든 궁전과
누각 등을 주었느니라.

이 큰 시주자가 이와 같은 보시를 팔십 년을 다
채우고 생각을 하였느니라.

'내가 이미 중생에게 오락의 도구를 그들의 뜻
에 따라 주었으나, 그러나 이 중생들이 다 노쇠하
여 나이가 팔십이 지나 백발이 되고 얼굴은 주름
이 많아 장차 오래지 않아 죽으리니, 내가 이제부

터 그들을 불법으로 가르쳐 인도하리라.'

곧 그 중생들을 모아 법을 선포하여 교화하며 가르쳐 주어 이롭고 기쁘게 하여, 일시에 모두 수다원의 도·사다함의 도·아나함의 도·아라한의 도를 얻게 하여 모든 번뇌를 다 없이 하고, 선정에 깊이 들어 마음에 자재로움을 얻고 팔해탈을 갖추게 했다면, 너는 어떻게 생각하느냐. 그 큰 시주자가 얻는 바의 공덕이 어찌 많지 않겠느냐."

미륵이 부처님께 여쭈었다.

"세존이시여, 그 사람의 공덕은 매우 많아 한량없고 가이없나이다. 만일 그 시주가 중생들에게 일체의 오락 기구만을 보시하여도 공덕이 한량없거늘, 하물며 아라한과를 얻도록 하였으니 말할 것이 있나이까."

부처님께서 미륵에게 말씀하시었다.

"내가 이제 너희들에게 분명히 말하리라. 그

사람이 일체의 오락 기구로써 사백만억 아승지 세계의 육도 중생들에게 보시하고, 또 아라한과를 얻게 하였다 해도 그가 얻은 공덕은 오십번째의 사람이 법화경의 한 게송을 듣고 따라 기뻐한 공덕과는 백분·천분 내지 백천만억분의 일에도 미치지 못하리니, 산수나 비유로도 능히 알지 못하느니라.

미륵이여! 이와 같이 오십번째의 사람이 돌아가면서 법화경을 듣고 따라 기뻐한 공덕도 한량없고 가이없는 아승지와 같거늘, 하물며 맨 처음 법회에서 듣고 따라 기뻐한 사람의 공덕이야 말할 것이 있겠느냐. 그 사람의 복은 더욱 많아 한량없고 가이없는 아승지로도 비유할 수가 없느니라.

또 미륵이여! 만일 어떤 사람이 이 경을 위하여 승방에 나가 혹은 앉거나 혹은 서서 잠깐만 들을지라도, 그 공덕으로 인하여 몸을 바꾸어 다시 태어날 때에, 가장 좋고 아름다운 코끼리나 말이 끄는 수레를 타거나 진귀한 보배의 가마를 탈 것이며 하늘궁전에 오르게 되리라.

또 어떤 사람이 법을 설하는 곳에 앉아 있다가 다른 사람이 오면 앉아 듣도록 권하며 자리의 반을 나누어 앉게 하면, 그 사람의 공덕은 몸을 바꾸어 태어날 때, 제석천왕이 앉는 자리나, 혹은 범천왕이 앉는 자리나, 혹은 전륜성왕이 앉는 자리에 앉게 될 것이니라.

미륵이여! 만일 어떤 사람이 다른 사람에게 말하기를, 묘법연화경이라 이름하는 경이 있으되 같이 가서 듣자고 하여, 곧 그 가르침을 받아들여 잠시만 듣게 하더라도, 이 사람의 공덕은 몸을 바꾸어 태어날 때 다라니보살과 한 곳에 태어나게 되리라.

근기가 예리하고 지혜가 있어 백천만 번 태어

나도 벙어리가 되지 않고, 입에서 나쁜 냄새가 나
지 아니하며, 혀는 항상 병이 없고 입도 또한 병
이 없으며, 치아는 때가 끼거나 검지 아니하며,
누렇지도 않고 성글지도 아니하며, 빠지지도 않
고 굽거나 덧니가 없으며, 입술이 아래로 처지지
도 않고 걷어 올리듯이 오무라지지도 아니하며,
거칠거나 부스럼이 나지 않으며, 또는 언청이나
비뚤어지지도 아니하며, 두껍거나 너무 크지도
않고, 또한 검지도 아니하고 여러 가지 추한 것이
없으며, 코는 납작하지도 않고 비뚤어지거나 굽
지 않으며, 얼굴 색은 검지 않고 좁고 길지도 않
으며, 푹 들어가거나 비뚤어지지도 아니하여, 일
체의 나쁜 인상이 하나도 없으며, 입술·혀·치
아가 다 잘 생기고, 코가 높고 곧으며 얼굴은 원
만하며, 눈썹은 높고 길며, 이마는 넓고 평평하고
반듯하여, 인간의 모든 모양이 다 갖추어지며, 세
세생생에 나는 곳마다 부처님을 친견하여 법을
듣고 그 가르침을 믿고 받으리라.

미륵이여! 너는 이를 생각해 보아라. 한 사람만 권하여 법을 듣게 한 공덕도 이와 같거늘, 어찌 하물며 일심으로 설법을 듣고 읽고 외우며 대중 속에서 남을 위해 분별해주며 설한대로 수행하는 자의 공덕은 얼마나 크겠느냐."

그때 세존께서 이 뜻을 거듭 펴시려고 게송으로 말씀하시었다.

어떤 이가 법회에서
이 경전을 듣고
오로지 한 게송이라도
따라 기뻐하며 남을 위해 설해주며

이와 같이 전전하여
오십번째에 이르면,
맨 나중 사람이 얻는 복을
이제 내가 분별하리라.

어떤 큰 시주가 있어
한량없는 대중에게 보시하되
팔십년이 될 때까지
그 뜻에 따라 원하는 대로 채워 주고,

그들이 늙어서 백발이 되고 얼굴에 주름 잡혀
이빨은 성글어지고 바싹 마른 모양을 보고
오래지 않아 죽을 것으로 생각하여
내가 지금 마땅히 가르쳐
좋은 과보 얻게 하리라 하고,
즉시 방편으로
열반의 진실법을 설하되,
세상은 다 견고하지 못하여
마치 물거품이나 타오르는 불꽃과 같으니,
그대들은 응당 빨리 싫어하는 마음을
낼지니라.
여러 사람이 이 법을 듣고
아라한과를 다 얻어,

육신통과
삼명과 팔해탈을 갖추어도

맨 나중 오십번째에 한 게송을 듣고
따라 기뻐한 그 사람이 얻는 복은
먼저 말한 것보다 더 많아
가히 비유하여 말할 수가 없느니라.

이렇게 전전하며 들은 복도
한량이 없거늘,
하물며 법회에 나가
처음 듣고 따라 기뻐한 공덕은 말할 필요
전혀 없네.

만약 한 사람이라도 권하여
이끌어서 법화경을 듣게 하되
말하기를 이 경은 깊고 오묘하여
천만겁에도 만나기 어려움이라 하여

곧 그 가르침을 받고 가서
잠시라도 듣게 되면,
그 사람이 받는 복의 과보를
지금 분별하여 설하리라.
세세생생에 입병이 없고
이빨은 성글거나 누렇거나 검지 않고,
입술은 두껍거나 오무라들거나 찢어지지 않아
미운 모습 전혀 없고,
혀는 마르거나 검거나 짧지 않으며,
코는 높고 길고 곧으며,
이마는 넓고 평평하고 반듯하며,
얼굴이 모두 단정하여
사람들이 보기 좋아하게 되며,
입에서는 추한 냄새가 없고
우담발화의 향기가
항상 그 입에서 날 것이니라.

만약 법화경을 듣고자 하여

절에 가서 잠깐 듣고서도 기뻐했으면,
지금 그의 복을 설하리라.
후세에는 하늘이나 인간으로 태어나
아름다운 코끼리나 잘 생긴 말과 수레,
그리고 진귀한 보배의 연을 타고
하늘 궁전에 오르리라.

만약 법을 설하는 곳에 나가
다른 사람에게
앉아서 이 경을 듣도록 권하면,
그 복의 인연으로
제석 · 범천 · 전륜왕의 자리에 앉으리니,

어찌 하물며 일심으로 듣고
깊은 뜻을 해설하며
설한대로 수행하면,
그 복은 가히 한량이 없느니라.

〈수희공덕품 끝〉

제 19 법사공덕품

그때 부처님께서 상정진보살마하살에게 말씀하시었다.

"만약 선남자·선여인이 이 법화경을 받아 지니고 읽고 외우거나 해설하고 옮겨 쓰면, 이런 사람은 팔백의 눈의 공덕과, 일천 이백의 귀의 공덕과, 팔백의 코의 공덕과, 일천 이백의 혀의 공덕과, 팔백의 몸의 공덕과, 일천 이백의 뜻의 공덕을 얻으리니, 이 공덕으로 육근을 장엄하여 다 청정하게 되리라.

이 선남자·선여인은 부모로부터 받은 청정한 눈으로 삼천대천 세계의 안과 밖에 있는 산과 숲과 강과 바다를 다 보되, 아래로는 아비지옥에서 위로는 유정천까지 이르며, 또한 그 가운데 일체 중생을 다 보고 아울러 업의 인연과 과보로, 태어날 곳도 다 보고 알 것이니라."

그때 세존께서 이 뜻을 거듭 펴시려고 게송으로 말씀하시었다.

만약 대중 가운데
두려움이 없는 마음으로
이 법화경을 설하면
너는 그 공덕을 잘 들으라.

그 사람은 팔백 공덕의
수승한 눈을 얻어
장엄하였으므로
그 눈은 심히 청정하리니,
부모님께 받은 눈으로
삼천세계의

안과 밖에 있는 미루산과
수미산 그리고 철위산과
아울러 그 밖의 산과 숲과
큰 바다와 강과 하수를 다 보며,
아래로는 아비지옥에서
위로는 유정천까지 이르러
그 가운데의 여러 중생을
다 볼 것이니,
비록 하늘눈은 얻지 못했으나
육안으로 보는 힘도 이와 같으리라.

"또 상정진아! 만약 어떤 선남자 · 선여인이 이 경을 받아가지고 읽고 외우거나 해설하고 옮겨쓰면, 일천 이백의 귀의 공덕을 얻으리니, 이 청정한 귀로 삼천대천세계의 아래로는 아비지옥에서 위로는 유정천에 이르기까지 그 중의 안과 밖에서 가지가지 말과 소리를 들으리라.

코끼리의 소리 · 말의 소리와 소의 소리 수레의
소리와 우는 소리 · 탄식하는 소리와 바라치고 북
치는 소리 · 종소리와 방울 소리 그리고 웃는 소
리 · 말하는 소리와

남자의 소리 · 여자의 소리와 동자의 소리와 동
녀의 소리 · 법의 소리와 법 아닌 소리 · 괴로운
소리와 즐거운 소리 · 범부의 소리와 성인의 소리
기쁜 소리와 기쁘지 않은 소리며

하늘에서 나는 소리와 용의 소리 · 야차와 건달
바의 소리 · 아수라와 가루라의 소리 · 긴나라와
마후라가의 소리며

불이 타는 소리 · 물 흐르는 소리 · 바람 부는
소리며

지옥과 축생과 아귀들의 소리며

비구와 비구니의 소리와

성문과 벽지불의 소리·보살과 부처님의 소리를 들을 수 있을 것이니라.

요약하여 말하면, 삼천대천세계의 안과 밖에 있는 일체의 소리를, 비록 하늘귀를 얻지 못하였다 하더라도, 부모로부터 받은 청정한 귀로도 항상 다 들어 알리라. 이러한 가지가지 음성을 분별하여도 귀의 근본은 무너지지 아니하느니라."

그때 세존께서 이 뜻을 거듭 밝히고자 게송으로 말씀하시었다.

부모가 낳아주신 귀가
청정하여 탁하고 흐림이 없어
항상 이 귀로
삼천세계의 소리를 들으리라.
코끼리·말·수레·소의 소리·

종 · 방울 · 소라 · 북의 소리 ·
거문고 · 비파 · 후의 소리 ·
퉁소 · 피리 · 소리들과
청정하고 좋은 노래 소리를 듣더라도
집착하지 않으며,
무수한 여러 가지 사람 소리를
다 듣고 능히 알아 내고
또한 모든 하늘의 소리와
아름다운 음악 소리도 들으며,
또한 남자 소리 · 여자 소리와
동자와 동녀의 소리를 들으며,
산과 내의 깊은 계곡 중의
가릉빈가 소리와
지저귀고 우는 등의 여러 가지 새의
울음소리를 다 들으며,
지옥 · 중생의 고통과
가지가지 독한 형벌 받는 소리와
배고프고 목마른 아귀들이

먹을 것을 찾는 소리와
여러 아수라들이
큰 바닷가에 있으면서
함께 말을 할 때에
큰 소리가 나는 것을,
이렇게 설법하는 이는
여기에 편안히 머물면서
그 많은 소리를 멀리서 다 들어도
귀의 근본은 무너지지 아니하며,
시방 세계 가운데 짐승들이
서로 울부짖는 소리를
그 설법하는 사람은
여기에서 다 들으며,
그 여러 범천 위의
광음천과 변정천과
유정천에서
말하는 음성까지
법사는 여기에 머물면서

이를 다 들으며,
일체 비구 대중과
여러 비구니들이
혹은 경전을 읽고 외우며
남을 위해 설하면,
법사는 여기에 머물면서
이를 다 들을 것이니라.
또 여러 보살이
경전을 읽고 외우며
혹은 남을 위해 설하고
골라 모아 그 뜻을 해석하는,
이와 같은 여러 음성을
다 들으며,
모든 부처님 크신 성존께서
중생을 교화하시거나
큰 법회 중에서
미묘한 법을 연설하시면
이 법화경을 가지는 자는

다 들으며,

삼천대천세계
안과 밖의 모든 음성을 듣되
아래로는 아비지옥에 이르고
위로는 유정천까지
그 음성을 다 들어도
귀의 기능 무너지지 않으며,
그 귀의 기능이 총명하므로
모든 소리를 능히 분별하여 아느니라.
이 법화경을 가진 자는
비록 하늘 귀를 얻지 못하였으나
부모로부터 받은 귀만으로도
이미 그 공덕이 이와 같음이라.

"또한 상정진아! 만일 선남자·선여인이 이 경
을 받아가지고 혹은 읽거나 외우거나 혹은 해설
하고 옮겨 쓰면 팔백의 코의 공덕을 성취할 것이

니, 그 청정한 코의 기능으로 삼천대천세계의 위
와 아래 그리고 안과 밖의 가지가지 모든 향기를
맡으리라.

수만나꽃의 향기 · 사제꽃의 향기 · 말리꽃의
향기 · 첨복꽃의 향기 · 바라라꽃의 향기 · 붉은
연꽃의 향기 · 푸른 연꽃의 향기 · 흰 연꽃의 향기
· 꽃나무의 향기 · 과일나무의 향기 · 전단향 ·
침수향 · 다마라발향 · 다가라향과 천만 가지의
조합한 향과 혹은 가루향과 둥근 향과 바르는 향
들을 이 경전을 가진 이는 여기에 머물면서 능히
분별할 수 있으리라.
또 중생의 냄새를 분별하여 알며, 코끼리 · 말 ·
소 · 양 등의 냄새, 남자 · 여자의 냄새, 동자 · 동녀
의 냄새와 풀과 나무와 숲의 냄새, 멀고 가까운 여
러 가지 냄새를 다 맡아 착오 없이 분별하느니라.

이 경을 가진 자가 비록 여기에 머물러 있어도

천상의 모든 하늘 냄새를 맡을 것이니, 바리질다라와 구비다라나무의 향기와 만다라꽃의 향기·마하만다라꽃의 향기·만수사꽃의 향기·마하만수사꽃의 향기와 전단향·침수향 가지가지 가루향과 여러 가지 꽃의 향기와 이렇게 화합하여 풍겨 나오는 하늘의 향기를 맡아 알지 못하는 것이 없느니라.

또 모든 하늘 사람의 향기를 맡으리니, 석제환인이 좋은 궁전 위에서 오욕락을 즐기며 기쁘게 놀 때의 향기와, 혹은 미묘한 법당에서 모든 도리천을 위하여 설법할 때에 나는 향기, 모든 동산에서 노닐 때에 나는 향기와 다른 하늘의 남자·여자의 몸에서 나는 향기도 멀리서 다 맡으리라.

이와 같이 전전하여 범천에 이르고 위로는 유정천까지의 모든 하늘 사람의 향기까지도 다 맡으며, 아울러 여러 하늘에서 사르는 향기를 맡고 아느니라.

성문의 향기·벽지불의 향기·보살의 향기·
부처님의 몸에서 나는 향기를 멀리서도 다 맡아
그 있는 곳을 아느니라.

비록 이와 같은 향기를 맡아도 코의 기능은 파
괴되지도 않고 착오도 없으며, 만일 분별하여 다
른 사람을 위해 설하려 하여도 그 생각과 기억이
틀림이 없으리라.
그때 세존께서 이 뜻을 거듭 펴시려고 게송으
로 말씀하시었다.

이 사람은 코가 청정하여
이 세계 가운데서
혹은 향기롭고 혹은 냄새나는 물건을
골고루 다 맡아서 알 것이니,

수만나·사제꽃향
다마라·전단향과 침수향·계향과

가지가지 꽃과 열매의 향기와
중생의 향기와
남자나 여자의 향기를 알아내며
설법자는
멀리에서 향기를 맡아
있는 곳을 알아내며
큰 세력의 전륜왕 · 소전륜왕과 그 아들과
여러 신하와 궁인들을
향기를 맡아서 있는 곳을 알아내며
몸에 지닌 진귀한 보배와
땅 속에 있는 보물이나
전륜왕의 궁녀들을
향기를 맡아서 있는 곳을 알아내며
모든 사람이 몸에 장엄하는 도구와
의복이나 영락과
가지가지 바르는 향을
맡아서 그 몸을 알아내네.

모든 하늘이 다니거나 앉아서
유희하는 것과 신통 변화함을
이 법화경을 가진 이는
향기를 맡고 능히 다 알며,
모든 나무의 꽃과 과일과 소유향기를
경을 가진 이는
여기에서 그 있는 곳을 모두 아네.

모든 산 깊고 험한 곳에
전단향의 꽃이 피면
그 가운데 있는 중생을
향기를 맡고 다 알며,
철위산과 큰 바다와
땅 속의 모든 중생들을
경을 가진 이는
향기를 맡고 있는 곳을 다 알아내네.
아수라의 남자·여자와 그 여러 권속들이
투쟁하고 장난함을

냄새를 맡고 능히 다 알며,
거칠고 넓은 들판 좁고 험한 골짜기에
사자·코끼리·호랑이·이리와
들소나 물소들이 있는 곳을
냄새를 맡고 다 알며,
만약 잉태한 여인이
남아인지 여아인지
성별이 애매한가 사람아닌 귀신인가
향기를 맡고 능히 다 알며,
향기를 맡는 힘으로
처음 잉태하여
성취하고 성취 못함과
복된 아들을 편안하게 출산할 것을 알며,
향기를 맡는 힘으로
남자·여자들이 생각하는 바 욕심에 물들고
어리석고 성내는 마음을 알며,
또한 선행을 닦는 이도 알며,
땅 속에 감추어진

금과 은과 모든 진귀한 보배와
구리 그릇에 담겨 있는 것을
냄새를 맡고 능히 다 알아내며
가지가지 값을 알 수 없는 여러 영락도
냄새를 맡고 귀하고 천함과
나온 곳과 있는 곳을 알아내네.

천상의 모든 꽃들
만다라꽃과 만수사꽃
바리질다나무 등을
향기를 맡고 다 알아내며
천상의 모든 궁전의
상중하의 차별과
보배꽃의 장엄함을
향기를 맡고 능히 다 알아내며
하늘 동산의 좋은 궁전과
모든 누각과 아름다운 법당
그 가운데서 오락함을

향기를 맡고 다 알아내며
모든 하늘이 만약 법을 듣거나
혹은 오욕락을 받을 때에
오고·가고·다니고·앉고·누운 것을
냄새를 맡고 다 알아내며
천녀가 입는 옷에
좋은 꽃과 향으로 장엄하여
두루 돌며 유희하는 것을
향기를 맡고 다 알아내며
이렇게 전전하여 위로 올라가서
범천에 이르기까지
선정에 들고 선정에서 나옴을
향기를 맡고 다 알며,
광음천과 변정천과
유정천까지
처음 나거나 없어짐을
냄새를 맡고 다 알아내며

많은 비구 대중이
법에 항상 정진하되
혹은 앉거나 혹은 경행하며,
경전을 읽고 외우며
혹은 숲 속 나무 아래서
오로지 정진으로 좌선함을
경을 가진 이는 냄새 맡고
있는 곳을 다 알아내네.
보살의 뜻이 견고하여
좌선하고 혹은 독송하며
혹은 남을 위해 설법함을
냄새 맡고 능히 다 알아내고
시방세계 계신 세존
일체에게 공경을 받으시고
중생을 불쌍히 여겨 설법하심을
향기를 맡고 능히 다 알아내며
중생이 부처님 앞에서
경을 듣고 기뻐하여

법대로 수행하면
향기를 맡고 다 알아내니

비록 보살의
무루법생의 코는 얻지 못했어도
이 경을 갖는 이는
먼저 이 코의 공덕을 얻을 것이니라.

그리고 상정진아! 만일 선남자·선여인이 이 경을 받아 지녀 읽고 외우거나 해설하고 옮겨 쓰면 천 이백의 혀의 공덕을 얻으리라.

만일 좋은 음식이나 나쁜 음식이나, 또 맛이 있고 없는 음식이나, 여러 가지 쓰고 떫은 것이 그 혀에 닿으면 다 좋은 맛으로 변하여, 하늘의 감로수와 같이 맛있게 되느니라.

만일 그런 혀로 대중 가운데서 연설하면, 깊고

미묘한 음성이 나와 듣는 이의 마음에 들어 다 기쁘고 유쾌하게 되리라.

또 여러 하늘의 천자와 천녀와 제석천과 범천의 여러 하늘이 이 깊고 미묘한 음성으로 연설함과 순서 있는 말을 다 와서 들으리라.

또 여러 용과 용녀·야차·야차녀·건달바·건달바녀·아수라·아수라녀·가루라·가루라녀·긴나라·긴나라녀·마후라가·마후라가녀가 법을 듣기 위하여 다 와서 친근하고 공경·공양하리라.

비구·비구니·우바새·우바이와 국왕·왕자·여러 신하와 권속이며, 소전륜왕·대전륜왕과 칠보천자 내외 권속이 그들의 궁전을 타고 모두 와서 법을 들으리라.
이 보살이 법을 잘 설하기 때문에 바라문과 거

사와 나라 안의 백성들이 그 수명이 다하도록 따라와 모시고 공양하리라.

또 여러 성문과 벽지불과 보살과 부처님께서 항상 즐겨 이를 보며, 이 사람이 있는 곳에는 여러 부처님께서 그 곳을 향하여 설법하시니, 능히 일체 부처님의 법을 다 받아 가질 것이며, 또 깊고 미묘한 법의 음성으로 설할 것이니라."

그때 세존께서 이 뜻을 거듭 밝히고자 게송으로 말씀하시었다.

이 사람의 혀는 깨끗하여
마침내 나쁜 맛을 받지 않으리니,
그 먹고 씹는 것이
다 감로의 맛이 될 것이니라.

깊고 맑은 묘한 음성으로
대중 위해 설법하되

여러 가지 인연과 비유로
중생의 마음을 인도하면,
듣는 이는 모두 기뻐하여
좋은 공양을 올릴 것이니라.

여러 하늘·용·야차와
아수라 등이
공경하는 마음으로
함께 와서 법을 들을 것이니,
이 설법하는 이가
만약 미묘한 음성으로
삼천세계에 두루 채우려고 하면
뜻에 따라 곧 이르며,
크고 작은 전륜성왕과
천자 권속이
합장하고 공경하는 마음으로
항상 와서 법을 듣고 받으며,
여러 하늘·용·야차·

나찰이나 비사사도
또한 기쁜 마음으로
항상 와서 즐겨 공양하며,
범천왕 · 마왕 · 자재천 · 대자재천 등
이와 같은 모든 하늘 중생이
항상 그곳에 올 것이니라.
여러 부처님과 제자는
그 설법하는 음성을 들으시고
항상 생각하며 수호하시어
때에 따라 몸을 나타내시리라.

"또 다시 상정진아! 만일 선남자 · 선여인이 이 경을 받아가지고 읽고 외우며 해설하고 옮겨 쓰면 몸의 팔백 공덕을 얻으리라.

청정한 몸을 얻되 맑은 유리와 같아, 중생이 보기를 즐겨할 것이니라.

그 몸이 청정하므로 삼천대천세계 중생들이 나고 죽을 때와 성품이 높고 낮음과 모습이 아름답고 미움과 악한 곳과 선한 곳에 태어나는 일이 다 그 가운데 나타나느니라.

철위산·대철위산·미루산·마하미루산 등 여러 산과 그 가운데 중생이 다 그 몸에 나타나며, 아래로는 아비지옥에서 위로는 유정천에 이르기까지 거기에 있는 중생이 다 그 몸에 나타나느니라.

혹은 성문·벽지불·보살과 여러 부처님께서 설법하시는 것이 다 그 몸 가운데서 빛과 모양으로 나타내리라."

그때 세존께서 이 뜻을 거듭 펴시려고 게송으로 말씀하시었다.

만일 법화경을 가진 이는

그 몸이 매우 청정하고
저 맑은 유리 같아
중생이 보고 다 기뻐하며,

깨끗하고 맑은 거울에
여러 모습이 다 보이듯이
보살의 맑은 몸에서
세상에 있는 것을 다 보리니,
오직 스스로 밝게 알 수 있으며
다른 사람은 볼 수 없네.

삼천세계 가운데
일체의 모든 중생과
하늘·인간·아수라와
지옥·아귀·축생의
이러한 여러 모습이
다 몸 가운데 나타나며,

여러 하늘의 궁전과 유정천과
철위산 · 미루산 · 마하미루산
모든 큰 바다의 모습들도
다 몸 가운데 나타나며,

모든 부처님과 성문 ·
불자 · 보살 등이
혹은 혼자거나 혹은 대중 속에서
설법함이 다 나타날 것이니,

비록 무루법성의
미묘한 몸은 얻지 못하였을지라도
몸이 항상 청정하므로
일체가 그 가운데 나타나리라.

"다시 상정진아! 만일 선남자 · 선여인이 여래
가 멸도하신 후에 이 경을 받아 지녀 읽고 외우
며, 해설하고 옮겨 쓰면 일천 이백의 뜻의 공덕을

얻으리라.

이 청정한 뜻으로 한 게송이나 한 구절만을 들어도 한량없고 가이 없는 뜻에 통달할 것이니라.

이 뜻을 알고 한 구절이나 한 게송을 연설하되 한 달 내지 넉 달 또는 일년에 걸쳐 설하는 모든 법은 그 뜻을 따라 다 참 모습과 같아서 서로 어긋나지 아니하며, 혹은 속세의 경서나 세상을 다스리는 언어나 직업 등을 설할지라도 다 정법에 따르게 될 것이다.

삼천대천 세계 여섯가지 갈래에 있는 중생의 마음에 생각하는 바와 마음에 작용하는 바와, 마음에 즐겨 논하는 바를 다 아느니라.

비록 미혹의 지혜는 얻지 못하였으나 그 뜻이 이렇게 청정하므로, 이 사람이 생각하고 헤아리

고 설하는 바가 다 불법으로서 진실하지 않은 것
이 없으며, 또한 이는 이미 부처님의 경중에서 설
하신 바이니라."

그때 세존께서 이 뜻을 거듭 펴시려고 게송으
로 말씀하시었다.

이 사람은 뜻이 청정하여
총명하고 예리하며 탁하고 더러움이 없어
그 미묘한 뜻으로
상중하의 법을 알 것이니,
한 게송만 들을지라도
한량없는 뜻을 통달하여
차례로 법과 같이 설하되
한 달에서 넉 달·일 년에 이르며,

이 세계 안과 밖의 일체 여러 중생,
하늘·용·사람과 야차와 귀신 등의
여섯갈래 가운데에서

여러 가지 생각하는 바를
법화경을 가진 공덕으로 일시에 모든 것을
알 수 있고,

시방의 무수한 부처님께서
백복으로 장엄하고
중생을 위해 설법하심을 다 듣고
이를 받아 갖네
한량없는 뜻을 생각하며
설법하되 한량이 없으며,
근본적인 뜻 잊지 않으니
법화경을 가진 때문이니라.
모든 법의 실상을 다 알아
뜻에 따라 차례를 알며
명자와 언어에 통달하여
아는 바와 같이 연설하리라.
이 사람이 설하는 바는
앞의 부처님 법이리니,

이 법을 연설함으로써
대중에게 두려울 바가 없느니라.
법화경을 가진 자는
뜻의 청정함이 이와 같아
비록 미혹을 얻지 못했어도
우선 이같은 모양이 있느니라.
그 사람이 이 경을 가지고
높은 경지에 편안히 머물러
일체 중생이
기뻐하고 사랑하며 공경하여
능히 천만 가지의 바르고 교묘한 말로
분별하여 설법할 지니
이는 법화경을 가진 때문이니라.

〈법사공덕품 끝〉

제 20 상불경보살품

그때 부처님께서 득대세보살마하살에게 말씀하시었다.

"너희는 지금 마땅히 알지어다. 만일 비구·비구니·우바새·우바이 중에서 법화경을 가진 이에게, 악한 말로 욕하고 비방하면 큰 죄보를 받는 것이 앞에서 설한 바와 같으며, 그 얻는 공덕도 앞으로 말하는 바와 같이 눈·귀·코·혀·몸·뜻이 다 청정하리라.

득대세야! 지나간 먼 옛날, 한량없고 가이 없는 불가사의 아승지겁을 지나서 부처님이 계셨으니, 그 이름은 위음왕여래·응공·정변지·명행족·

선서·세간해·무상사·조어장부·천인사·불세존이시며, 겁의 이름은 이쇠이고, 나라의 이름은 대성이었느니라.

그 위음왕 부처님이 저 세상에서 하늘·인간·아수라들을 위하여 설법을 하시되, 성문을 구하는 이에게는 사제법을 설하시어 생·노·병·사로부터 벗어나게 하여 마침내 열반얻게 하시며, 벽지불을 구하는 이에게는 십이인연법을 설해 주시고, 여러 보살들에게는 아뇩다라삼먁삼보리로 인해서 깨달음으로 육바라밀을 설해 주시며, 마침내 부처님의 지혜를 이루게 하셨느니라.

득대세야! 이 위음왕 부처님의 수명은 사십만억 나유타 항하사 겁이며, 정법이 세상에 머무르는 겁수는 한 사바세계의 미진과 같고, 상법이 세상에 머무르는 겁수는 사천하의 미진수와 같으니라.

그 부처님이 중생을 이익되게 하신 연후에 멸도하시고, 정법과 상법도 다 멸한 후에 그 국토에 다시 부처님이 나셨으니, 또한 이름이 위음왕여래 · 응공 · 정변지 · 명행족 · 선서 · 세간해 · 무상사 · 조어장부 · 천인사 · 불 세존이시라. 이와 같이 차례로 이만억 부처님이 나셨는데 다 같은 한 이름이니라.

최초의 위음왕 부처님께서 이미 멸도하시고 정법이 멸한 후에, 상법 중에 증상만의 비구가 큰 세력을 가지고 있었느니라.
그때 한 보살 비구가 있었으니, 이름이 상불경이었느니라.

득대세야! 무슨 인연으로 상불경이라 하는가. 이 비구는 만약 비구 · 비구니 · 우바새 · 우바이를 보면 모두에게 예배하고 찬탄하며 말하기를
"나는 그대들을 깊이 공경하여 감히 가볍게 여기지 않노라. 왜냐하면, 그대들은 모두 보살도를 행하여 반드시 성불할 것이기 때문이니라."

그 비구는 전혀 경전을 읽거나 외우지도 않고 예배만 행하며 멀리서 사부대중을 보게 되면 일부러 또 찾아가서 예배하고 찬탄하여 말하기를,

"나는 감히 그대들을 가볍게 여기지 않나니, 그대들은 다 반드시 성불할 것이기 때문이니라."

사부대중 가운데서 성을 내면서 마음이 맑지 못한 사람들이 험악한 말로 꾸짖으며 말하기를, "이 무지한 비구야, 어디서 와서 스스로 말하기를 '나는 그대들을 가볍게 여기지 않노라.' 하면서, 또 우리에게 수기를 주면서 '반드시 성불하리라.' 하는가. 우리들은 이와 같이 허망한 수기는 소용 없노라."고 하였느니라.

이렇게 여러 해를 지내면서 항상 비웃음과 욕설을 당하여도 화내지 않고 항상 이런 말을 하되, "그대들은 반드시 성불하리라."고 하였느니라.

이런 말을 설할 때 여러 사람들이 혹 몽둥이나

기와나 돌로 때리면 피해 달아나 멀리 가서 오히려 큰 소리로 외치기를 "나는 감히 그대들을 가볍게 여기지 않나니, 그대들은 반드시 다 성불할 것이니라."고 하였느니라.

항상 이런 말을 하였으므로 증상만의 비구 · 비구니 · 우바새 · 우바이들은 이 비구를 상불경이라 불렀던 것이니라.

이 비구가 임종하려 할 때, 허공 중에서 위음왕 부처님께서 앞서 설하신 법화경의 이십천만억의 게송을 듣고 이를 다 수지하여 곧 위에서 말한 것과 같이 눈 · 귀 · 코 · 혀 · 몸 · 뜻의 근기가 청정함을 얻음이라. 이 육근의 청정함을 얻고 다시 수명이 이백만억 나유타 세월을 더하여 널리 사람을 위하여 이 법화경을 설하였느니라.

이때 증상만의 사부대중인 비구 · 비구니 · 우바새 · 우바이들이 그를 천대하고 경멸하여 상불경이라 이름을 지은 자도, 큰 신통력과 요설변력과 대선적력을 얻은 것을 보고, 그가 설하는 바를 듣고는 다 믿고 따르며 순종하였으니, 이 보살은 다시 천만억 중생을 교화하여 아뇩다라삼먁삼보리에 머물도록 하였느니라.

생명을 마친 후에 이천억 부처님을 친견할 수 있었으니, 이름은 다 일월등명이며, 그 법 가운데서 이 법화경을 설했으며 그 인연으로 다시 이천억 부처님을 친견하였으니, 같은 이름의 운자재등왕 부처님이며, 이 여러 부처님의 법 중에서 받아가지고 읽고 외우며 여러 사부대중을 위해 이 경전을 설하기 때문에 눈이 맑고 깨끗하며 귀·코·혀·몸·뜻의 모든 근기가 청정해져 사부대중 가운데서 설법하여도 마음에 두려울 바가 없었느니라.

득대세야! 이 상불경보살마하살은 이와 같이 모든 부처님을 공양·공경하고 존중·찬탄하면서 모든 선근을 심은 후에, 다음에 다시 천만억 부처님을 친견하며 또한 모든 부처님의 법 중에서 이 경전을 설하고 공덕을 성취하여 성불함을 얻었느니라.

득대세야! 너는 어떻게 생각하느냐. 그때의 상불경보살이 어찌 다른 사람이겠느냐. 곧 나의 몸이니라. 만일 내가 지난 세상에 이 경을 받아가지고 읽고 외우면서 다른 사람을 위해 설하지 아니하였다면, 속히 아뇩다라삼먁삼보리를 얻지 못하였으리라.

내가 옛 부처님이 계신데서 이 경을 받아 가지고 읽고 외우며 다른 사람을 위하여 설하였기 때문에 속히 아뇩다라삼먁삼보리를 얻었느니라.

득대세야! 그때 사부대중인 비구·비구니·우바새·우바이들은 성내는 마음으로 나를 천대하고 경멸하였기 때문에, 이백억 겁을 항상 부처님을 친견하지 못하고, 법을 듣지 못하였으며, 스님도 만나지 못하고, 천겁을 아비지옥에서 큰 고통을 받다가 그 죄를 마친 후에, 다시 상불경보살의 교화로 아뇩다라삼먁삼보리를 얻게 되었느니라.

득대세야! 너는 어떻게 생각하느냐. 그때 사부대중 가운데에서 이 보살을 항상 경멸한 이들이 어찌 다른 사람이겠느냐. 이 설법모임에 있는 발타바라 등 오백 보살과 사자월 등 오백 비구니와 사불 등 오백 우바새로서 다 아뇩다라삼먁삼보리에서 물러나지 않는 이들이니라.

득대세야! 마땅히 알라. 이 법화경은 여러 보살마하살을 크게 이익되게 하여 능히 아뇩다라삼먁삼보리에 이르게 하느니라. 그런고로 모두 보살마하살은 여래가 멸도한 후 항상 이 경을 받아 가지고 읽고 외우며 설하고 옮겨 써야 하느니라."
그때 세존께서 이 뜻을 거듭 펴시려고 게송으로 말씀하시었다.

과거에 부처님이 계셨으니
이름은 위음왕 부처님이시라.
신통지혜가 한량없으시어
일체중생 인도하실 때,
하늘·사람·용·귀신과
함께 공양을 받으셨느니라.
그 부처님이 멸도하신 후
법이 다 하려 할 때
한 보살이 있었으니
이름이 상불경이라.
그때 모든 사부대중이
법에 집착하므로
상불경보살이
그곳에 찾아가서
일러 말하기를
나는 그대를 경멸 하지 않나니,
그대들은 도를 행하므로
마땅히 성불할 것이니라.

모든 사람이 그 말을 듣고
경멸하고 비방하고 욕을 해도
상불경보살은
능히 인욕하며 받아주네.
그 속세의 죄를 다 마치고
임종할 때에
이 경을 얻어 듣고
육근이 청정해졌으며,
신통력 때문으로
수명이 길어져서
다시 모든 사람을 위하여
이 경을 널리 설하니,
법에 사로잡힌 모든 대중이
다 보살의 교화로 성취하여
불도에 머물게 되었느니라.
상불경보살이 명을 마친 후
무수한 부처님을 친견하고
이 경을 설한 인연으로

한량없는 복을 얻고,
점차로 공덕을 갖추어
속히 불도를 성취하였느니라.

그때의 상불경은
곧 나의 몸이고
그때 법에 사로잡힌
사부대중들이
그대들은 마땅히 성불할 것이니라 라는
상불경보살의 말을 들었으므로
그 인연으로
한량없는 부처님을 친견하였으니,
여기 모인 오백 보살 대중들과
사부대중의 청신사와 청신녀로서
지금 나의 앞에서
법을 듣는 이들이니라.
나는 지난 세상에서
이 모든 사람들을 권하여

이 경의 제일의 법을
듣고 받아서 열어 보이며,
사람들을 가르쳐
열반에 머무르게 하니,
세세생생에 이 경전을
수지토록 함이니라.
억억만겁으로부터
불가사의에 이르도록
이 법화경을
얻어 들을 수 있으며,
억억만겁에서부터
불가사의에 이르도록
모든 부처님 세존께서
항상 이 경을 설하시느니라.
이런고로 행자는
부처님이 멸도하신 후에
이 경을 듣고서
의혹을 품지 말며,

마땅히 일심으로
널리 이 경을 설하면
세세생생에 부처님을 친견하여
속히 불도를 성취하리라.

〈상불경보살품 끝〉

제 21 여래신력품

그때 땅에서 솟아나온 일천세계의 많은 보살마하살이 다 부처님 앞에서 일심으로 합장하고 거룩한 얼굴을 우러러보며 부처님께 여쭈었다.

"세존이시여! 저희들은 부처님께서 멸도하신 후에 세존의 분신들이 계시다가 멸도하신 국토에 가서 이 경을 널리 설하겠나이다. 왜냐하면 저희들도 또한 스스로 이 진실되고 청정한 큰 법을 얻어 이를 받아 가져 읽고 외우며, 해설하고 옮겨써서 공양하려 하나이다."

그때 세존께서 문수사리보살 등 한량없는 백천만억의 예로부터 사바세계에 머문 보살마하살과 모든 비구·비구니·우바새·우바이와 하늘·용·야차·건달바·아수라·가루라·긴나라·마후라가·인·비인 등의 일체 대중 앞에서 큰 신통력을 나타내시었다.

넓고 긴 혀를 내미시어 위로는 범천에 이르게 하시고, 일체의 털구멍에서 한량없이 무수한 광명을 놓으사 시방세계를 두루 비추시니, 여러 보배나무 아래의 사자좌에 앉으신 모든 부처님도 또한 이와 같이 넓고 긴 혀를 내미시어 한량없는 광명을 놓으시었다.

석가모니 부처님과 보배나무 아래 계신 모든 부처님도 백천년을 채우신 후에 신통력을 나타내시고 다시 혀를 거두시었다.

일시에 큰 기침을 하시고 함께 손가락을 튕기시니, 이 두 가지 소리가 시방의 부처님 세계에 이르러 땅이 여섯 가지로 진동하였다.

그 가운데의 중생과 하늘·용·야차·건달바·아수라·가루라·긴나라·마후라가·인·비인 등이 부처님의 신통력으로 이 사바세계에 한량없고 가이없는 백천만억의 보배나무 아래 사자좌에 앉으신 모든 부처님을 보았으며, 석가모니 부처님께서 다보여래와 함께 보배탑 가운데 사자좌에 앉아 계신 것을 보며, 또 한량없고 가이없는 백천만억 보살마하살과 여러 사부대중이 석가모니 부처님을 공경하고 둘러서서 받드는 모습을 보았으니, 이것을 보고 모두 크게 기뻐하며 미증유를 얻었다.

그때 모든 하늘이 허공 중에서 큰 소리가 들려왔다.

"이 한량없고 가이없는 백천만억 아승지의 세계를 지나서 나라가 있으되, 그 이름은 사바이고 그곳에 부처님이 계시니 이름이 석가모니 부처님이시라. 지금 여러 보살마하살을 위하여 대승경을 설하시니 이름이 〈묘법연화경〉이라. 보살을 가르치는 법이며, 부처님께서 보호하시는 경이니, 너희들은 마땅히 깊은 마음으로 따라 즐거워하며 또한 마땅히 석가모니 부처님을 예배·공양해야 할 지니라."

저 모든 중생이 허공에서 들리는 이 소리를 듣고 합장하고 사바세계를 향하여 이같이 말하되, "나무석가모니불, 나무석가모니불." 그리고는 가지가지 꽃과 향과 영락과 번개와 그리고 모든 장신구와 진귀한 보배와 미묘한 물건을 모두 다 저 멀리 사바세계에 뿌렸다.

그 뿌린 여러 가지 물건이 시방으로부터 오는 것이 비유하면 구름이 모이는 것과 같이 보배장막으로 변하여 이곳 모든 부처님 위를 두루 덮으니, 그때 시방세계가 걸림 없이 통달하여 하나의 불국토와 같았다.

그때 부처님께서 상행 등 보살대중에게 말씀하시었다.

"모든 부처님의 신력은 이와 같이 한량없고 가이없는 불가사의한 것이니라. 만일 내가 이 신력으로 한량없고 가이없는 백천만억 아승지 겁을 두고, 부촉하기 위하여 이 경의 공덕을 설할지라도 오히려 능히 다할 수가 없느니라.

요약해서 말하면, 여래에게 있는 일체법과, 여래에게 있는 모든 자재한 신통력과, 여래에게 있는 모든 비밀한 법장과, 여래에게 있는 모든 매우 깊은 일을 이 경에서는 나타내어 보이고 드러나게 설하였느니라.

이런고로 너희들은 여래가 멸도하신 후, 응당 일심으로 받아 가지고 읽고 외우며, 설법하고 옮겨 써서 설함과 같이 수행하여라.

너희들이 있는 국토에서 만일 받아 가지고 읽

고 외우며, 설법하고 옮겨 쓰거나 설한대로 수행
하라. 이 경전이 있는 곳이 혹은 동산이거나 숲속
가운데이거나 나무 아래이거나 절이거나 거사의
집이거나 전각이거나 산 계곡이거나 들판이더라
도 그 곳에 반드시 탑을 세우고 공양해야 하느니
라.

왜냐하면 마땅히 알라. 이곳은 도량이니, 모든
부처님이 아뇩다라삼먁삼보리를 얻으시며, 모든
부처님이 여기에서 법륜을 굴리셨으며, 모든 부
처님이 여기에서 열반에 드셨느니라."

그때 세존께서 이 뜻을 거듭 펴시려고 게송으
로 말씀하시었다.

모든 부처님은 세상을 구하시는 분이라.
큰 신통에 머무르시고
중생을 기쁘게 하기 위하는 고로
한량없는 신통을 나타내심이라.
혀는 범천에 이르고

몸에는 무수한 광명을 놓으사
불도를 구하는 이를 위하여
이 신비한 일을 나타내시니,
모든 부처님의 기침 소리와
손가락 튕기는 소리가
시방의 국토에 두루 다 들리어
땅이 다 여섯 가지로 진동함이라.
부처님이 멸도하신 후에
능히 이 경을 간직하고 있으므로
모든 부처님이 다 기뻐하시며
한량없는 신통력을 나타내심이라.
이 경을 부촉하기 위하는 고로
받아 가진 이를 찬미하시되
한량없는 겁 중에도 오히려
능히 다 할 수 없을 것이니라.
이런 사람의 공덕은
가이없고 무궁하여
시방의 허공 같아

가히 끝이 없으리라.

능히 이 경을 가진 이는
이미 나를 친견한 것이며,
또한 다보불과 모든 분신불을
친견하는 것이며,
내가 오늘 모든 보살을 교화하는 것을
보는 것이니라.

능히 이 경전을 가진 이는
나와 나의 분신과
멸도하신 다보불과
일체를 다 기쁘게 하며,
시방세계에 현재 계신 부처님과
아울러 과거와 미래의 부처님도
또한 두루 친견하고 공양하며
기쁨 얻으시게 함이니라.
모든 부처님께서

도량에 앉아 얻으신 비밀한법을
능히 이 경을 가진 이는
오래지 않아 마땅히 얻을 것이니라.
이 경을 가진 자는
모든 법의 뜻과
이름과 말씀을
무궁함이 없이 즐겨 설하며,
허공 중에 바람이 일체 걸림이 없음과 같음
이라.
여래가 멸도하신 후
부처님께서 설하신 바를 알아
인연과 차례를 뜻에 따라 진실되게 설하되
마치 해와 달의 광명이
능히 온갖 어두움을 걷어내는 것과 같이
이 사람이 세간에서 행하는 일
능히 중생의 어두움을 없애주고
한량없는 보살을 가르쳐
마침내 일승에 머물게 할 것이니라.

그런고로 지혜로운 이는
이 공덕과 이익을 듣고보아
내가 멸도한 후에
응당 이 경전을 받아 가질 것이니,
그 사람은 성불하기
결정코 의심이 없으리라.

〈여래신력품 끝〉

제 22 촉루품

　그때 석가모니 부처님께서 법좌에서 일어나시어 큰 신통력을 나타내시며, 오른손으로 한량없는 보살마하살의 머리를 어루만지시고 말씀하시었다.

　"내가 한량없는 백천만억 아승지겁에 이 얻기 어려운 아뇩다라삼먁삼보리의 법을 닦고 익혀 지금 너희들에게 부촉하노니, 너희들은 반드시 일심으로 이 법을 펴서 이로움이 널리 더하여지도록 하라."

　이와 같이 보살들의 머리를 세 번이나 어루만지시고 이렇게 말씀하시었다.

　"나는 한량없는 백천만억 아승지 겁에 이 얻기

어려운 아뇩다라삼먁삼보리를 닦고 익혀 지금 너희들에게 부촉하나니, 너희들은 이 법을 받아 가지고 읽고 외우며 널리 선포하여 일체 중생들로 하여금 듣고 알게 할지니라.

왜냐하면 여래는 큰 자비가 있어 모든 것을 아끼거나 인색함이 없으시며 또한 두려울 것도 없어, 능히 중생들에게 부처님의 지혜와 여래의 지혜, 자연의 지혜를 능히 주시기 때문이며, 여래는 일체 중생의 큰 시주이시니, 너희들은 응당 여래의 법을 따라 배우되 아끼거나 인색한 마음을 내지 말아야 할 것이니라.

앞으로 오는 세상에 만일 선남자·선여인이 있어 여래의 지혜를 믿는 이에게는 반드시 법화경을 설하여 듣고 알게 할 것이며, 그 사람으로 하여금 부처님의 지혜를 얻도록 하기 위함이니라. 만일 어떤 중생이 믿지 않고 받지 않는 자에게는 마땅히 여래의 깊고 오묘한 다른 법 중에서 보이고 가르쳐서 이롭고 기쁘게 해야 할지니라.

너희들이 만약 이와 같이 행하면 이는 곧 모든 부처님의 은혜에 보답함이 되느니라."

그때 모든 보살마하살들이 부처님께서 이와 같이 말씀하시는 것을 듣고, 모두 큰 기쁨이 몸에 두루 가득 차 공경심이 더하여 허리를 굽히고 머리를 숙여 합장하며 부처님을 향하여 함께 소리내어 말하였다.

"세존께서 분부하신 바와 같이 반드시 모두 받들어 행하겠나이다. 세존이시여! 염려하지 마시옵소서."

모든 보살마하살들이 이와 같은 말을 세 번이나 반복하여 함께 소리내어 말하였다.

"세존께서 분부하심과 같이 마땅히 갖추어 받들어 시행하겠나이다. 세존이시여! 원컨대 염려하지 마시옵소서."

그때 석가모니 부처님께서 시방에서 온 모든 분신 부처님으로 하여금 각각 본국토에 돌아가게 하시려고 이런 말씀하시었다.

"모든 부처님은 본래 계시던 곳에 돌아가시옵고 다보 부처님의 탑도 돌아가시어 전과 같이 돌아가시옵소서."

이렇게 설하실 때 보배나무 아래의 사자좌 위에 앉아 계시던 시방세계의 한량없는 모든 분신 부처님과, 그리고 다보 부처님과 아울러 상행 등의 한량없는 아승지 보살대중과 사리불 등 성문 사부대중과, 모든 세간의 하늘 · 인간 · 아수라 등이 부처님의 설하신 말씀을 듣고 모두 크게 기뻐하였느니라.

〈촉루품 끝〉

제 23 약왕보살본사품

그때 숙왕화보살이 부처님께 여쭈었다.

"세존이시여! 약왕보살은 어떻게 하여 이 사바 세계에서 다니시나이까.

세존이시여! 이 약왕보살은 백천만억 나유타의 어려운 난행과 고행을 하였습니까.

거룩하신 세존이시여! 원하오니 간략히 설하여 주시옵소서. 여러 하늘과 용·귀신·야차·건달바·아수라·가루라·긴나라·마후라가·인·비인과 다른 국토에서 온 모든 보살과 성문대중들이 들으면 다 기뻐할 것이옵니다."

그때 부처님께서 숙왕화보살에게 말씀하시었다.

"지난 과거 한량없는 항하사 겁에 부처님이 계셨으니, 이름이 일월정명덕여래·응공·정변지·명행족·선서·세간해·무상사·조어장부·천인사·불 세존이었느니라.

그 부처님에게 팔십억의 큰 보살마하살과 칠십이 항하사의 큰 성문 대중이 있었느니라. 그 부처님의 수명은 사만 이천 겁이고 보살의 수명도 같았으며, 그 국토에는 여인이 없고 지옥·아귀·축생·아수라 등이 없으며, 여러 가지 어려움이 없었느니라.

땅은 손바닥처럼 평평하고 유리로 이루어졌으며, 보배나무로 장엄하고 보배장막을 위에 덮었으며, 보배꽃의 번기를 드리우고, 보배의 병과 향로가 온 나라에 가득차 있었느니라. 칠보로 좌대를 만들어 한 나무 밑에 한 대씩 있고, 그 나무들의 거리는 한 화살의 거리였느니라.

그 보배나무에는 보살과 성문이 그 밑에 앉아 있고 모든 보배의 좌대 위에는 각각 백억의 모든 하늘이 하늘 기악을 연주하며 부처님을 노래로 찬탄하면서 공양하였느니라.

그때 그 부처님께서 일체중생희견보살과 대중 보살들과 모든 성문대중을 위하여 법화경을 설하 셨느니라.

이 일체중생희견보살이 고행을 즐겨 익히고, 일월정명덕 부처님의 법 가운데서 정진·경행하 며 일심으로 불도 구하기를 일만 이천 년을 채워 서, 마침내 현일체색신삼매를 얻었느니라.

이 삼매를 얻고 마음으로 크게 환희하여 곧 생 각하고 말하였느니라.

"내가 현일체색신삼매를 얻은 것은 다 법화경 을 얻어 들은 힘 때문이니, 나는 이제 일월정명덕 부처님과 법화경에 공양할 것이니라."하고

즉시 삼매에 들어가 허공 가운데서 만다라꽃과 마하만다라꽃과 고운 가루로 된 검은 전단향을

비처럼 내려보내어 허공 가득히 구름처럼 내리게 하고, 또 해차안의 전단향이 비오듯 내렸으며 이 향은 저울로 여섯 눈금밖에 안되나 그 값이 사바세계와 같고 이로써 부처님께 공양하였느니라.

그 공양을 마치고 삼매에서 일어나 스스로 생각하기를, '내가 비록 신통력으로 부처님께 공양하였으나 몸으로 공양하는 것만 못하리라.' 하고, 곧 여러 가지 향인 전단·훈육·도루바·필력가·침수·교향을 먹고, 또 첨복 등 모든 꽃의 향유를 마시면서 일천이백 년을 채우고, 그 향유를 몸에 바르고 일월정명덕 부처님 앞에서 하늘의 보배옷으로 스스로 몸을 감고, 거기에 모든 향유를 뿌리고 신통력의 서원으로 스스로의 몸을 태우니, 그 광명이 팔십억 항하사 세계를 두루 비추었느니라.

그 가운데의 모든 부처님께서 동시에 찬탄하시며 말씀하시었느니라.

"착하고 착하도다. 선남자야! 이것이 참된 정진이며, 이름하여 여래께 올리는 참된 법공양이라 하느니라. 만일 꽃과 향과 영락·사르는 향·가루향·바르는 향과 하늘 비단으로 된 번개와 해차안의 전단향과, 이와 같은 여러 가지 물품으로 공양하더라도 능히 미칠 수 없으며, 가령 국토와 처자를 보시할지라도 이에 미치지는 못할 것이니라.

선남자야! 이것을 제일의 보시라 하나니, 여러 가지 보시 중에 가장 존귀하고 으뜸이며 법으로 모든 여래를 공양하기 때문이니라."

이런 말씀을 하시고 모두 잠자코 계셨느니라. 그 몸을 불태워 일천이백 년이 지난 후에야 그 몸이 다하였느니라.

일체중생희견보살이 이와 같이 법공양을 마치고 수명이 다한 후, 다시 일월정명덕 부처님의 나라에 태어나되, 정덕왕 집에 가부좌를 하고 홀연

히 화생하여 그의 아버지께 게송으로 말씀하시
었다.

대왕이시여! 마땅히 아옵소서.

나는 저곳에서 경행하여

즉시 일체색신 나타내는 삼매를 얻고

부지런히 크게 정진을 행하여

사랑하는 몸도 버리어

세존께 공양하고

위없는 무상도를 구하였나이다.

이 게송을 설하고 아버지께 말하였느니라.

"일월정명덕 부처님이 지금 아직도 계시나이
다. 내가 먼저 부처님께 공양을 마치고 해일체중
생어언다라니를 얻었으며, 다시 이 법화경의 팔
백천만억 나유타·견가라·빈바라·아축바 등
의 게송을 들었나이다. 대왕이시여! 저는 지금 마
땅히 돌아가서 이 부처님께 공양하려하나이다."

이 말을 마치고 칠보의 좌대에 앉아 허공으로

오르니 그 높이가 일곱 다라수라. 부처님 계신 곳에 이르러 머리 숙여 발에 예배하고 열 손가락을 모아 합장하며 게송으로 부처님을 찬탄하였느니라.

얼굴은 심히 아름답고 거룩하사
광명은 시방을 비추시네.
내가 옛적에 공양을 하였으나
지금 다시 돌아와서 친견하나이다.

그때 일체중생희견보살이 이 게송을 설해 마치고 부처님께 여쭈었느니라.

"세존이시여! 세존께서는 아직도 세상에 계시나이까."

그때 일월정명덕 부처님이 일체중생희견보살에게 말씀하시었느니라.

"선남자야! 나는 인연이 다하여 열반에 들 때가 되었으니 너는 자리를 편안하게 펴라. 내가 오늘 밤 마땅히 열반에 들리라." 또 일체중생희견보살에게 분부하시었느니라.

"선남자야! 내가 부처님의 법으로 너에게 부촉하며, 모든 보살과 큰 제자와 아울러 아뇩다라삼먁삼보리의 법과, 또 삼천대천 세계의 칠보의 세계와 여러 보배나무 아래의 보배좌대와 시봉하는 여러 하늘을 다 너에게 부촉하노라. 내가 멸도한 후 있을 사리도 또한 너에게 부촉하노니, 마땅히 이를 유포해서 널리 공양하도록 여러 천개의 탑을 세우도록 할지니라."

일월정명덕 부처님께서 일체중생희견보살에게 이와 같이 부촉하시고 그날 밤중에 열반에 드셨느니라.

그때 일체중생희견보살이 부처님께서 멸도하심을 보고 슬퍼하고 괴로워하며 부처님을 연모하여, 곧 해차안의 전단향을 쌓아 놓고 부처님의 몸을 모시어 공양하고 몸을 태우고, 불이 다 꺼진 후에 사리를 거두어 팔만 사천의 보배 항아리를 만들어 팔만 사천의 탑을 세우니, 삼세계보다 높고, 찰간을 장엄하게 하여, 여러 가지 번개를 드리우고, 많은 보배방울을 달았느니라.

그때 일체중생희견보살이 스스로 생각하여 말하기를, '내가 비록 이와 같이 공양을 하였으나, 마음에는 오히려 흡족하지 않으니 내가 지금 마땅히 다시 사리에 공양하리라.' 하고 여러 보살과 큰 제자와 하늘·용·야차 등의 일체 대중에게 말하였느니라.

"그대들은 일심으로 생각하라. 나는 지금 일월정명덕 부처님의 사리에 공양하겠노라."

그 말을 하고 나서 즉시 팔만 사천의 탑 앞에서 백복으로 장엄된 팔을 태워 칠만 이천 년을 공양하고, 무수히 많은 성문을 구하는 대중과 한량없는 아승지의 사람으로 하여금 아뇩다라삼먁삼보리의 마음을 내게 하여 모두 현일체색신삼매를 얻어 머물게 하였느니라.

그때 여러 보살과 하늘·인간·아수라 등이 보

살의 팔이 없어진 것을 보고 걱정하고 슬퍼하며 이렇게 말하였느니라.

"저 일체중생희견보살은 우리들의 스승으로 우리들을 교화하였음이라. 이제 팔을 불태워서 몸이 구족하지 못하시도다."

그때 일체중생희견보살이 대중 가운데서 맹세의 말씀을 하였느니라.

"나는 이 두 팔을 버렸으니 반드시 부처님의 금색의 몸을 얻으리라. 만약 내가 한 일이 참된 것이고 헛됨이 아니라면 나의 이 두 팔이 원래대로 되리라."

이 맹세를 하고나니 저절로 예전과 같이 회복되었으며, 이는 이 보살의 복덕과 지혜가 두터웠기 때문이니라.

그때 삼천대천세계는 여섯 가지로 진동하고, 하늘에서는 보배꽃이 비오듯 내리며, 모든 하늘과 인간은 미증유를 얻었느니라.

"부처님께서 숙왕화보살에게 말씀하시었다.

"너의 생각은 어떠하냐. 일체중생희견보살이 어찌 다른 사람이겠느냐. 지금의 약왕보살이니라. 그의 몸을 버려 보시하기를 이와 같이 한량없는 백천만억 나유타 수만큼 행하였느니라.

숙왕화야! 만일 발심하여 아뇩다라삼먁삼보리를 얻으려는 사람은 손가락이나 발가락 하나를 태워서 부처님 탑에 공양한다면, 국토나 처자나 또는 삼천대천국토의 산·숲·강·연못 등의 여러 가지 보물을 공양한 사람보다 더 나으리라.

만약 어떤 사람이 삼천대천세계를 가득 채울만한 칠보로 부처님과 큰 보살과 벽지불과 아라한에게 공양하여도, 이 사람이 얻는 공덕은 이 법화경의 사구게송 하나를 받아 가지는 공덕만 못하느니라.

숙왕화야! 비유하면 일체의 냇물이나 강물 등 여러 가지 물 가운데서 바다가 제일인 것처럼, 이 법화경도 이와 같아 모든 여래가 설하신 경전 가운데 가장 깊고 큰 것이니라.

또 토산·흑산·소철위산·대철위산과 십보산 등 여러 산 가운데 수미산이 제일인 것처럼, 이 법화경도 또한 이와 같아 모든 경 가운데서 가장 으뜸이니라.

또 여러 별 가운데 달이 제일인 것처럼, 이 법화경도 또한 이와 같아 천만억 가지의 모든 경전 가운데서 가장 밝게 비치느니라.

또 해가 모든 어둠을 다 사라지게 하는 것과 같이 이 경도 또한 이와 같아 능히 일체의 착하지 못한 어둠을 사라지게 하느니라.

또 모든 소왕 중에 전륜성왕이 가장 제일인 것처럼, 이 경도 이와 같아 여러 경 가운데서 가장 거룩하느니라.

또 제석천왕이 삼십삼천 중에서 왕인 것처럼, 이 경도 또한 이와 같아 여러 경 가운데서 왕이니라.

또 대범천왕이 일체중생의 아버지인 것처럼, 이 경도 또한 이와 같아 일체 현인과 성자와 배우는 이와 다 배운 이와 그리고 보살의 마음을 낸 사람들의 아버지가 되느니라.

또 일체 범부 가운데 수다원·사다함·아나함·아라한·벽지불이 제일인 것처럼, 이 경도 또한 이와 같아 일체의 여래가 설하시고 혹은 보살과 성문이 설한 여러 경전 가운데서 가장 제일이니라.

능히 이 경전을 받아 가진 이도 이와 같아 일체

중생 가운데 또한 제일이니라.

일체 성문이나 벽지불 가운데 보살이 제일이듯이 이 경도 또한 이와 같아 일체의 모든 경과 법 가운데 제일이니라.

부처님이 모든 법의 왕인 것과 같이 이 경도 또한 이와 같아 모든 경 가운데 왕이 되느니라.

숙왕화야! 이 경은 능히 일체 중생을 구하며, 이 경은 능히 일체 중생으로 하여금 모든 괴로움을 여의게 하며, 이 경은 능히 일체 중생을 크게 이익되게 하여 그 원을 충만하게 하느니라.

마치 맑고 시원한 연못이 능히 일체의 목마른 이의 갈증을 채워 주는 것과 같으며, 추위에 떨던 이가 불을 얻은 것과 같고, 헐벗은 이가 옷을 얻은 것과 같으며, 상인이 물건의 주인을 만난 것과 같고, 아들이 어머니를 만난 것과 같으며, 나루터에서 배를 만난 것과 같고, 병든 이가 의사를 만난 것과 같으며, 어두운 밤에 등불을 만난 것과 같고, 가난한 이가 보배를 얻은 것과 같으며, 백성이 현명한 임금을 만난 것과 같고, 무역하는 이가 평온한 바다를 얻은 것과 같으며, 횃불이 어둠을 제거하여 주는 것과 같이, 이 법화경도 또한 이와 같아 능히 중생들의 일체 고통과 일체 질병을 여의게 하며, 일체 생사의 속박으로부터 해방시켜 주느니라.

만일 어떤 사람이 이 법화경을 듣고 스스로 쓰거나 만일 다른 사람을 시켜 쓰게 하면, 그 얻는 공덕은 부처님의 지혜로 많고 적음을 헤아려도 그 끝을 알 수가 없느니라.

만약 이 경전을 쓰고 꽃과 향과 영락·사르는 향·가루향·바르는 향과 번개와 의복과 여러 가지의 등인 우유등·기름등 모든 향유등·첨복기름등·수만나기름등·바라라기름등·바리사가기름등·나바마리기름등으로 공양하면 그 얻는 바 공덕은 또한 한량이 없느니라.

숙왕화야! 어떤 사람이 이 약왕보살본사품을 듣기만 하여도 한량없고 가이없는 공덕을 얻을 것이며, 어떤 여인이 이 약왕보살본사품을 듣고 받아 지닌다면, 그가 여인의 몸을 마친 후에는 다시 받지 아니하리라.

만일 여래가 멸도하신 후, 후오백년 동안에 어떤 여인이 이 경전을 듣고 그 설한 바와 같이 수행하면, 그 명을 마친 뒤에 즉시 극락세계의 아미타불과 큰 보살대중들이 위요하고 머무르는 곳에 가서 연꽃 가운데의 보배자리에 태어나, 다시는 탐욕의 번뇌가 없고, 또한 성내고 어리석은 괴로움도 없으며, 또한 교만과 질투와 모든 좋지 못한 번뇌도 없어지리라.

보살의 신통력과 무생법인을 얻으리니, 그 무생법인을 얻으면 눈이 청정해지며 그 청정한 눈으로 칠백만 이천억 나유타 항하사 모든 부처님을 친견하리라. 그때 모든 부처님이 멀리서 칭찬하시었느니라.

"착하고 착하도다. 선남자야! 네가 능히 석가모니 부처님 법 가운데 이 경을 받아 지녀 읽고 외우고 쓰며 생각하고 남을 위하여 설하면, 그 얻는 복덕이 한량없고 가이없어 불도 능히 태우지 못할 것이며, 물도 능히 빠뜨리지 못할 것이니, 너의 공덕은 일천 부처님이 함께 설하실지라도 다 할 수 없으리라. 너는 이제 모든 마구니를 깨뜨리고 물리쳤으며 생사의 벽을 깨뜨렸으니, 다른 모든 원수와 적은 다 부수었느니라.

선남자야! 백천의 여러 부처님께서 신통력으로 함께 너를 지키고 보호해 주시려니, 일체 세간의 하늘과 인간 가운데 너와 같은 이는 없느리라. 오직 여래를 제외하고는 모든 성문과 벽지불과 여러 보살의 지혜와 선정으로서도 너와 견줄 이는 없으리라.

"숙왕화야! 이 보살은 이와 같이 공덕과 지혜의 힘을 성취하였느니라.

만약 어떤 사람이 이 약왕보살본사품을 듣고 능히 따라 기뻐하고 거룩하다고 찬탄하는 이는, 그 사람은 현세에서 항상 입으로부터 푸른 연꽃의 향기가 나고, 몸의 털구멍에서도 항상 우두전단의 향기가 나며, 그 얻는 바의 공덕은 위에서 설한 바와 같으리라.

숙왕화야! 이런고로 이 약왕보살본사품을 너에게 부촉하노니, 내가 멸도한 뒤 후오백년 동안에 널리 선포하고 유포하여 사바세계에 끊어지지 않도록 하며, 마구니와 마구니의 권속들과 모든 하늘 · 용 · 야차 · 구반다 등이 이 경을 이용하지 못하게 하라.

숙왕화야! 너는 마땅히 신통력으로 이 경을 받들고 지켜라. 왜냐하면, 이 경은 사바세계 사람들 병에 좋은 약이 되나니, 만일 어떤 사람이 병이 있어도 이 경을 들으면 병이 곧 소멸되고 늙지도·죽지도 않느니라.

숙왕화야! 네가 만일 이 경을 받아 가진 이를 보거든 반드시 푸른 연꽃에 가루향을 가득 채워 그 위에 공양하고 뿌릴지니라. 뿌리고서는 이와 같이 생각하여야 하느니라.

'이 사람은 오래지 않아 반드시 길상초를 깔고 도량에 앉아 여러 마구니를 깨뜨리고, 법소라를 불며 큰 법고를 쳐서, 일체 중생이 늙고 병들고 죽는 고해를 제도하여 해탈하게 할 것이니라.'

이런고로 불도를 구하는 이는, 이 경전을 받아 가진 이를 보면 마땅히 이와 같이 공경하는 마음을 일으켜야 하느니라."

이 약왕보살본사품을 설하실 때 팔만 사천의 보살이 해일체중생어언다라니를 얻었느니라.

다보여래는 보배탑 가운데서 숙왕화보살을 칭찬하시었다.

"착하고 착하도다. 숙왕화야! 너는 불가사의 공덕을 성취하여, 지금 능히 석가모니 부처님께 이와 같은 일을 물어서 한량없는 일체중생을 이익되게 하였느니라."

〈약왕보살본사품 끝〉

묘법연화경 제7권

제 24 묘음보살품

그때 석가모니 부처님께서 대인상의 육계 광명을 놓으시고, 미간 백호상의 광명을 발하시어, 동방으로 일백 팔만억 나유타 항하사 등의 모든 부처님의 세계를 두루 비추시었다.

이와 같은 수를 지나서 한 세계가 있으니, 그 이름이 정광장엄이고, 그 나라에 부처님이 계시니, 이름이 정화숙왕지여래 · 응공 · 정변지 · 명행족 · 선서 · 세간해 · 무상사 · 조어장부 · 천인사 · 불 세존이시며, 한량없고 가이없는 보살대중에게 공경받으며 위요되시어 이들을 위해 설법하였으며, 석가모니 부처님의 백호광명이 그 나라를 두루 비추시었다.

그때 일체정광장엄국토 가운데 한 보살이 있으니, 이름이 묘음이라. 오래 전부터 많은 덕의 근본을 심어서, 한량없는 백천만억의 모든 부처님을 공양하고 친근하여 깊은 지혜를 다 성취하였고 묘당상삼매 · 법화삼매 · 정덕삼매 · 숙왕희삼매 · 무연삼매 · 지인삼매 · 해일체중생어언삼매 · 집일체공덕삼매 · 청정삼매 · 신통유희삼매 · 혜거삼매 · 장엄왕삼매 · 정광명삼매 · 정장삼매 · 불공삼매 · 일선삼매 등의 이와 같은 백천만억 항하사 모든 큰 삼매를 얻었다.

석가모니 부처님의 광명이 묘음보살의 몸을 비추시니 곧 정화숙왕지 부처님께 여쭈었다.

"세존이시여! 내가 마땅히 사바세계에 가서 석가모니 부처님께 예배 · 친근 · 공양하고, 문수사리법왕자보살과 약왕보살 · 용시보살 · 숙왕화보살 · 상행의보살 · 장엄왕보살 · 약상보살도 친견하려 하나이다."

그때 정화숙왕지 부처님이 묘음보살에게 말씀하시었다.

"너는 저 나라를 업신여기거나, 천하고 비열하다고 생각지 말라. 선남자야! 저 사바세계는 높고 낮음이 평탄치 않고 흙과 돌과 모든 산과 더러운 것과 나쁜 것이 가득차며, 부처님의 몸은 아주 작고 모든 보살들도 그 몸이 작으니라.

너의 몸은 사만 이천 유순이고, 나의 몸은 육백 팔십만 유순이라. 너의 몸은 제일 단정하고 백천만억의 복의 광명이 극히 묘함이라. 이런고로 너는 가서 저 나라를 가볍게 여기거나 부처님과 보살이나 국토에 대해 하열하다고 생각하지 말라."

묘음보살이 그 부처님께 여쭈었다.

"세존이시여! 제가 지금 사바세계에 가는 것은 다 여래의 힘이며, 여래의 신통 유희이며, 여래의 공덕과 지혜로 장엄한 것이옵나이다."

이에 묘음보살이 자리에서 일어나지도 아니하

고, 몸을 움직이지도 않고 삼매에 드시어, 삼매의 힘으로 기사굴산의 법좌에서 그리 멀지 않은 곳에 팔만사천의 여러 가지 보배연꽃을 신통력으로 만들었으니, 염부단금으로 줄기가 되고, 백은으로 꽃잎이 되고, 다이아몬드로 꽃술이 되고, 루비로 꽃받침이 되었음이라.

그때 문수사리법왕자가 이 연꽃을 보고 부처님께 여쭈었다.

"세존이시여! 이는 어떠한 인연으로 먼저 이러한 상서로움이 나타나서 천만 가지 연꽃이 염부단금으로 줄기가 되고, 백은으로 꽃잎이 되고, 다이아몬드로 꽃술이 되고, 루비로 꽃받침이 되었나이까."

그때 석가모니 부처님께서 문수사리에게 말씀하시었다.

"이 묘음보살마하살이 정화숙왕지 부처님의

국토로 부터 팔만사천의 보살에게 둘러싸여 이 사바세계에 와서 나를 공양하고 친근하며 예배하고자 함이며, 또한 법화경을 듣고자 함이니라."

문수사리가 부처님께 여쭈었다.

"세존이시여! 이 보살은 어떠한 선의 근본을 심었으며, 무슨 공덕을 닦아서 이렇게 큰 신통력이 있으며, 무슨 삼매를 행하였나이까.

원컨대 우리들을 위하여 이 삼매의 이름을 말씀하여 주시옵소서. 우리들도 또한 이를 부지런히 닦고 행하고자 하오니, 이 삼매를 행하여 능히 이 보살의 크고 작은 모습과, 위엄있는 몸가짐과 나아감과 머무름을 보고자 하나이다. 오직 원컨대 세존께서는 신통력으로 저 보살이 오는 것을 저희들로 하여금 볼 수 있게 하시옵소서."

그때 석가모니 부처님께서 문수사리에게 말씀하시었다.

"여기 오래 전에 멸도하신 다보여래께서 너희들을 위하여 그 모습을 나타나게 하시리라."

그때 다보 부처님께서 저 보살에게 말씀하시었다.

"선남자야! 어서 오너라. 문수사리법왕자가 너의 몸을 보고자 하노라."

그때 묘음보살이 저 나라에서 모습을 감추어 팔만 사천 보살과 함께 떠나오면서, 지나오는 모든 나라는 여섯 가지로 진동하고, 칠보로 된 연꽃이 비 오듯이 내리며, 백천 가지 하늘 풍악이 북을 치지 않아도 자연히 울려 퍼지었다.

이 보살의 눈은 광대함이 큰 푸른 연꽃 잎과 같아서, 정히 백천만개의 달을 합치더라도 그 얼굴의 단정함은 이보다 더 나으며, 몸은 황금색이고, 한량없는 백천의 공덕으로 장엄되어 위엄스러운 덕이 치성하며, 광명이 밝게 비치고, 모든 모습을 갖추어 나라연의 견고한 몸과 같음이라. 칠보의 좌대에 앉아 허공에 오르니 땅에서 높이가 일곱 다라수라. 모든 보살대중이 공경하고 둘러싸서 이 사바세계의 기사굴산으로 와서는 칠보의 좌대에서 내려와 값이 백천이 되는 영락을 가지고 석가모니 부처님 계신 곳에 이르러 머리 숙여 부처님 발에 예배하고 영락을 받들어 올리며 부처님께 여쭈었다.

"세존이시여! 정화숙왕지 부처님께서 세존께 문안하시었나이다.

'조그마한 병도 조그마한 고뇌도 없이 기거가 편안하시고 안락하게 지내시나이까. 사대가 조화되어 건강하시고, 세상일을 가히 참으실 수 있겠나이까. 중생을 쉽게 제도하시나이까.

탐욕과 성냄과 어리석음과 질투와 인색함과 교만함은 많지 않나이까. 그리고 부모에게 효도하지 않으며, 사문을 공경하지 않으며, 삿된 견해를 가진 일은 없나이까. 착한 마음을 가지셨나이까. 다섯가지 정욕에 탐착하지 않나이까.

세존이시여! 중생이 능히 모든 마구니와 원수를 잘 항복시키나이까. 오래전에 멸도하신 다보 부처님께서는 칠보탑에 계시며 법을 들으려 오시나이까.' 또 다보 부처님께 문안하시기를, '안온하시고 번뇌가 적으시어 참고 견디어 오래 머무르시나이까.' 하시었다.

세존이시여! 제가 지금 다보 부처님의 몸을 친견하고자 하오니, 원컨대 세존께서는 보이시어 나로 하여금 친견토록 하시옵소서."

그때 석가모니 부처님께서 다보 부처님께 말씀하시었다.

"이 묘음보살이 다보 부처님을 친견하고자 하나이다."

그때 다보 부처님께서 묘음보살에게 말씀하시었다.

"착하고 착하도다! 네가 능히 석가모니 부처님을 공양하고 법화경을 듣고 아울러 문수사리 보살 등을 만나려고 여기에 왔느냐!"

그때 화덕보살이 부처님께 여쭈었다.

"세존이시여! 이 묘음보살은 어떠한 선근을 심었으며 어떠한 공덕을 닦아서 이런 신통력이 있나이까."

부처님께서 화덕보살에게 말씀하시었다.

"과거에 부처님이 계셨으니 이름은 운뢰음왕·다타아가도·아라하·삼막삼불타였으며, 나라 이름은 현일체세간이고, 겁의 이름은 희견이라.

묘음보살이 일만 이천 년을 십만 가지의 기악으로 운뢰음왕 부처님께 공양하고 아울러 팔만 사천 칠보로 된 발우를 받들어 올렸느니라. 그러한 인연의 과보로 지금 정화숙왕지 부처님 국토에 태어나 이러한 신통력을 얻었느니라.

화덕아! 네 생각은 어떠하냐. 그때 운뢰음왕 부처님 계신 곳에서 묘음보살이 기악으로 공양하고, 보배발우를 받들어 올린 이가 어찌 다른 사람이겠느냐. 지금 이 묘음보살마하살이니라.

화덕아! 이 묘음보살이 일찍이 한량없는 여러 부처님을 공양하고 친히 뵙고 오래도록 덕의 근본을 심었으며, 또한 항하사 등 백천만억 나유타 부처님을 친견하였느니라.

화덕아! 너는 다만 묘음보살의 몸이 여기에만 있다고 보지만, 이 보살은 여러 가지 몸을 나타내어 곳곳에서 여러 중생들을 위하여 이 경전을 설하느니라.

혹은 범천왕의 몸을 나타내기도 하고, 제석천의 몸을 나타내기도 하며, 자재천의 몸을 나타내기도 하고, 대자재천의 몸을 나타내기도 하며, 천대장군의 몸을 나타내기도 하고, 비사문천왕의 몸을 나타내기도 하며, 전륜성왕의 몸을 나타내

기도 하고, 여러 소왕의 몸을 나타내기도 하며,
장자의 몸을 나타내기도 하고 거사의 몸을 나타
내기도 하며, 재상의 몸을 나타내기도 하고 바라
문의 몸을 나타내기도 하느니라.

비구·비구니·우바새·우바이의 몸을 나타
내기도 하고, 장자·거사의 부인의 몸으로 나타
내기도 하며, 재상의 부인의 몸으로 나타내기도
하고, 바라문의 부인의 몸으로 나타내기도 하며,
동남·동녀의 몸을 나타내기도 하고 하늘·용·
야차·건달바·아수라·가루라·긴나라·마후
라가·인·비인의 몸으로 나타내어 이 경을 설하
느니라.

모든 지옥·아귀·축생들과 여러 가지 환난이
있는 곳을 다 구원하고 제도하며 또는 왕의 후궁
에서 여자의 몸으로 변하여 이 경을 설하기도 하
느니라.

화덕아! 이 묘음보살은 능히 사바세계의 모든

중생을 구원하고 지키는 이이니라. 이 묘음보살
이 이러한 여러 가지 변화로 몸을 나타내어 이 사
바세계에서 모든 중생들을 위하여 이 경전을 설
하되, 그 신통 변화와 지혜는 조금도 감소되지 않
느니라. 이 보살이 여러 가지 지혜로 이 사바세계
를 밝게 비추어 일체 중생들로 하여금 각각 알게
하며, 시방의 항하사 세계 중에서도 또한 이와 같
이 하느니라.

만일 성문의 모습으로 제도해야 할 이에게는
성문의 모습으로 나타내어 설법하고, 벽지불의
모습으로써 제도해야 할 이에게는 벽지불의 모습
을 나타내어 설법하며, 보살의 모습으로 제도해
야 할 이에게는 보살의 모습으로 나타내어 설법
하며, 부처님의 모습으로 제도해야 할 이에게는
부처님의 모습으로 나타내어 설법하느니라.
이와 같이 여러 가지로 제도해야 할 바에 따라
그 모습을 나타내고, 마땅히 멸도로써 제도해야

할 이에게는 멸도를 나타내어 보이느니라.

화덕아! 묘음보살마하살이 성취한 큰 신통과 지혜의 힘을 성취한 그 일이 이와 같으니라."

그때 화덕보살이 부처님께 여쭈었다.
"세존이시여! 이 묘음보살이 깊은 선근을 심었나이다.

세존이시여! 이 보살은 어떤 삼매에 머물렀기에 능히 이와 같이 있는 곳에서 변화를 나타내어 중생을 제도하여 해탈시키나이까."

부처님께서 화덕보살에게 말씀하시었다.
"선남자야! 그 삼매의 이름은 현일체색신이니라. 묘음보살이 그 삼매 중에 머물면서 능히 한량없는 중생을 이익되게 하느니라.

이 묘음보살품을 설하실 때, 묘음보살과 함께 왔던 팔만 사천 인이 다 현일체색신삼매를 얻었

으며, 이 사바세계의 한량없는 보살들도 이 삼매
와 다라니를 얻었느니라."

이때 묘음보살마하살이 석가모니 부처님과 다
보 부처님 탑에 공양을 마치고 본국으로 돌아갈
때, 지나는 모든 나라는 여섯 가지로 진동하고,
보배의 연꽃이 비오듯 내리며 백천만억의 갖가지
기악이 울려퍼졌다.
본국에 이르러서는 팔만 사천 보살에게 둘러싸
여 정화숙왕지 부처님이 계신 곳에 나아가 부처
님께 여쭈었다.
"세존이시여! 제가 사바세계에 가서 중생을 이
익되게 하고 석가모니 부처님과 다보 부처님 탑
을 친견하고 예배 공양하였으며, 문수사리법왕자
보살·약왕보살·득근정진력보살·용시보살 등
을 만나 보았으며, 또한 이들 팔만 사천 보살로
하여금 현일체색신삼매를 얻게 하였나이다."

이 묘음보살내왕품을 설하실 때 사만 이천의 천자들이 무생법인을 얻고 화덕보살은 법화삼매를 얻었느니라.

〈묘음보살품 끝〉

제 25 관세음보살보문품

그때 무진의보살이 즉시 자리에서 일어나 오른편 어깨를 올리고 부처님을 향하여 합장하고 여쭈었다.

"세존이시여! 관세음보살은 무슨 인연으로 이름이 관세음 보살이라고 하나이까?"

부처님께서 무진의보살에게 말씀하시었다.

"선남자여! 만일 한량없는 백천만억의 중생이 모든 고뇌를 받을 때에 이 관세음보살의 이름을 듣고 일심으로 그 이름을 부르면, 관세음보살이 즉시 그 음성을 듣고 모두 해탈을 얻게 하느니라.

만일 이 관세음보살의 이름을 가지는 이가 있으면, 가령 큰 불 속에 들어가더라도 불이 능히 태우지 못할 것이니, 이 보살의 위신력 때문이니라.

만일 큰 물에 빠졌을지라도 그 이름을 부르면 곧 얕은 곳에 이르게 되느니라.

혹은 백천만억 중생이 금·은·유리·자거·마노·산호·호박·진주 같은 보배를 구하기 위하여 큰 바다에 들어갔을 때, 가령 폭풍이 불어 그 배가 표류하여 멀리 나찰들의 나라에 떨어지게 되더라도 그 가운데 만일 한 사람이라도 관세음보살의 이름을 부르면, 모든 사람들이 다 나찰의 재난에서 벗어나게 되리라. 이 인연으로 관세음 보살이라 이름하느니라.

만일 어떤 사람이 해를 입게 되었을 때에 관세음보살의 이름을 부르면, 그들이 가진 칼이나 막대기가 곧 조각조각 부서져 벗어날 수 있느니라.

혹은 삼천대천 국토에 가득한 야차·나찰들이 와서 사람을 괴롭히려 하여도 관세음보살의 이름을 부르면, 그 여러 악귀도 악한 눈으로 볼 수가 없거늘 하물며 해칠 수 있겠느냐.

만약 어떤 사람이 죄가 있거나 죄가 없거나 수갑을 차고 칼이 씌워져 몸이 결박되었더라도, 관세음보살의 이름을 부르면, 모두가 다 끊어지고 부서져서 곧 벗어날 것이니라.

만일 삼천대천 국토에 흉악한 도적떼 속에 한 상인의 우두머리가 여러 상인을 이끌고 귀중한 보물을 가지고 험한 길을 지나갈 때, 그 중에 한 사람이 일행을 향하여 "모든 선남자들이여! 겁내지 말고 두려워 하지 말라. 그대들은 일심으로 관세음보살의 이름을 부를지니라. 이 보살은 능히 중생에게 두려움을 없애주시니, 만일 그대들이 이 이름을 부르면 이 도적떼 속에서 무사히 벗어나리라." 여러 상인이 함께 소리를 내어 "나무 관세음보살" 하고 그 이름을 부르면 그 이름 부른 인연으로 즉시 벗어날 수 있느니라.

무진의야! 관세음보살마하살의 위신력은 이와 같이 높고 훌륭하느니라.

만일 중생이 음욕이 많을지라도 관세음보살을 항상 생각하고 공경하면 곧 음욕을 여의게 되느니라.

또 성내는 마음이 많을지라도 관세음보살을 항상 생각하고 공경하면 곧 성내는 마음을 여의게 되느니라.

혹은 어리석음이 많더라도 관세음보살을 항상 생각하고 공경하면 곧 그 어리석음을 여의게 되느니라.

무진의야! 관세음보살은 이러한 큰 위신력으로

이익되게 하는 바가 많음이니라. 이런고로 중생은 마땅히 마음으로 항상 생각해야 하느니라.

만일 어떤 여인이 아들 낳기를 원하여 관세음보살께 예배하고 공양하면 곧 복덕과 지혜가 있는 아들을 낳을 것이며, 혹은 딸을 낳기를 원한다면 곧 단정하고 예쁘게 생긴 딸을 낳을 것이니, 전생에 덕의 근본을 심었으므로 여러 사람이 사랑하고 존경하느니라.

무진의야! 관세음보살의 힘이 이와 같아, 만일 어떤 중생이 관세음보살을 공경하고 예배하면 복이 되어 헛되지 않으니, 이런고로 중생은 모두 관세음보살의 이름을 받아 지녀야 하느니라.

무진의야! 만일 어떤 사람이 육십 이억 항하사 보살의 이름을 받아 지니고 다시 목숨이 다하도록 음식과 의복·침구와 의약 등으로 공양한다면 너는 어떻게 생각하느냐. 그 선남자·선여인의 공덕이 많지 않겠느냐.”

무진의보살이 대답하였다.

"매우 많겠나이다. 세존이시여!"

부처님께서 말씀하시었다.

"만일 또 어떤 사람이 관세음보살의 이름을 받아 지니고 잠시라도 예배하고 공양하면, 이 두 사람의 복은 같고 다름이 없어, 백천 만억 겁에 걸쳐 설명하더라도 다 할수 없을 만큼 넓고 큰 것이니라.

무진의야, 관세음보살의 이름을 받아 지니면 이와같이 한량없고 가이없는 복덕과 이익을 얻으리라."

무진의보살이 부처님께 여쭈었다.

"세존이시여! 관세음보살은 어떻게 이 사바세계에서 노니시며, 중생을 위해 어떻게 설법하시나이까. 또한 방편의 힘으로 하시는 그 일이 어떠하나이까."

부처님께서 무진의보살에게 말씀하시었다.

"선남자여! 어떤 국토의 중생이 부처님의 몸으로 응하여 제도해야 할 이에게는 관세음보살이 곧 부처님의 몸을 나타내어 설법하며, 벽지불의 몸으로 제도해야 할 이에게는 벽지불의 몸을 나타내어 설법하며, 성문의 몸으로 제도해야 할 이에게는 성문의 몸을 나타내어 설법하느니라.

범왕의 몸으로써 제도해야 할 이에게는 범왕의 몸을 나타내어 설법하며, 제석천의 몸으로 제도해야 할 이에게는 제석천의 몸을 나타내어 설법하며, 자재천의 몸으로 제도해야 할 이에게는 자재천의 몸을 나타내어 설법하며, 대자재천의 몸으로 제도해야 할 이에게는 대자재천의 몸을 나타내어 설법하며, 천대장군의 몸으로 제도해야 할 이에게는 천대장군의 몸을 나타내어 설법하며, 비사문의 몸으로 제도해야 할 이에게는 비사문의 몸을 나타내어 설법하느니라.

소왕의 몸으로 제도해야 할 이에게는 소왕의 몸을 나타내어 설법하며, 장자의 몸으로 제도해야 할 이에게는 장자의 몸을 나타내어 설법하며, 거사의 몸으로 제도해야 할 이에게는 거사의 몸을 나타내어 설법하며, 재상의 몸으로 제도해야 할 이에게는 곧 재상의 몸을 나타내어 설법하며, 바라문의 몸으로 제도해야 할 이에게는 곧 바라문의 몸을 나타내어 설법하느니라.

비구·비구니·우바새·우바이의 몸으로 제도해야 할 이에게는 곧 비구·비구니·우바새·우바이의 몸을 나타내어 설법하느니라.

장자·거사·재상·바라문의 부인의 몸으로 제도해야 할 이에게는 곧 부인의 몸을 나타내어 설법하며, 동남·동녀의 몸으로 제도해야 할 이에게는 동남·동녀의 몸을 나타내어 설법하느니라.

하늘·용·야차·건달바·아수라·가루라·긴나라·마후라가·인·비인 등의 몸으로 제도해야 할 이에게는 모두 그 몸을 나타내어 설법하며, 집금강신으로 제도해야 할 이에게는 곧 집금강신으로 나타내어 설법하느니라.

무진의야! 이 관세음보살은 이와 같은 공덕을 성취하여 여러 가지 형상으로 모든 국토에 노니시며, 중생을 제도하여 해탈케 하느니라.

그런고로 너희들은 일심으로 관세음보살을 공양해야 할 것이니라. 이 관세음보살마하살은 두렵고 급한 환난 가운데서 능히 두려움을 없애주시느니라. 이런고로 이 사바세계에서 다 이를 불러 두려움을 없게 하여 주시는 분이라고 하느니라.”

무진의보살이 부처님께 여쭈었다.

"세존이시여! 제가 이제 관세음보살께 공양하겠나이다."하고, 즉시 목에 걸었던 값이 백천 냥이나 되는 보배 구슬과 영락을 풀어 받들어 올리고 이렇게 말하였다.

"어지신분이시여! 이 법에 의하여 드리는 진귀한 구슬과 영락을 받아 주시옵소서."

이때 관세음보살이 이를 받지 아니하거늘 무진의 보살은 다시 관세음보살에게 말하였다.

"어지신분이시여! 저희들을 가엾게 여기시어 이 영락을 받아 주시옵소서."

그때 부처님께서 관세음보살에게 말씀하시었다.

"마땅히 이 무진의보살과 사부대중과 하늘·용·야차·건달바·아수라·가루라·긴나라·마후라가·인·비인들을 가엾게 생각하여 그 영락을 받을지니라.

곧 이때 관세음보살이 사부대중과 하늘·용·인·비인 등을 가엾게 여기시어 그 영락을 받아, 둘로 나누어 하나는 석가모니 부처님께 받들어 올리고, 하나는 다보 부처님 탑에 받들어 올렸느니라.

무진의야! 관세음보살은 이와 같이 자재한 신통력을 가지고 사바세계에 계시느니라."
그때 무진의보살이 게송으로 여쭈었다.

거룩한 모습 갖추신 세존이시여!
제가 이제 거듭 그 일을 묻겠나이다.
불자는 무슨 인연으로
이름을 관세음보살이라 하나이까.

거룩한 모습 갖추신 세존께서
게송으로 무진의에게 대답하시되,
너는 여러 곳에서 알맞게 응하여 나타나는

관음의 모든 행을 잘 들으라.
큰 서원이 바다와 같이 깊어
헤아릴 수 없이 긴 세월을
몇천억의 부처님 모시고
크게 청정한 원을 일으켰으니,
내가 너를 위하여 간략히 설하리라.
이름을 듣고 몸을 보고
마음으로 생각하면 헛되지 아니하며
능히 모든 고통을 멸하리라.

가령 해치려는 마음 일으켜
큰 불구덩이에 밀려 떨어진다 해도
저 관세음의 힘을 생각하면
불구덩이가 연못으로 변하고,
만일 큰 바다에 표류되어
용과 물고기와 귀신의 난을 만날지라도
저 관세음의 힘을 생각하면
파도에도 휩쓸리지 아니하리라.

혹은 수미산의 봉우리에서
사람에게 밀려 떨어질지라도
저 관세음의 힘을 생각하면
해와 같이 허공에 머무르며,
혹은 악인에게 쫓기어
금강산에 떨어질지라도
저 관세음의 힘을 생각하면
털 끝 하나도 다치지 아니하며,

혹은 도적떼에 에워싸고
각각 칼을 들고 해치려 해도
저 관세음의 힘을 생각하면
모두가 즉시 자비로운 마음을 일으키며,

혹은 왕에게 환난을 당하여
형벌에 임하여 목숨을 잃게 되더라도
저 관세음의 힘을 생각하면

칼이 조각조각 부서지며,

혹은 갇혀서 칼을 쓰고 수갑을 차고
손발이 결박을 당하였을지라도
저 관세음의 힘을 생각하면
풀리어 벗어날 것이며,

저주와 여러 가지 독약으로
내 몸을 해치려고 할 때에도
저 관세음의 힘을 생각하면
본인에게 그 화가 돌아가며,

혹은 악한 나찰·독룡들과
여러 귀신을 만날지라도
저 관세음의 힘을 생각하면
때로 감히 해치지 못하며,

만약 사나운 짐승들에 둘러싸여

날카로운 이빨과 발톱이 무섭더라도
저 관세음의 힘을 생각하면
사방으로 뿔뿔이 달아나며,
무서운 독사나 전갈들의 독기가
불타는 연기와 같을지라도
저 관세음의 힘을 생각하면
그 소리에 저절로 물러나며,

구름이 덮이고 천둥 번개가 치고
큰 비와 우박이 쏟아져도
저 관세음의 힘을 생각하면
그 즉시 걷히고 사라지며,

중생이 곤액을 만나
한량없는 괴로움과 몸을 핍박당할지라도
관세음의 미묘한 지혜의 힘이
능히 세간의 고통을 구원하느니라.

신통력을 갖추시고
지혜의 방편을 널리 닦아
시방의 여러 국토에
몸을 나타내지 않는 곳이 없으며,
여러 가지 모든 악도
지옥 · 아귀 · 축생의
생 · 노 · 병 · 사의 모든 고통을
점차로 멸하게 해 주시니라.

진실로 관찰하고 청정으로 관찰하고
넓고 큰 지혜로 관찰하며
대비로 관찰하고 대자로 관찰함을
원하며 항상 우러러 볼 것이니라.

때 없는 청정한 광명과
지혜는 해와 같이 모든 어둠을 깨뜨리고
능히 재앙의 풍화를 조복 받으며
널리 밝게 세상을 비추느니라.

그가 설하는 계율은 우뢰의 진동 같고
자비의 마음의 미묘함은 큰 구름과 같아,
감로의 법비를 내려
번뇌의 타는 불길을 멸해 주느니라.
소송으로 관청에 가거나
겁나고 두려운 전쟁 중이라도
저 관세음의 힘을 생각하면
모든 원망이 다 물러가리라.

미묘하게 중생을 가르치는 복덕의 음성이요,
세상을 능히 굽어 살피는 음성이며
바다의 파도소리와 같이 새로운 진리의 음성이며
저 세간의 미혹을 초월한 음성이라.
이런고로 모름지기 항상 생각하여
잠깐만이라도 의심 내지 말지니라.

관세음보살은 청정한 성스러운 분이니

고뇌와 죽음의 액운에서
능히 믿고 의지가 되리라.
일체의 공덕을 갖추어
자비로운 눈으로 중생을 보며
쌓인 복이 바다처럼 한량없으니
이런고로 머리숙여 예배하느니라.

그때 지지보살이 자리에서 일어나 부처님 앞에
나아가 여쭈었다.

"세존이시여! 만일 중생이 이 관세음보살품의
걸림없는 행동과 널리 펴보이고 나타내는 신통력
을 들은 이는, 그 사람의 공덕이 적지 않음을 알
겠나이다."

부처님께서 이 보문품을 설하실 때에 대중 가
운데 팔만 사천 중생이 평등한 아뇩다라삼먁삼보
리의 마음을 일으켰느니라.

〈관세음보살보문품 끝〉

제 26 다라니품

그때 약왕보살이 곧 자리에서 일어나 오른쪽 어깨를 올리고 부처님을 향하여 합장하고 부처님께 여쭈었다.

"세존이시여! 만일 선남자·선여인이 능히 법화경을 받아 가지고 읽고 외워 통달하거나 그 경전을 옮겨 쓰면 얼마나 많은 복을 얻나이까."

부처님께서 약왕보살에게 말씀하시었다.

"만일 선남자·선여인이 팔백 만억 나유타 항하사 등의 모든 부처님께 공양하였다면 너의 생각은 어떠하냐. 그 사람이 얻는 공덕이 어찌 많지 않겠느냐."

"매우 많겠나이다. 세존이시여!"

부처님께서 말씀하시었다,

"만일 선남자·선여인이 이 경을 다만 네 구절한 게송이라도 받아 지녀 읽고 외우며, 해설하여 설한 바와 같이 수행하면 그 공덕이 매우 많느니라."

그때 약왕보살이 부처님께 여쭈었다.

"세존이시여! 제가 이제 설법하는 사람에게 다라니 주문을 주어 수호하겠나이다."하고 곧 주문을 말하였다.

"『아녜·마녜·마녜·마마녜·칫테·차리테·샤메·사미타·비산테·묵테·묵타타메·사메·아비사메·사마사메·자예·크사예·아크사에·아크시네·산테·사미테·다라니·아로카바세·프라타베크사니·니디루·아뱐타라 니비스테·아뱐타라 파리숫디·묵쿠레·묵쿠레·아라테·파라테·수캉쿠시·아사마 사메·붓다 비로키테·다르마 파리크시테·상가 니르고사니·니르고니·바야바야 비쇼다니·만트레·만트라크사야테·루테·루타 카우사례·아크사예·아크사야 바나타예·박쿠레바로다·아마냐나타예·스바하.』

"세존이시여! 이 다라니신주는 육십이억 항하사 등의 모든 부처님께서 말씀하신 바이오니, 만일 누구든지 이 법사를 헐뜯거나 비방하면 곧 이 모든 부처님을 헐뜯고 비방하는 것이 되나이다."

이때 석가모니불께서 약왕보살을 칭찬하여 말씀하시었다.

"착하고 착하도다. 약왕아! 네가 이 법사를 가엾게 여기고 걱정하여 옹호하려는 고로 이 다라니를 설하였으니, 여러 중생들에게 이익되는 바가 많으리라."

그때 용시보살이 부처님께 여쭈었다.

"세존이시여! 나도 또한 법화경을 읽고 외우며

받아 지니는 이를 보호하기 위하여 다라니를 설하오리니, 만일 이 법사가 이 다라니를 얻으면 혹은 야차거나 나찰·부단나·길자·구반다·아귀 등이 그의 허물을 찾아 내려하더라 그 약점 찾지 못하오리다."하고, 곧 부처님 앞에 나아가 주문을 설하였다.

"『즈바레·마하즈바레·욱케·툭케·묵케·아데·아다바티·느리테·느리탸바티·잇테니·빗티니·칫티니·느니타니·느리탸바티·스바하.』

세존이시여! 이 다라니 신주는 항하사 모든 부처님께서 설하신 바이며 또한 따라 기뻐하셨으니, 만일 이 법사를 헐뜯 비방하는 이는 곧 이 모든 부처님을 헐뜯고 비방하는 것이 되나이다."

그때 비사문천왕이 부처님께 여쭈었다.
"세존이시여! 저도 또한 중생을 가엾게 생각하고 법사를 옹호하기 위해 이 다라니를 설하겠나이다.”하고, 곧 주문을 설하였다.

“『앗테 · 탓테 · 바낫테 · 아나테 · 나디 · 쿠나디 · 스바하.』

“세존이시여! 이 신주로써 법사를 옹호하고, 또한 스스로 이 경을 가진 이를 옹호하여, 일백유순 안에 모든 재앙과 근심걱정이 없게 하겠나이다.”

그때 지국천왕이 이 모임에 있어, 천만억 나유타 건달바들의 공경을 받으며 둘러 싸여, 부처님 앞에 나아가 합장하고 부처님께 여쭈었다.

“세존이시여! 저도 또한 다라니 신주로써 법화경 가진 이를 옹호하겠나이다.”하고, 곧 주문을 설하였다.

“『아가네 · 가네 · 가우리 · 간다리 · 찬다리 · 마탕기 · 풋카시 · 부루사리 · 시시 · 스바하.』”

“세존이시여! 이 다라니 신주는 사십이억의 모든 부처님께서 설하신 바이니, 만약 이 법사를 헐뜯고 비방하는 자는, 곧 이 모든 부처님을 헐뜯고 비방함이 되오리다."

그때 나찰녀들이 있었으니, 첫째 이름은 남바요, 둘째 이름은 비남바며, 셋째 이름은 곡치이고, 넷째 이름은 화치이며, 다섯째 이름은 흑치이고, 여섯째 이름은 다발이며, 일곱째 이름은 무염족이고, 여덟째 이름은 지영락이며, 아홉째 이름은 고제고, 열째 이름은 탈일체중생정기이니라.

이 열 명의 나찰녀들이 귀자모와 아울러 그의 아들과 권속들로, 부처님 앞으로 나아가 같은 소리로 부처님께 여쭈었다.

"세존이시여! 저희들도 또한 법화경을 읽고 외우며 받아 지니는 이를 옹호하여 그의 재앙과 근심 걱정을 없애 주며, 만일 어떤 이가 이 법사의 허물을 찾아 내려 하면 그로 하여금 그 허물을 찾지 못하게 하겠나이다."하고, 곧 부처님 앞에서 주문을 설하였다.

"『이티메 · 이티메 · 이티메 · 이티메 · 이티메 · 니메 · 니메 · 니메 · 니메 · 니메 · 루혜 · 루혜 · 루혜 · 루혜 · 루혜 · 스투혜 · 스투혜 · 스투혜 · 스투혜 · 스투혜 · 스바하.』"

"차라리 나의 머리 위에 오를지언정 법사를 괴롭히지 말며, 혹은 야차 · 나찰 · 아귀 · 부단나 · 길자 · 비타라 · 건타 · 오마륵가 · 아발마라 · 야차길자 · 사람길자든가, 만일 열병에 하루 · 이틀 · 사흘 · 나흘 · 내지 칠일에 이르며 항상 앓는 열병이거나 남자의 모습이나 여자의 모습이나 동남의 모습이나 동녀의 모습이나 나아가 꿈에서라도 괴롭히지 말라."하고, 곧 부처님 앞에서 게송으로 말하였다.

> 만약 나의 주문에 순종치 않고
> 설법하는 자를 괴롭히면
> 머리를 일곱 조각으로 쪼개어
> 아리수 나뭇가지처럼 할 것이며,
> 부모를 죽인 원수와 같이 하며,

또는 기름을 짜듯 주리 틀며
말이나 저울로 남을 속이고
제바달다가 승단화합을 깨뜨리는 죄와 같아
이 법사를 해치는 이는
마땅히 이같은 재앙을 얻으리라.

모든 나찰녀가 이 게송을 다 설하고 부처님께 여쭈었다.

"세존이시여! 저희들도 또한 이 경전을 받아 가지고 읽고 외우며 수행하는 이를 옹호하여 편안함을 얻게 하고, 모든 근심과 근심걱정을 여의게 하며 여러 독약을 없애 주겠나이다."

부처님께서 모든 나찰녀에게 말씀하시었다.

"착하고 착하도다! 너희들이 다만 법화경의 이름만을 받아 가지는 이를 옹호하더라도 그 복이 헤아릴 수 없거늘, 하물며 그 가르침을 믿고 간직하며 경전에 공양하되, 꽃·향·영락과 가루향·바르는 향·사르는 향과 번개·기악과 여러 가지

등불을 켜되, 우유등·기름등과 모든 향유등과
소마나꽃기름등·첨복꽃기름등·바사가꽃기름
등·우발라꽃기름등과 이와 같은 백천 가지로 공
양하는 이를 옹호함이라.

고제야! 너희들과 너희 권속들은 마땅히 이와
같은 법사를 옹호해야 할 것이니라."

이 다라니품을 설하실 때 육만팔천인이 무생법
인을 얻었느니라.

〈다라니품 끝〉

제 27 묘장엄왕본사품

그때 부처님께서 모든 대중에게 말씀하시었다. "지난 과거 한량없고 가이없는 불가사의 아승지 겁에 부처님이 계셨으니, 이름은 운뢰음숙왕화지·다타아가도·아라하·삼먁삼불타이시며, 나라 이름은 광명장엄이고 겁의 이름은 희견이었느니라.

그 부처님의 법 가운데 왕이 있었으니, 이름은 묘장엄이고 그 왕의 부인 이름은 정덕이며 두 아들이 있었으니, 첫째 이름은 정장이고 둘째 이름은 정안이었느니라.

이 두 아들은 큰 신통력과 복덕과 지혜가 있어 오래도록 보살이 행할 도를 닦았으니 이른바, 보시바라밀·지계바라밀·인욕바라밀·정진바라밀·선정바라밀·지혜바라밀·방편바라밀과 자·비·희·사와 서른일곱 가지의 수행의 길까지 명료하게 통달하였다. 또 보살의 정삼매와 일성숙삼매·정광삼매·정색삼매·정조명삼매·장장엄삼매·대위덕장삼매를 얻어서 이러한 삼매에도 다 통달하였느니라.

그때 그 부처님께서 묘장엄왕을 인도하고자 하시며 중생을 가엾이 생각하시는 고로 이 법화경을 설하시었느니라.

그때 정장과 정안 두 아들이 그의 어머니 계신 곳에 이르러 열 손가락을 모아 합장하고 여쭈었다.

"원컨대 어머니께서는 운뢰음숙왕화지 부처님

계신 곳에 가시옵소서. 저희들도 또한 모시고 따라가서 친히 뵙고 공양·예배하겠나이다.

왜냐하면, 그 부처님께서 일체 하늘과 사람들에게 법화경을 설하시니, 반드시 듣고 받아지녀야 하나이다."

어머니가 아들에게 말하였느니라.

"너희 아버지는 외도를 믿고 받아서 바라문의 법에 깊이 집착하시니 너희들은 응당 아버지께 말씀드려 함께 가도록 하여라."하였느니라.

정장과 정안이 열 손가락을 모아 합장하고 어머니께 여쭈기를, "저희들은 법왕의 아들로서 어찌하여 잘못된 가르침을 믿는 집에 태어난 것이옵니까."하니

어머니가 아들에게 말하기를, "너희들은 마땅히 너희 아버지를 염려하여 신통 변화를 나타내

보여라. 만일 보시게 되면 마음이 반드시 청정해져서 우리들이 부처님 계신 곳에 이르도록 허락하시리라."하고 대답하였느니라.

이때 두 아들이 그 아버지를 생각하여 허공으로 일곱 다라수 높이로 솟아 올라 여러 가지 신통 변화를 나타내어, 허공 중에서 걷고·머무르고·앉고·눕고 하면서 몸 위로 물을 뿜고, 몸 아래로 불을 뿜으며, 또는 몸 아래로 물을 뿜고, 몸 위로 불을 뿜어내기도 하며, 혹은 큰 몸으로 나타내어 허공에 가득 차게 하였다가, 다시 몸으로 작게 나타내며, 작아진 몸을 다시 크게 나타내며, 공중에서 없어졌다가 홀연히 땅에 있기도 하며, 땅 속에 들어가기를 물과 같이 하고, 물을 밟되 땅과 같이 하는 등, 이와 같은 가지가지의 신통 변화를 나타내어 그 아버지로 하여금 마음을 깨끗이 하여 믿고 이해하게 하였느니라.

그때 아버지는 아들의 이와 같은 신통력을 보고 마음이 크게 기뻐하여 미증유를 얻어, 아들을 향하여 합장하고 말하기를, "너희들의 스승은 누구이며 누구의 제자이냐" 두 아들이 대답하되, "대왕이시여! 저 운뢰음숙왕화지 부처님께서 지금 칠보의 보리수 아래 있는 법좌에 앉으시어 일체 세간·하늘과 사람들에게 널리 법화경을 설하시니, 곧 저희들의 스승이시고 저희들은 그의 제자들이옵니다." 아버지가 아들에게 일러 말하기를, "나도 이제 너희들의 스승을 만나뵙고자 하니 함께 가자."하였느니라.

그때 두 아들이 허공에서 내려와 그 어머니 계신 곳에 이르러 어머니께 합장하고 여쭈었다.

"부왕께서 이제 이미 믿고 이해하시어 아뇩다라삼먁삼보리심을 내시게 되었나이다.

저희들이 아버지를 위하여 이미 부처님의 일을

하였으니, 원컨대 어머니께서는 저 부처님 계신 곳에 가서 출가하여 수도하도록 허락하시옵소서."

그때 두 아들이 그 뜻을 거듭 밝히고자 게송으로 어머니께 여쭈었느니라.

원컨대 어머님은 저희들을 허락하시어
출가하여 사문이 되게 하여 주옵소서.
모든 부처님은 만나뵙기가 참으로 어려우니
저희들이 부처님을 따라 배우려 하나이다.
우담발화꽃 보다도
부처님을 만나기는 이보다 더 어려우며
모든 환난을 벗어나기도 또한 어려운 것이니
원컨대 저희들의 출가를 허락하여 주옵소서.

어머니가 곧 일러 말하였느니라.
"너희들의 출가를 허락하노라. 왜냐하면 부처님을 만나 뵙기가 어렵기 때문이니라."

이에 두 아들이 부모님께 여쭈었느니라.

"거룩하신 부모님이시여! 원컨대 운뢰음숙왕화지 부처님 계신 곳에 가시어 친견하고 공양하시옵소서. 왜냐하면 부처님을 만나기 어려움은 우담발화꽃이 피는 것과 같으며, 또 외눈의 거북이가 바다에 뜬 나무의 구멍을 만남과 같나이다.

저희들은 과거 세상의 복이 두터워 현생에서 부처님의 법을 만났나이다. 이런고로 부모님께서는 저희들이 출가하도록 허락하여 주시옵소서. 왜냐하면 모든 부처님을 만나 뵙기가 어려우며, 때를 만나기도 또한 매우 어렵나이다."

그때 묘장엄왕의 후궁 팔만 사천 명이 모두 이 법화경을 받아 지녔으며, 정안보살은 법화삼매에 오래 머물러 이미 통달했으며, 정장보살은 이미 한량없는 백천만억 겁에서 모든 악도에서 벗어난 이제 악취 삼매를 통달했으니, 이는 일체 중생들로 하여금 모든 악한 길에서 벗어나게 하려는 때문이라. 그 왕의 부인은 제불집삼매를 얻어서 능히 모든 부처님의 비밀스러운 법장도 알았느니라.

두 아들이 이와 같은 방편력으로 그 아버지를 잘 교화하여, 마음으로 믿고 이해하여 불법을 좋아하게 하였느니라. 이에 묘장엄왕은 여러 신하와 권속과 함께 하고, 정덕부인은 후궁의 시녀·권속과 함께 하고, 그 두 왕자는 사만 이천 인과 함께 하여, 일시에 부처님 계신 곳에 함께 나아가 머리 숙여 예배하고 부처님 주위를 세 번 돌고 한 쪽에 물러나 있었느니라.

그때 부처님께서 왕을 위해 법을 설하시어 가르쳐 보이면서 이롭고 즐겁게 하시니, 왕이 크게 기뻐하였느니라.

그때 묘장엄왕과 그 부인이 값이 백천 냥이나 되는 진주·영락을 목에서 풀어 부처님 위에 뿌렸느니라.

그것이 공중에서 변화하여 네 기둥의 보배 좌대가 되고, 그 좌대 중에 큰 보배의 평상이 있어 백천만의 하늘옷을 깔았고, 그 위에 부처님이 가부좌를 하고 앉으시어 큰 광명을 놓으심이라.

그때 묘장엄왕이 이런 생각을 하였느니라.
'부처님의 몸은 희유하시어 단정하고 엄숙하여 제일 미묘한 모양을 성취하셨도다.'

이때 운뢰음숙왕화지 부처님께서 사부대중에게 말씀하시었느니라.
"너희들은 이 묘장엄왕이 내 앞에서 합장하고 서 있는 것을 보고 있느냐. 이 왕은 나의 법 중에서 비구가 되어 부처님의 법을 부지런히 닦아서 마땅히 성불하여 이름을 사라수왕이라 할 것이며, 그 나라의 이름은 대광이고 겁의 이름은 대고

왕이라. 그 사라수왕 부처님에게는 한량없는 보살대중과 한량없는 성문들이 있으며, 그 나라는 평평하고 그 공덕이 이와 같으니라."

　그 왕이 즉시 나라를 동생에게 맡기고 부인과 두 아들, 그리고 여러 권속들과 함께 부처님의 법에 귀의하고 출가하여 수도하였느니라.
　왕이 출가한 후 팔만 사천 년을 항상 부지런히 정진하여 묘법연화경을 수행하고, 이렇게 지난 후 일체정공덕장엄삼매를 얻었느니라.

　곧 허공으로 일곱다라수를 높이 솟아올라 부처님께 여쭈었느니라.
　"세존이시여! 저희 두 아들은 이미 부처님의 일을 하여, 신통한 변화로 나의 삿된 마음을 돌려 부처님의 법 가운데 편안히 머물게 하고, 세존을 친견할 수 있게 하였으니, 이 두 아들은 저의 선지식이옵니다. 지난 세상에 심었던 선근을 다시 일으켜 저를 이익되게 하고자 저의 집에 와서 태어난 것이옵니다."

그때 운뢰음숙왕화지 부처님께서 묘장엄왕에게 일러 말씀하시었느니라.

"그와 같고 그와 같으니라. 네가 말한 바와 같으니라. 만일 선남자 · 선여인이 선근을 심은 연고로 세세생생에 선지식을 만나게 될 것이니, 그 선지식은 능히 불사를 하여 보이고 가르치고 이롭고 기쁘게 하여 아뇩다라삼먁삼보리에 들게 하느니라.

대왕이여 마땅히 알라. 이 선지식은 큰 인연이니 중생을 교화하고 인도하여 부처님을 친견케 하고, 아뇩다라삼먁삼보리의 마음을 일으키게 하느니라.

대왕이여! 너는 이 두 아들을 보느냐. 이 두 아들은 이미 육십오백천만억 나유타 항하사 모든 부처님을 공양하면서 친근하고 공경하였으며, 모

든 부처님 계신 곳에서 법화경을 받아 지니고, 삿
된 견해에 빠진 중생들을 가엾게 여겨 바른 견해
에 머물도록 하였느니라."

그때 묘장엄왕은 즉시 허공에서 내려와 부처님
께 여쭈었느니라.

"세존이시여! 여래께서는 매우 희유하시어, 공
덕과 지혜를 가지신 까닭으로 머리 위의 육계에
서 광명이 밝게 비치시며, 그 눈은 길고 크고 산
뜻한 남색이며, 미간의 백호상은 흰 구슬이 모여
이룩된 달과 같으시고, 이는 희고 가지런하고 빽
빽하여 항상 빛나며, 입술 색은 보기 좋게 붉어
빈바의 열매와 같나이다."

그때 묘장엄왕이 부처님의 이와 같은 한량없는
백천만억 공덕을 찬탄하고, 여래 앞에서 일심으
로 합장하고 다시 부처님께 여쭈었느니라.

"세존은 미증유시라. 여래의 법은 불가사의 미
묘한 공덕을 구족·성취하시어 계율을 가르치고

행하심이 편안하고 즐거웁나이다. 나는 오늘부터 다시는 미혹한 마음을 따르지 않고, 삿된 소견과 교만함과 성내는 등 모든 나쁜 마음을 내지 않겠나이다." 이 말을 마치고 부처님께 예배하고 물러났느니라.

부처님께서 대중에게 말씀하시었다.

"너희들 생각에는 어떠하냐. 묘장엄왕이 어찌 다른 사람이겠느냐. 지금의 화덕보살이고, 정덕부인은 지금 부처님 앞에 있는 광조장엄상보살이며, 묘장엄왕과 그 여러 권속을 가엾게 여기는고로 그 가운데 태어났던 두 아들은 지금의 약왕보살과 약상보살이니라.

이 약왕과 약상보살이 이와 같은 모든 큰 공덕을 성취하고 이미 한량없는 백천만억의 여러 부처님 계신 곳에서, 여러 가지 덕의 근본을 심어 불가사의한 모든 좋은 공덕을 성취했으니, 만일 어떤 이가 이 두 보살의 이름을 아는 자는 일체 세간의 모든 하늘과 인간은 마땅히 예배해야 할 지니라.

부처님께서 이 묘장엄왕본사품을 설하실 때, 팔만 사천 인이 티끌을 멀리하고 더러움을 여의 고, 모든 법 가운데서 청정한 눈을 얻었느니라."

〈묘장엄왕본사품 끝〉

제 28 보현보살권발품

그때 보현보살이 자재로운 신통력과 위덕을 갖추어 높은 이름이 널리 알려진 보현보살이 한량없고 가이없어 헤아리지 못할 수의 큰 보살들과 함께 동방으로부터 오시니, 지나 오는 모든 국토마다 모두 크게 진동하고 보배의 연꽃이 비오듯 내리며, 한량없는 백천만억의 여러 가지 기악들이 울려퍼졌다.

또 무수한 여러 하늘·용·야차와·건달바·아수라·가루라·긴나라·마후라가·사람과 사람이 아닌 대중에게 둘러싸여, 각각 위덕과 신통력을 나타내어 사바세계의 기사굴산 중에 이르러 석가모니 부처님께 머리 숙여 예배하고, 오른쪽으로 일곱 번 돌고 부처님께 여쭈었다.

"세존이시여! 저는 보위덕상왕 부처님의 국토로부터 멀리 이 사바세계에서 법화경 설하심을 듣고, 한량없고 가이없는 백천만억의 여러 보살 대중과 함께 받아 들으려 왔나이다.

원컨대 세존께서는 설하여 주시옵소서. 선남자·선여인들이 여래께서 멸도하신 후 어떻게 하여야 이 법화경을 얻어 들을 수 있겠나이까."

부처님께서 보현보살에게 말씀하시었다.

"만일 선남자 선여인이 네 가지의 법을 성취하면 여래가 멸도한 후에 반드시 이 법화경을 얻을 것이니라.

첫째는 모든 부처님의 호념하시는 바가 있어야 하며, 둘째는 모든 덕의 근본을 심어야 하고, 셋째는 성불이 결정된 사람들의 모임에 들어야 하며, 넷째는 일체 중생을 구원하려는 마음을 내어야 하느니라.

선남자·선여인이 이와 같이 네 가지 법을 성
취해야 여래가 멸도한 후에 반드시 이 경을 얻을
것이니라."

그때 보현보살이 부처님께 여쭈었다.
"세존이시여! 후오백세의 흐리고 악한 세상에
서 이 경전을 받아 지닌 이가 있으면, 내가 마땅
히 수호하여 그 재앙과 어려움을 없애 편안함을
얻게 하고, 약점을 찾아내어 해치려는 이가 있어
도 그 약점을 찾지 못하게 하겠나이다.
혹은 마구니이거나 마구니의 아들, 혹은 마녀
이거나 마의 백성이거나, 마가 사람이거나, 야차
·나찰·구반다·비사사·길자·부단나·위타
라 등의 모든 사람을 괴롭히는 것들이 모두 그 기
회를 찾지 못하게 하겠나이다.
이 사람이 거닐거나 혹은 서서 이 경을 읽고 외
우면, 나는 그때 여섯 이빨을 가진 희고 큰 코끼
리를 타고 큰 보살들과 함께 그가 있는 곳에 나아

가 스스로 몸을 나타내어, 공양하고 수호하여 그의 마음을 편안하게 위로하겠사오니, 이는 법화경을 공양하기 때문이옵니다.

만일 이 사람이 앉아서 이 경을 깊이 생각하면, 그때 나는 다시 희고 큰 코끼리를 타고 그 사람 앞에 나타날 것이며, 그 사람이 만일 법화경의 한 구절이나 한 게송을 잊게 되면, 제가 마땅히 가르쳐서 같이 읽고 외우며 다시 통달하도록 하겠나이다.

그때 법화경을 받아가지고 읽고 외우는 이가 나의 몸을 보면, 매우 기뻐하여 다시 정진할 것이며, 나를 보는인연으로 즉시 삼매와 다라니를 얻을 것이니, 그 이름을 선다라니요 백천만억 선다라니와 법음방편 다라니이며 이와 같은 다라니를 얻게 되오리다.

세존이시여! 만일 후세상 후오백세의 흐리고 악한 세상 중에 비구·비구니·우바새·우바이로서, 찾아 구하려는 이, 받아 가지려는 이, 읽고 외우려는 이, 옮겨 쓰려는 이가 이 법화경을 닦고 익히려 하면, 스무하루 동안 일심으로 정진할 것이며, 그 스무하루를 채우면 내가 마땅히 여섯개의 이빨을 가진 희고 큰 코끼리를 타고 한량없는 보살들에게 둘러싸여 일체 중생이 기뻐할 몸으로 그 사람 앞에 나타나, 법을 설하여 주고 가르쳐서 이롭고 기쁘게 하며, 또 다라니의 주문을 주리니, 이 다라니를 얻었기 때문에 아무도 이를 파괴할 이가 없을 것이며, 또는 여인에게 유혹되어 혼란치 않을 것이고, 또한 내가 항상 이 사람을 보호하겠나이다.

원컨대 세존께서는 내가 이 다라니의 주문을 설하도록 허락하시옵소서.”

즉시 부처님 앞에서 주문을 설하였다.

『아단테 · 단다파티 · 단다바르타니 · 단다쿠사레 · 단다수다리 · 수다리 · 수다라파티 · 붓다파샤네 · 사르바다리니 아바르타니 · 삼바르타니 ·

상가 파리크시테·상가 니르카타니·다르마 파
리크시테·사르바삿바루타카우사랴누가테·심
하 비크리디테·아누바르테·바르타니 바르타
리 스바하.』

"세존이시여! 만약 보살이 이 다라니를 얻어
들은 이가 있으면 마땅히 보현의 신통력인 것을
알 것입니다.
만일 이 법화경이 사바세계에서 행해져 이를
받아 가지는 이가 있으면, 응당 이는 모두 보현의
위신력이라고 생각하겠나이다.

만약 이 경전을 받아가지고 읽고 외우면서
바르게 기억하고 생각해서 그 뜻을 잘 이해하
여 설한 대로 수행하면, 마땅히 알라. 이 사람
은 보현의 행을 행하여 한량없고 가이없는 모
든 부처님 계신 곳에서 선근을 깊이 심어, 모
든 여래가 손으로 그의 머리를 어루만져 주신

것임을 아오리다.

만일 이 경전을 옮겨 쓰기만 하여도 그 사람이 목숨을 마치면 마땅히 도리천상에 태어나게될 것이며, 이때 팔만 사천 천녀들이 여러 가지기악을 연주하며 영접할 때에, 그 사람은 칠보관을 쓰고 시녀들 가운데서 즐겁게 놀고 즐길것이며, 하물며 받아가지고 읽고 외우며 바르게기억하고 생각해서 그 뜻을 이해하여 설한대로수행한 공덕이 얼마나 크겠나이까.

만일 어떤 사람이 받아가지고 읽고 외우며 그뜻을 해설하면, 그 사람은 목숨을 마친 후 일천부처님께서 손을 잡아주시어 두렵고 겁나지 않게 해 주시고, 악한 곳에 떨어지지 않고 도솔천상의 미륵보살 계시는 곳에 태어날 것입니다.그 미륵보살은 삼십이 상을 갖춘 큰 보살들에게둘러 싸여 백천만억의 천녀들과 권속들이 있는그 가운데 태어날 것입니다.

이와 같은 많은 공덕과 이익이 있으므로, 지혜

있는 이는 응당 일심으로 이 경전을 스스로 쓰거나 다른 이를 시켜 쓸 것이며, 받아가지고 읽고 외우며 바르게 기억하고 생각하여 설한 대로 수행할지니이다.

세존이시여! 내가 이제 신통력으로써 이 경을 수호하여, 여래께서 멸도하신 후 사바세계에 널리 유포하여 끊어지지 않게 하겠나이다."

그때 석가모니 부처님께서 칭찬하여 말씀하시었다.

"착하고 착하도다. 보현아! 네가 능히 이 경을 보호하고 도와서 많은 중생으로 하여금 안락하고 이익되게 하리니, 너는 이미 불가사의 공덕과 깊고 큰 자비를 성취하였느니라.

오랜 옛날부터 아뇩다라삼먁삼보리의 뜻을 일으켜, 이 신통의 원을 세워 이 경을 수호하려 하니, 나도 마땅히 신통력으로써 보현보살의 이름을 받아 지니는 이를 수호해 주겠노라.

보현아! 만약 이 법화경을 받아가지고 읽고 외우며 바르게 기억하거나 닦고 익히거나 옮겨 쓰는 이는 마땅히 알라, 그 사람은 곧 석가모니 부처님을 친견하고 부처님의 입으로부터 이 경전을 들은 것과 같느니라.

마땅히 알라, 그 사람은 석가모니 부처님께 공양한 것이며 마땅히 알라. 그 사람은 부처님께서 착하다고 칭찬을 하심이며

마땅히 알라. 그 사람은 석가모니 부처님께서 손으로 그의 머리를 어루만지심이 되며 마땅히 알라. 그 사람은 석가모니 부처님께서 옷으로 덮어 주심이 되느니라.

이와 같은 사람은 세속의 즐거움을 탐하지 아니하며, 외도의 경서나 수필을 좋아하지 아니하며 또는 그 사람들과 모든 악한 이나 혹은 백정이나 돼지·양·닭·개 등을 기르는 사람이거나,

혹은 사냥을 하거나, 혹은 여색을 파는 이들과 친근하기를 좋아하지 아니하리라.

이 사람은 마음과 뜻이 정직하여 바르게 생각하고 복덕의 힘이 있으며, 그런 사람은 삼독의 괴로움을 받지 않으며, 또 질투와 아만·삿됨과 증상만으로 괴로움을 받지 아니하리니, 이런 사람은 욕심이 적고 만족할 줄을 알아 능히 보현처럼 이 경의 가르침을 철저히 행할 것이니라.

보현아! 만약 부처님께서 멸도한 후, 후오백세에 어떤 이가 이 법화경을 받아가지고 읽고 외우는 이를 보게 되면 반드시 이렇게 생각하여라.

'이 사람은 멀지 않아 도량에 나아가서 여러 마구니의 무리들을 쳐부수고 아뇩다라삼먁삼보리를 얻어, 법륜을 전하며 법북을 치고 법의 소라를 불며 법비를 내리게 하여, 마땅히 하늘과 인간 가운데서 사자법좌 위에 앉게 될 것이니라.'

보현아! 만약 후세에 이 경전을 받아가지고 읽고 외우는 자가 있으면, 이 사람은 의복·침구·음식 등의 생활용품을 탐내지 않더라도 그 소원이 헛되지 않으며, 현세에서도 그 복의 과보를 받을 것이니라.

만약 어떤 사람이 경멸하고 훼방하여 '너는 미친 사람이다. 공연히 이와 같은 행을 하여도 마침내 얻는 바가 없으리라.' 하면 그 사람의 죄보는 세세에 눈이 멀게 되리라. 만일 이런 이를 공양하고 찬탄하면 마땅히 현세에서 나타나는 좋은 과보를 얻으리라.

또 이 경전을 가진 이를 보고 그의 허물과 죄악을 들춰 내면, 사실이거나 아니거나 이런 사람은 현세에서 백라의 병을 얻을 것이며, 만약 경멸하여 비웃으면 그런 사람은 세세에 이빨이 성글고 부서지며, 입술은 못생기고, 코는 납작하며, 손과 다리가 비틀어지고, 눈은 사팔뜨기가 되며 몸에서는 더러운 냄새가 나며, 고약한 부스럼에 피고름이 나오고, 고창병과 숨가쁜 병 등의 여러 가지 악한 병을 앓는 몸으로 태어날 것이니라.

이런고로 보현아! 만약 이 경전을 받아 가진 이를 보거든, 마땅히 일어나 멀리가서 맞이하되 부처님을 공경하듯이 할지니라."

이 보현보살권발품을 설하실 때 항하사 등의 한량없고 가이없는 보살은 백천만억 선다라니를 얻었으며, 삼천대천세계 미진 수처럼 많은 모든 보살이 보현도를 갖추었느니라.

부처님께서 이 법화경을 설하실 때 보현 등의 모든 보살과 사리불 등의 모든 성문과 그리고 모든 하늘·용·사람과 사람 아닌 이들의 일체 대

중이 모두 크게 기뻐하며 부처님의 말씀을 받아
가지고 예배하고 물러감이라.

〈보현보살권발품 끝〉

영 험 전

《한국》

🪷 법화경을 사경하고자 준비하니 눈이 산골짜
기에 가득한데 족제비가 절 안으로 들어오다.

전라남도 순천(승주) 선암사 김경운화상은 근
대 고승으로서, 20세에 양산 통도사로 차배의 길
을 떠나 통도사에서부터 팔방 14암자를 순례하
는 동안에, 경운대사의 글씨가 명필임을 사찰에
서 모두 알고, 하루는 통도사 스님이 조용히 청하
여 가로되, 스님의 필적으로 법화경 한 질을 써서
우리 절에 유진하여 백세 천추에 영원한 법보로
삼고자 하오니, 스님은 일시적 수고를 아끼지 마
시고 소청을 들어 주시오. 경운대사는 흔쾌히 승
낙하고 날을 받아 목욕 재계하고 정의정복으로
조용히 별당에 좌정하고 문방사우를 준비할새,
그때는 섣달 성도재 전후라. 오직 붓 한 가지 변

변치 못하여서 깊이 걱정하고 있는 중인데, 어느 날 아침, 눈이 산야에 덮혀 있음에도 불구하고, 들쪽제비 한 마리가 경운대사 계시는 방장으로 들어와서 법상 아래 엎드렸는지라, 대사는 그를 보고 크게 감탄하며 즉시 가위를 가져오라 하여 꼬리털을 쓸만치 베어 내고, 쪽제비에게 법문을 일러서 돌려 보낸 후에, 그 털을 가지고 필공을 불러 정필 한 단을 매어서 칠죽법화경을 쓰는 동안 아무 장애없이 환히 성취하였는데, 그 법화경 한 질이 지금 통도사 장경각에 유진되어 무수한 선남선녀들이 향화인연을 맺게 되었고, 순천 선암사의 주최로 순천읍에 포교당을 설립하고 경운 대사를 모서 법화경 산림을 하는 중인데, 그때는 구월 중순임에도 불구하고 백련화 두 줄기가 그 포교당 전면 연당에서 솟아 올라왔으므로, 생공 법사가 지나 호구산에서 열반경을 강설할 적에 하늘에서 꽃비가 내려옴과 다름이 없는 상서라 하여 선신남녀의 발심을 증장하였다 한다.

《중국》

 사문요원찬

혀가 타지 않았다.

소요원의 질경이가 상서를 나타내다(원정상)

구마라집(344~413 또는 350~409)은 동수로 의역되는데, 구자국(서역에 있던 나라. 지금은 중국 신강성 부근) 사람이다. 7세에 출가하여 매일 천 개의 게송을 외웠다. 그의 어머니가 월지국에 가서 아라한 한 분에게 구마라집을 보였다.

"이 사미는 35세에 크게 불법을 펴서 수많은 사람을 제도할 것입니다."

어머니는 그 말을 잊지 않고 있다가, 하루는 구마라집에게 말했다.

"방등의 깊은 가르침을 중국에 펼치는 일이 오로지 너에게 달렸다."

이때 부견은 관중(지금의 섬서성 지방)에 웅거하고 있었는데, 태사 진이 말했다.

"덕이 있는 상서로운 별이 외국에 나타났으니, 이는 큰 지혜를 가진 분으로, 중국에 모셔 오면 도움을 줄 것입니다."

부견은 다음과 같이 말하고, 여광에게 군사를 거느리고 가서 구자국을 정벌하도록 하였다.

"나도 서역에 구마라집이라는 분이 있다고 들었는데, 이 현상은 필시 그분을 두고 나타난 것이 아닌가 합니다."

여광이 구마라집을 데리고 양주에 도착했을 때, 부견이 요장에게 살해되었다는 소식을 들었다. 이에, 여광은 관중 밖에 웅거하여 스스로 후량이라고 일컬었다.

요장이 죽고 그의 아들 흥이 왕위에 올랐는데, 종묘에 갑자기 연리수가 나오고, 소요원의 파가 이로 변하자, 요흥은 이를 상서로 여겨 여광을 정벌하고, 구마라집을 장안으로 맞아들여 국사의 예로 대우하였다. 요흥은 소요원에서 여러 승려와 함께 구마라집의 강설을 들었다.

구마라집은 한자에도 통달하여, 전에 번역된 경전과

산스크리트본을 비교하여 잘못된 점을 살폈다. 홍시 8년(406), 초당사에서 승려 리 등 팔백여 명과 사방의 의학 (불교)승려 이천여 명을 모아 옛 경전을 고증, 교정하여『묘법연화경』한 부 일곱 권을 역출하였다. 구마라집은 임종에 다달아 말했다.

"이『법화경』을 여러분이 힘써 유포시켜 주시오. 만약 번역한 것에 오류가 없다면, 내가 죽은 후에 몸을 태워도 혀는 타지 않게 하소서!"

그리고는 열반에 들어 다비를 하니, 과연 혀는 타지 않은 그대로였다.

구마라집의 전기는『양고승전』과 남산『감통전』에 자세히 기록되어 있다.

위천인이 이렇게 말했다.

"구마라집은 총명해 대승을 잘 이해하여, 과거칠불이래로 내려온 부처님 말씀을 번역하고 전해 법왕께서 남기신 뜻을 잘 드러냈다. 세속에서는 계를 허물었다고 말하기도 하지만, 그것은 의심할 필요조차 없다. 구마라집은 삼현보살의 지위에 오른 분이었다."

〈『홍찬전제삼』제2권, 『현응록』상권〉

《일본》

🪷 나무묘법연화경 제목을 봉창하여 비를 내리게
하다

석일련(일련대사)은 칠백팔십여 년 전 일본 장
협군 소주의 한 어촌에서 났으며, 십이세 때 청징
사 학당에 들어가 면학하고 십육세 때 체발 득도
하여 연장이라 하였다. 십칠세 때 뜻을 세워 당시
불교 문화 학문의 중심지인 겸창 예산 내량 고야
등지에서 십오 년간 일대불교를 연찬하여, 그 깊
이를 다하고, 모든 종파의 종지를 통달하며 겸하
여 유선 제자백가에 이르기까지, 모든 학문을 탐
구하고는 제불의 근본대도는 묘법연화경뿐이요,
인류 구원의 정법진리는 오직 나무묘법연화경 제
목 봉창의 대도 뿐이라는 결론을 얻고서, 지혜는
해처럼 밝고 마음은 연꽃같이 깨끗하리라는 뜻으

로 이름을 일련이라 고치고, 32세부터 61세 되는 해 시월 삼십일 입멸시까지 독송경전과 제목봉창 자행화타에 전력을 다하였다.

일련이 오십세 되던 해, 일본 전국에 대 한발에 가뭄이 들어 초목이 말라 비틀어지니, 정부에서 고심 끝에 당시 지율이 국중 제일이요 학덕이 높아 현세 여래로 숭앙받는 극락사 양관에게 기우기도를 봉행케 하였다.

일련이 이 소식을 듣고 자비교화의 한 방편으로 양관에게 제의하기를, '대덕이 칠일 안에 비를 내리게 하면 일련이 대덕의 제자가 될 것이요, 이 일련이 칠일 안으로 비를 내리게 하면 대덕이 일련의 제자가 되는 내기를 하면 어떻겠소.' 하였다.

기우력에 자신있는 양관은 크게 기뻐하여 쾌락하고서, 법단을 청정히 설치하고 계율청정한 백이십 명의 법사를 선택, 그들과 함께 진언비밀법을 여법히 봉행하였는데 삼사일이 지나도 우기가 없자, 다시 다보사에서 청정비구 수백명을 더 증원하여, 밀교비법을 비롯하여 법화경 화엄경 반야경 청우경 계경 염불 송추 등을 주야독송하여 칠일에 이르렀으나, 한방울의 비는 고사하고 무서운 열풍이 불어 닥쳤다.

이에 일런이 차례가 되어 제자 이 삼인과 함께 조용히 단에 올라 나무묘법연화경을 봉창하자, 얼마 안가서 대법의 영험이 나타나, 갑자기 큰 비가 쏟아져 내려 만물이 생기를 되찾고 백성들이 극심한 한발의 재난으로부터 벗어났다. 일런은 입정안국론 개목초 관심본존초 찬시초 보은초의 오대부를 비롯하여 수많은 저서를 후세에 남겼다.

 ## 지옥에서 경을 외우니 후대하고 보내주다

감문교위 이산룡은 무덕연중에 모진 병으로 죽었으나, 이상하게도 가슴이 따뜻하여 가족들이 차마 염습을 못하고 있었는데, 칠일 만에 깨어나 다음과 같이 명부에 다녀온 이야기를 하였다.

내가 죽어 명부에 들어가 어느 관청에 이르렀는데, 그 집 정원은 굉장히 넓고 죄수 수천 명이 늘어서 있었다. 그들은 칼을 차고 고랑도 채워진 채 복면을 하고 서 있었는데, 뜰의 대청 위에는 염라대왕이 높은 걸상에 앉고, 좌우로는 많은 관원이 시위하고 있었다.

나를 보고 염라대왕이 묻기를. "너는 평생에 무슨 복업을 닦았는가?"하기에, "나는 우리 고을 사람들이 부처님께 재를 올릴 때 한 번도 빠지지 않고 그 시주에 동참하여 왔다."고 대답하였다.

이에 염라대왕이 다시 묻기를, "너 혼자 선업을 닦은 일은 없는가?"하기에 "법화경 두 권을 늘 지송하여 왔습니다."하고 대답하니 왕이 놀라며 나를 뜰로 오르라 하여 올라서니, 그곳에 동북간으로 높은 자리가 하나 있는데, 왕은 그곳에서 내가 경을 외워줄 것을 청하였다. 이에 나는 자리에 올라 실상 묘법연화경 서품이 제일이라 이 경을 외우니 왕이 일어서서 공손히 합장 예배하며 말하길, "법사께서는 그만 그치소서."라고 하기에 내가 자리에서 내려 다시 뜰 아래를 돌아보니 아까 가득 차 있던 죄인들이 한 명도 없는지라. 놀라서 서 있는데 왕이 가로되, "그대의 경을 지송하는 복이 단지 자기 자신에게 좋은 것만이 아니라, 뜰 아래 있던 여러 죄수들까지도 모두 경의 제목 외움만을 듣고도 모두 그 죄를 면하게 된 것이니, 어찌 그대를 착하다 하지 않으리오. 이제 그대를 풀어 주어 인간으로 돌아가게 하오리다."하여 그곳에서 수십 보쯤 걸어 나오는데, 왕이 다시 부르며 시위 관리들을 보고 하는 말이, "이 사람을 데리고 가서 지옥을 보게 하라."하는 것이었다.

관리들이 왕의 명을 받들어 나를 데리고 동쪽으로 백여 보를 걸으니 문득 높다란 성벽이 보이는데, 무쇠로 쌓여 있는 그 성벽 가장자리로 많은 구멍이 뚫려 있어, 모든 남녀가 땅에서부터 그 구멍으로 날려 들며 다시는 나오지 못하거늘 관리가 설명하되 "이는 무간 지옥입니다. 각각 사람마다 지은 업에 따라 옥에 들어가 죄를 받는 모양입니다."라고 하였다.

이에 나는 한편 슬프고 한편 겁이 나, 나무불 삼자로 염불하고 또 한 곳에 이르니, 커다란 가마가 있어 불이 활활 타며 물이 펄펄 끓는데, 그곳의 모든 사람이 앉아서 졸고 있기에 "그대들은 웬 사람인가?"하고 물은 즉 그들이 대답하되, "우리들은 죄가 많아서 이 끓는 가마 속으로 들어갈 터인데, 그대가 나무불 삼자를 지송하여 주신 공덕으로 옥중 죄인과 같이 하루 쉬라는 명을 듣고 피곤함을 이기지 못하여 이와 같이 졸고 있습니다."라는 것이었다. 이에 더 구경할 마음이 없어 걸음을 급히 하여 인간으로 나왔는데, 문득 세 사람이 앞을 가로막고 나서며 나에게 하는 말이, "대왕께서 그대를 풀어 주라고 하지만, 우리들의 수고는 잊지 못할 것이라."하였다. 미처 내가 뭐라 하기 전에 관리가 설명하는 말이, "저 사람들은 일전에 그대를 명부로 잡아온 자들입니다. 한 사람은 포승을 맡은 자니 붉은 줄로 그대를 묶은 사람이고, 또 한 사람은 방망이를 맡은 자니 방망이로 그대를 때린 사람이며, 마지막 한 사람은 자루임자로 자루를 가지고 그대의 혼을 잡아 넣은 사람입니다. 오늘 그대가 인간으로 환생함을 보고 무슨 보수를 청하는 모양입니다."라고 하니, 내가 겁이 덜컥 나서, "미처 누군지 알아보지 못하였습니다. 청컨대 집으로 돌아가서 물품을 준비하겠으니 어느 곳에서 보내 드리리까."하고 물었다. 그러자 그들이 대답하길 "물가나 나무밑 모두 좋습니다." 하기에 허락하고 돌아오니 집안은 곡성이 낭자하고 장례 준비로 정신이 없던 터였습니다라고 말을 마쳤다.

이산룡이 이같은 경로로 환생한 며칠 후에 종이로 돈을 만들고 비단과 여러 가지 음식을 갖추어 물가에 나가서 위패를 불사르는데, 갑자기 세 사람이 나타나 하는 말이 그대가 실신을 하지 않고 이제 좋은 물품을 가져다 주니 참으로 감사합니다 하고 자취를 감추는 것이었다.

🪷 동지섣달에 연꽃이 피어

법융스님은 속성이 위씨인데, 단양 연릉현 신정 사람이다. 어려서 속세를 떠나 법복을 입고 회영산 숲 속에서 법화경을 배우다가 책을 짊어지고 천리길을 멀다 하지 않고 높은 스승을 찾아 다녔다.

뒤에 그는 단양 우두산의 유서사로 돌아와 따로 조그마한 집을 짓고 다시 법화경 수행에 몰두하니, 사방에서 학자와 스님들이 모여들어 흔연히 그에게 귀의하였다.

그래서 법융스님은 골짜기 어귀에서 크게 법화경을 강설하였는데, 이때가 마침 몹시 추운 겨울이라, 나뭇가지에는 서리가 하얗게 엉켜 붙었는데, 강설하는 곳에는 두 줄기의 연이 나서 금빛 연꽃이 활짝 피었다. 모두들 크게 놀라고 기이하여 감탄하기를 마지 않았다.

그리고 법화경을 강설할 때면, 또 한 마리 커다란 사슴이 반드시 와서 강설을 들었으므로, 문인들은 크게 발심하여 법화경 수행을 정업으로 삼고 힘써 행하였다.

법융스님은 뒤에 어디서 입적하였는지 아무도 아는 사람이 없었다.

〈홍찬전제삼〉

 장님으로 눈이 없어도 능히 보아

청신사 왕법행은 중국 산동성의 낙양현 임기 사람으로 어려서 양쪽 눈이 다 멀었는데, 그의 어머니가 자비로운 마음으로 입으로 법화경을 가르쳐 주었다.

　그는 나이 열여덟에 법화경을 통달하여 밤낮없이 열심히 일만칠천 번을 외웠으니, 비록 눈이 멀어 보지는 못했지마는 길을 걸어도 남이 인도해 줄 필요가 없었고, 또 길 가운데 구덩이가 있음을 스스로 알았으며, 능히 자리를 짜고 옷을 꿰매고 편지 쓰기를 오히려 눈 성한 사람보다 더 잘했더라. 그래서 사람들이 모두 신기하게 여기었다.

　그가 나이가 일흔한 살 개황 육년에 명을 마쳤는데, 그의 시체를 들판에 내다 놓으니 새와 짐승이 감히 가까이 가지 못하며, 살이 다 없어진 뒤에도 백골이 남아 있고, 혀가 입 밖으로 한 자쯤 나와서 빛이 연꽃과 같이 아름다웠다. 그의 아우인 혜의가 벽돌로 함을 쌓아서 넣어 두었는데, 오래도록 그 혀는 썩지 않았다고 한다.

〈홍찬전제삼〉

날짐승이 법문을 익혀 듣고 문득 업장의 몸을 벗어 버리다

동진 때 법지라는 스님이 있었는데, 여항산에 들어가 토굴을 짓고 법화경을 읽고 외우는 것을 일과로 삼아 조금도 게으름이 없었다.

그때 그 토굴 옆에 꿩 한 마리가 집을 틀고 있으면서, 법지스님의 경전 읽는 소리가 있으면 곁으로 날아와 법문을 들어온 것이 그럭저럭 칠 년이라는 긴 세월을 채우게 되었다.

그런데 하루는 그 꿩이 법문 소리를 듣고 날아왔는데, 법지스님이 살펴보니 전과 달리 그 모양이 매우 수척해져 있었다. 법지대사가 가엾게 여기고 날개를 쓰다듬으며 말하기를, "네가 비록 날짐승이지만 법화경 법문을 잘 들었으니, 만일 축생의 몸을 벗어 버린다면 반드시 인간 세상에 환생할 것이다."라고 하였다. 그리고 법화경 읽기를 마쳤으나, 웬일인지 꿩은 돌아가지 않고 뜰 아래로 왔다 갔다하며 돌아다니고 있었다. 이에 법지스님은 더욱 측은한 마음이 들어 저것이 혹 먹을 것을 찾는 것은 아닌가 하여 콩낱 같은 것을 던져 주었으나, 잘 먹지 않더니 그 이튿날 새벽에 그만 죽어버렸다.

대사가 그 몸을 염습하여 깨끗한 곳에 묻어 주었는데, 그날 저녁 꿈에 웬 청의 동자가 나타나 공손히 절하며 가로되, "저는 오늘 아침에 죽은 꿩입니다. 스님의 법문소리를 많이 들은 공덕으로 이 산하동 왕씨의 집에 남자로 태어날 터이온데, 바른쪽 겨드랑이에 조그마한 꿩 털이 붙어 있을 터이니 그걸 보시면 짐작할 수 있을 것입니다."하였다.

꿈에서 깨어난 대사가 생각컨대 내가 꿩이 죽기 전에 예언한 바도 있었고, 또 꿈이 이상하기도 하여 한번 경험하여 보리라 하고 왕씨 집 형편을 비밀히 알아보았다. 그랬더니 과연 열 달 후에 남자 아이가 태어났다 하기에, 대사가 생각하기를 이 아이가 걸음을 걷고 말을 배울 시기가 되면 다시 한 번 찾아 보리라 다짐하였다.

그 후 세월이 흘러 삼 년이 되는 어느 날, 마침 왕씨 집에서 재를 베풀고는 대사에게 공양할 것을 청하느지라, 대사는 좋은 기회를 만났다 생각하고 흔연히 내려가 그 부모를 만나보고 막 인사를 하는 판인데, 그 어린 것이 달려들며 우리 스님이 왔다 하며 무한히 반기는 것이었다. 대사 또한 그 아이를 사랑하여 품에 안고 머리를 쓰다듬으며 가로되, 이 아이는 분명 꿩 아이라 생각하며 아이의 옷깃을 풀어 바른편 겨드랑이 밑을 살펴보니, 과연 조그마한 꿩 털 세 개가 박혀 있었다.

삼 년 전 대사의 꿈과 일치함에 크게 감탄하는데, 왕씨 내외가 이상히 여겨 묻기에 대사가 지나온 일을 낱낱이 설명하여 주고 다시 하는 말이 "이 아이는 불문에 인연이 깊은 아이이니 일곱 살이 되거든 나의 상좌가 되게 하시오." 하니 그 부모도 고개를 끄덕이며 흔연히 승낙하였다.

칠 세가 되는 어느 날 출가한 아이는 머리를 깎고 오계를 받을 때, 겨드랑이에 꿩털이 있다 해서 이름을 담익이라 하였는데, 그에게 법화경을 보여주니 한 자도 서슴지 않고 무른 땅 벗기듯 술술 읽어 나갔다. 그는 대승경전을 섭렵하여 대법사가 된 연후에 동쪽 회계 땅에서 놀다가 진망산에 들어가 결초위암하고 법화경을 전문적으로 읽고 외워 열두 해를 채웠다.

그러던 중 하루는 날이 저물었는데, 천하 절색의 여자 한 명이 담익의 토굴로 들어서는 것이었다. 몸에는 챙이를 걸치고 손에는 대광주리를 들었는데, 그 광주리 속에는 흰빛 돼지 새끼 한 마리와 큰 마늘 두 뿌리가 들어 있었다.

그 여자는 스님 앞에서 울며, 자기는 이 산밑 아무개 집의 딸로서 산중에 들어와 고사리를 뜯다가 그만 모진 범을 만나 도망쳐 왔는데, 날은 벌써 저물어 산길은 희미하고 수목은 컴컴하며 무서운 짐승은 오락가락 할 것이니, 집을 찾아간

다 해도 살아날 방도가 없으므로 미안한 말씀이오나 하룻밤 자고 갈 수 있게 하여 달라는 것이었다.

담익대사가 생각컨대, 깊은 산중 무인지경에 젊은 남녀가 한 집에서 잠을 잔다는 것이 매우 혐의스럽다하여 허락하지 않았더니, 여자는 슬피 울며 허락하기만을 기다리는 것이었다. 하는 수 없이 담익 대사는 풀자리를 따로 한 곳에 정하여 주고, 다시 법복을 정제한 후 법화경을 읽어 나갔다.

밤이 이슥하여졌는데 여자가 갑자기 배가 아프다 하며 스님이 보아 주기를 청했다. 대사가 약을 던져 주었으나 여자는 먹지 않고 아프다고 소리소리를 지르며 "만일 스님이 나의 가슴을 만져 주신다면 곧 편안해질 것이나, 그렇지 않으면 금방 죽을 것 같습니다."하며 가로되 "일찍 불법은 자비 방편으로 근본을 삼는다 하였사오니 스님은 어찌 앉아 보시기만 하면서 한 번 손을 다하여 구제치 않습니까."하였다. 이에 대사가 가로되, 나는 계행을 지키는 스님으로서 여자의 몸을 만지는 것은 크게 당치 않는 일이라고 하였다.

그러나 여자는 들은 척도 하지 않고 그저 만져만 달라고 하는 까닭에, 대사는 어쩔 수 없이 수건을 주장자 끝에 매어 멀리 앉아 있는 여자의 배를 문질러 주니 조금 있다가 여자가 하는 말이 "병은 벌써 가라 앉았으니 감사합니다."하고 잠이 들었다.

날이 밝아 여자가 일어나 뜰 아래로 내려서는데, 채복은 변하여 상서로운 구름이 되고, 돼지는 변해서 흰 코끼리가 되었으며, 마늘은 변해서 한 쌍의 연화가 되었다. 그 여자가 발로 연화를 디디며 코끼리 위에 올라 구름을 타고 날아가며 하는 말이, "나는 보현보살이며 네가 오래지 않아 보살도를 얻게됨에 특별히 와서 한 번 시험하였노라. 네 마음은 물 가운데 달과 같아서 더럽힐 도리가 없구나." 하였다. 말을 마치고 표연히 날아가니, 그때 공중에서 꽃비가 내리고 땅이 다 진동하는지라.

그날 회계 태수 맹공개가 새벽에 일어나 대청

을 거닐 때, 문득 남쪽 하늘에서 오색 구름이 일어나며, 그 속으로 서기 광명이 비쳐 관청 뜰까지 환하여지고, 그 상서로운 구름 밑으로는 금석사 죽지성이 은은히 들리는 것을 목격하고, 너무도 이상하게 여겨 그 즉시 사방으로 탐문하니 담익 대사가 보현보살을 만나 본 경과임을 알고, 대사의 행장을 갖춰 그 연유로 조정에 알려 임금의 명을 받아 그곳에 절을 지었으며, 임금께서 법화사라 이름을 지어 주시니, 그때는 동진안제 의희 십삼 년 봄이었다.

🪷 소리를 높이 하여 경을 독송함에 수호 병정이 뜰에 가득하다

승영이라는 스님은 젊어서 출가하여 강양 영제사에 머물러 있었는데, 나이가 늙도록 법화경을 독송하고 익히기를 게을리 하지 않았다.

이웃방에 다른 법사 한 분이 있어, 항상 승영이 소리를 높여 법화경을 읽는 것이 자기 간경에 방해가 된다 하여 승건이라는 스님에게 승영의 고성 독송을 못하도록 부탁하였다.

승건이 허락하고 그날부터 권고하기로 하였는데, 마침 승영이 달이 창에 밝음을 이용하여 언제나처럼 경을 외우거늘, 승건이 막 승영에게로 가려고 할 때 멀리서 바라보니, 승영의 방 앞에 수천의 사람이 있어, 몸에 의갑주를 굳게 하고 창과 활을 지니고 합장하고 꿇어앉아 정성스럽게 그 송경소리를 듣거늘, 승건이 크게 놀라 가만히 자기 방으로 돌아왔다.

다음날 이웃방의 법사를 찾아가 어젯밤 일을 자세히 설명하고, 승영에게 그들의 허물을 크게 참회하였다.

승영이 혹 출입을 하면 팔부신장의 호위하는 행적이 항상 나타났는데, 개황연중에 영제사에서 열반하였다 한다.

신선이 보탑품 외우기를 청해

옛날 한 법사가 항상 법화경을 외우고 있었다. 한번은 정처없이 각지를 유람하다가, 어느 날 산길을 지나가는데 한 하인이 산중의 조그만 집으로 가기를 청하여 문 앞에 이르러 보니, 모습이 범상하지 않은 노인이 나와서 법사를 맞아 들였다.

노인은 높은 자리를 마련해 놓고 말하기를 「자리에 오르셔서 보탑품을 외워 주시기 바랍니다.」라고 하여, 법사가 자리에 올라 유창하게 보탑품 한 편을 외웠다. 그러자 노인이 「수고하셨습니다.」하고는 복숭아 하나와 금 한 덩이를 주었다. 그리고는 하인더러 「모셔다 드리라.」고 하였다.

법사가 골짜기 어귀까지 나와서 그 노인이 누구시냐고 하인에게 물으니, 말은 하지 않고 손가락으로 법사의 손바닥에다 성은 손이고 이름은 사막이라 써 보이고는 그만 사라져 버렸다. 손사막은 당나라 화원 사람으로 백가의 학설에 통달하고, 음양주보 및 의술에도 통하여 찬금요방·복록론·섭생신록 등의 저술을 남겼으며, 나라에서 국자박사와 간의 대부등의 벼슬을 주었으나 이를 사양했던 사람이었다.

법사는 받은 금을 팔아서 갑자기 큰 부자가 되었으며, 또 그 복숭아를 먹고는 오래 살았다.

〈현응록〉

 몸을 연꽃에 의탁

옥엄은 낙양 임기 사람으로 그의 할아버지는 대궐 안에서 문서를 맡아 보는 사람이었고, 옥엄의 벼슬은 황문랑에 이르러 신안태수가 되었는데, 항상 정성이 지극하여 불교 수행을 열심히 하였으며, 새벽부터 밤까지 조금도 게으름이 없었고 법화경을 여러 해 계속 독송했다.

그의 동생인 옥고도 역시 채식을 하며 법화경

을 매일 독송했다. 그러다가 옥엄이 죽었는데 동생인 옥고의 꿈에 형이 나타나서, 나는 서방정토 극락세계 무량수불의 나라에 태어나게 되었는데. 철엽 연꽃 안에 태생하여 오백 년 뒤에나 태에서 나와 부처님을 뵙게 될 것이다. 애써 법화경을 외웠기 때문에 극락세계에 태어나게 되었지마는 어리석고 의혹이 많았기 때문에 탯속에 나게 된 것이다. 그래서 네게 알려주는 것이니 너는 부지런히 법화경을 읽고 외우고 옮겨 써라 하고 작별하고 갔다.

〈홍찬전제육〉

 뒷간 귀신과 산의 호랑이가 도덕을 흠앙하다

홍명이라는 스님은 회계 산음 땅 사람이라, 일찍이 출가하여 산음 운문사에 있으면서, 항상 법화경을 외우며 정근하고 예참하기를 가히 주야불

철이더니, 아침마다 일어나 앞으로 나가보면 비어 있던 물병에 깨끗한 물이 가득 차 있곤 했으니, 이것은 천동천녀가 비밀히 내려와 시봉을 하여 준 것이다.

또 어느 날은 홍명이 경을 읽고 있는데, 커다란 범이 들어와 법상 아래 엎드려 경을 잠심하여 듣다가 물러나기를 몇 번이나 하였다.

어떤 날은 조그마한 아이가 와서 홍명법사의 송경함을 듣는지라 홍명이 묻되, "너는 어떤 아이냐." 하니 그 아이 대답하되 "저는 옛적 이 절에 어린 중으로 있으면서 대중의 공양할 밥을 먼저 훔쳐 먹은 죄로 뒷간 지키는 귀신이 되었습니다. 스님의 도력이 높음을 알게 되어 가끔 와서 경을 듣게 됩니다. 원컨대 법사의 높고 높은 송경공덕으로 이 죄업을 면케 하여 주옵소서." 하는지라. 홍명법사가 듣고 측은히 생각해서 재를 베풀어 천도식을 행하며 법화경 산림을 하여 주었더니 칙귀가 그 공덕으로 선도에 태어남을 현몽

하였다.

홍명법사는 제나라 영명 사 년에 백림사라는 절에서 열반하니 춘추가 여든넷이라 하였다.

🪷 수명을 더 주고 어깨에 기록

법랑스님은 중국 황하강의 북쪽 산동성에 있는 무성 사람으로, 강소성에 있는 팽성 정도사에 가서 사미스님이 되어 있을 때부터 법화경을 읽고 외우고 쓰기 시작하여 늙도록 멈추지 않았다.

개황 13년에 쉰셋의 나이로 죽었는데, 칠일 만에 염라대왕을 만났다.

대왕 앞에 여섯 도인이 있었는데, 왕이 첫 번째 스님에게 "그대는 어떤 덕업이 있느고."하고 물었더니 스님이 대답하기를 "예, 유마거사가 세존 제자들과 대승불교에 관해 문답한 경인 유마경을 독송했습니다." 하고 대답하니 왕은 "남쪽으로 가서 있으라." 하고, 다시 두 번째 스님에게 "그대는 어떤 행업이 있는고?" 하고 물었다.

"저는 세존께서 이 세상을 떠나실 때 가섭·고귀덕왕·사자후·교진여 네 보살의 물음에 대해 일승불성의 미묘한 뜻을 설하신 경인 열반경 열 권을 독송했습니다." 라고 하니, 왕이 역시 남쪽으로 가서 있으라고 하고, 세 번째 스님에게 "그대는 어떤 덕업이 있는고?" 하고 물었다. 세 번째 스님이 대답하기를 "저는 참회멸죄, 왕법론 및 제천옹호의 사상을 설하신 금광명경을 독송했습니다." 라고 하니 왕은 역시 남쪽에 가서 있으라 했다.

왕이 다시 네 번째 스님에게 물으니 그 스님이 대답하기를 "저는 열반경을 강설했습니다." 하니 왕은 "서쪽으로 가서 있으라." 고 했다.

이번에는 다섯 번째 스님에게 물으니 스님은 "저는 인도의 천진보살이 화엄경의 십지품을 해석한 십지론을 강설했습니다." 하고 대답했다.

왕은 눈살을 찡그리고 "북쪽에 가 있으라." 하고 여섯 번째 스님에게도 물어보고 남쪽에 가서 있으라 하였다.

왕이 이번에는 법랑스님에게 물었다.

"그대는 어떤 행업이 있는고?" "법화경을 독송 했습니다." 하고 스님이 대답하니 왕이 "동쪽에 가서 있으라." 하였다.

그리고 왕은 사람을 시켜 북쪽에 있는 사람은 지옥도로 데려가게 하고, 서쪽에 있는 사람은 축생도로 데려가게 하고, 남쪽에 있는 네 스님은 인간 세상으로 데려가게 한 다음, 법랑스님은 천상 세계로 데려가서 그 태어날 곳을 보게 하고, 나이를 여든다섯 살로 늘려 집으로 돌려보내 주었다.

스님은 천궁에서 돌아와 홀연 깨어났는데, 어깨 위에 여든다섯 살이라는 붉은 글자가 은은히 나타나 보였다.

경전에서 사리가 흘러나와

　수·당때의 고승으로 성은 진씨요 화엄종의 제조
인 지엄스님은 중국 섬서성에 있는 동주 사람이다.
　나이 열세 살 때 법승을 만나 출가하여 계엄사
에서 법화경·유마경·반야경 등을 배워 그 깊은
뜻을 규명하여, 마침내 통달하고 말과 행동이 다
뛰어난 고결한 법사가 되었다.
　현경(서기 656~660) 3년에 하북성에 있는 태
주 선장현의 여러 스님과 속인들이 지엄스님을
영선사로 청하여 법화경을 강설해 달라고 하였
다. 이에 스님은 이 절의 환향스님의 방에 거처하
게 되어 첫날밤에 법화경을 책상 위에 펴 놓고,
한 대목을 찾아서 독송하려고 하였다.
　환향스님과 시자 세 사람이 한 자리에 있었는
데, 지엄스님이 향을 피우자마자 홀연 법화경의
부처불자에서 세 개의 사리가 나와 오색 광명이
경 위에 찬란히 펴지고, 사리가 이리저리 흘러 다

녀 한곳에 머물러 있지 아니함을 보았다.

환향스님이 곧 절의 다른 여러 스님들에게 알려, 모두 와서 예배하고 함께 사리를 거두어 모시려고 하니, 사리는 도로 부처불자로 흘러 들어갔다.

이에 스님들이 슬피 울며 예배한 다음 향을 피우고 다시 진용 뵙기를 발원하니, 사리가 다시 부처불자 가운데서 나와 흘러 다니다가 잠시 후에 다른 부처불자로 들어가 차례로 없어졌다.

이렇듯 지엄스님이 법화경을 수십 번을 강설하여 영험을 느끼고 상서로움을 얻은 일은 이루 다 말할 수 없이 많았다.

스님은 입적하기 며칠 전부터 여러 곳을 돌아다니며, 여러 스님과 아는 사람들을 한 사람 한 사람 찾아보고 작별 인사를 하고는, 홀연 어느 날 아침에 정원을 깨끗이 청소한 다음 단정히 앉아 선정에 들어가서 그대로 입적하였다.

기이한 향기와 기운이 온 집에 가득 차서 칠 일이 지나도록 남아 있었고, 그 혀는 입적하고서도

몇 해 후까지 썩지 않았고 머리털이 두 치나 자랐
으며, 얼굴빛이 생전과 같아 식견 있는 사람들이
모두 그는 득도했다고 말하였다.

🪷 범이 소리를 질러 도적을 물리치고 점차로 좋
은 사람을 만나다

범애라는 스님은 장사땅 사람이라 항상 법화경
을 외우더니 어느 해 무슨 사고가 있어 교지국이
란 곳에 가게 되었는데, 뜻밖에도 그곳에서 난리
를 만나 산속으로 피신하려던 와중에 다섯 명의
도적을 만나게 되었다.

도적들은 법애를 붙들어 으슥한 곳으로 끌고
가서 어느 집 빈 방에 가두어 놓았다. 그리고 문
밖에서 수군거리며 하는 말이 점심을 먹고 난 뒤
'저놈을 죽여 몸에 지닌 것을 뺏어 가지자.' 라고
하였다. 법애가 놀라는 마음을 진정시키며 방 안

을 이리저리 살펴보니, 마침 목창 하나가 방 구석에 세워져 있는지라, 얼른 그 창을 가지고 벽을 뚫어 뛰어나와 북쪽을 향하여 도망을 쳤다.

이때 도적들이 밥을 다 먹고 일어나서 문을 열고 보니 법애는 간 곳이 없고 북쪽 벽이 뚫려 있는지라. 다섯 놈이 아우성을 치며 뒤를 쫓아 오기에 법애는 창황망조해서 길 옆 가시덤불 속으로 뛰어들어 잠깐 몸을 숨기려 하는데, 뜻밖에도 커다란 범 두 마리가 그곳에 엎드려 있다가, 법애가 들어옴을 보고 대가리를 들어 쭈뼛쭈뼛하는지라.

법애가 더욱 겁이 나서 무심결에 말하기를 "두 분 산군이시여, 빈도가 지금 도적에게 쫓기어 산군있는 데로 달려 왔으니 구호하여 주시기를 바랍니다." 하였다.

두 마리 범이 귀를 기울이고 법애의 말을 듣는 듯 하더니 즉시 밖으로 뛰쳐나가 산이 무너져라 하고 크게 소리를 질러대니, 도적들이 달려오다가 그 광경을 보고 겁이 나서 각각 도망을 치기에 정신이 없었다.

여기서 법애는 한참을 쉬다가, 또 북쪽을 바라보며 달아났는데 범이 뒤를 따르며 보호하였다. 한 강변에 이르니 웬 사람이 좋은 음식으로 요기를 하다가 법애를 보더니, 그곳으로 인도하여 앉게 하고 밥을 나누어 주기에 법애가 받아 먹으니, 맛이 참으로 이상하였다. 법애가 그 사람에게 감사하다는 인사를 드리고 고개를 흔들며 하직하고 사라져 갔다.

그 길로 얼마를 더 가다가 무인지경 외딴집을 만나 그곳에서 잠을 청하려 하는데, 뜻밖에도 두 사람이 많은 음식을 장만하여 들어와 법애에게 많이 먹기를 권하고 같이 자게 되었다.

이튿날 아침 떠나는 길에 그들이 법애에게 말하기를 '그대는 북쪽으로만 달려가라. 그러면 자연히 구호해 줄 사람이 있을 것이다.' 하였다. 이에 법애는 감사하다는 인사로 작별하고 삼십여 리를 가다가 천만 뜻밖에도 각별한 친구를 만나

고향으로 돌아올 수 있게 되었다.

아, 법화경 공덕이 이 얼마나 거룩한가. 도적에게 쫓길 적에는 범이 뒤를 따라 보호하고, 강변에 이르러 배가 고플 때에는 웬 사람이 점심을 대접하며, 빈집에서 잠을 자려 할 때에는 또 두 사람의 도움을 받았으며, 다시 친한 벗을 만나 고향으로 무사히 돌아오게 되었으니, 이는 모두 호법신장님이 이리저리 도와준 것이라. 불자들은 다시 한번 깊이 생각하고 그 큰 은혜를 마음 깊이 새길지이다.

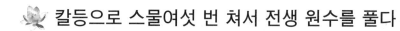 ## 칼등으로 스물여섯 번 쳐서 전생 원수를 풀다

청나라 사람 정백인은 오래도록 양주땅에 살면서 법화경을 지송하고 또한 관세음보살을 정성껏 섬겼다.

그런데 을유년 여름, 나라에 난리가 나서 적국 군사가 양주 땅을 지나가게 되었는데, 정씨가 관세음보살님께 기도하며 피난할 방책을 구하였더니, 어느 날 밤 꿈에 보살이 일러 가로되 "너의 가족 십칠 명 중에 십육 명은 환난을 면할 수 있지만 오직 너 하나만은 어려움을 면할 수가 없다."고 하는 것이었다.

정씨가 꿈에서 깨어 지극정성으로 관세음보살님께 다시 기도하니, 그날 밤 꿈에 보살이 또 일러 가로되 "너는 전생에 왕마자라는 사람을 칼로 스물여섯 번이나 쳐서 죽였으니, 지금 그 목숨을 갚게 되는지라. 가족 십육 명을 다른 곳에 안전히 옮긴 후에 네가 혼자 기다리다 당할지언정 가족에게는 누를 끼치지 말라." 하였다.

이에 정씨가 마음 깊이 참회하고 시키는 대로 행하였더니 닷새 후 적군이 집안으로 달려들거늘, 정씨가 나서며 그 중 자신을 죽이려 칼을 빼고 달려든 적군에게 물어 가로되 "그대의 성명이 왕마자인가. 내가 그대에게 스물여섯 번의 칼로 빚진 것이 있으니 나를 속히 죽일지어다. 그것 말고 나와 그대가 다른 원수진 일은 없다."라고 하였다. 이에 적병이 놀라 묻기를 "네가 어찌 나의 성명을 알았느냐?"하기에 정씨는 관세음보살이 꿈 속에서 이르신 말씀을 전하였다.

정씨의 이야기를 듣고 난 적병이 탄식하며 하는 말이 "네가 전생에 나를 죽인 까닭에 그런 것인지, 지금 너를 죽이고자 하는 마음을 걷잡을 수 없으나, 내가 오늘날 너를 죽이게 되면 오는 세상에 다시 네가 나에게 되갚음을 하지 않겠느냐. 그리고 보살이 현몽까지 하신 것을 내 마음대로 하게 되면 이는 성현을 저버림이라. 어찌할 수 없다."라고 하고 즉시 칼등으로 정씨를 스물여섯 번 치는 시늉을 하고 원한을 풀고 떠나갔다.

 ## 보살이 육아의 코끼리를 타고 와

고제 때 한 스님이 있었다. 그는 영암사에 머물

러 있으면서 동쪽 숲에서 법화경을 독송하였는데, 항상 정성을 다했으며 몸과 옷을 깨끗이 하고 향을 피우고 부처님을 공경 예배하며 영험이 있기를 빌었다.

처음에는 큰 뱀과 꿩, 노루 등이 와서 법화경 독송을 듣다가 독송이 끝나면 흩어져 갔고, 한낮이 되면 산신이 음식을 가지고 와서 스님을 공양하였다.

후에 홀연 찬란한 광명이 동산에서 내려오는데, 큰 보살이 여섯 개의 이빨을 가진 흰 코끼리를 타고, 많은 사람들이 보살을 호위하여 바로 스님의 앞으로 다가왔다. 스님은 광명을 바라보고 엎드려 절을 했다.

한없이 기쁘고 즐겁더니, 경전의 의심나는 구절과 탈락된 글자가 다 저절로 환희 깨달아졌는데, 다른 사람들은 다만 기이한 향내가 코를 찌름을 깨달았을 뿐이었다. 향내는 오랫동안 없어지지 않았다.

〈홍찬전제칠〉

발원문

자비하신 부처님!

전 세계 일백만 법화경 사경행자들은 부처님 진신사리 모시고 국태민안108일 참회기도를 봉행하옵니다. 대한민국 국운융창케 하시어 이 땅에 전쟁과 질병이 없게 하시고, 세계평화와 인류행복을 이룩하게 하옵소서. 법화행자들은 간절한 마음으로 두 손 모아 거룩하신 부처님께 기도하옵나이다. 위대하신 신통력으로 감응하옵소서.

깨달음의 생명이요 진리의 묘용이신 법화경 사경운동이 전 세계에 널리 퍼지고 전해져서 모든 가정이 부처님 은혜 충만하고 행복한 보궁이 되게 하옵소서.

사경하는 모든 사람과 가족들이 과거 현재 미래의 업장이 소멸되고 반드시 성불하여 세상과 남을 위해 봉사하는 당신의 참된 일꾼이 되게 하소서.

전 세계에서 지극한 정성과 큰 원력과 신명 바친 전법으로 실천 수행하는 청정한 법화행자들의 선행공덕이 목마른 사람에게 시원한 물이 되게 하소서

추위에 떨고 있는 사람에게 뜨거운 불이 되게 하소서
가난하고 배고픈 사람에게 좋은 음식이 되게 하소서
헐벗은 사람에게 따뜻한 옷이 되게 하소서

부모 없는 사람에게 자상한 부모되게 하소서
자식 없는 사람에게 효성스런 자식되게 하소서
병든 환자에게 훌륭한 의사되게 하소서
방황하는 자에게 밝은 등불이 되게 하소서
나라와 백성에게 현명한 지도자되게 하소서

법화경의 거룩하신 위신력은 능히 모든 사람을 구원해 주시며, 모든 괴로움을 능히 여의게 하시며, 모든 병을 능히 낫게 하시며, 삶과 죽음의 윤회의 속박에서 능히 풀어 주시고 원하는 모든 일을 만족하게 이뤄주십니다.

저희 법화행자들은 석가모니 부처님의 부촉하신 일을 성실하게 받들겠습니다. 항상 법화경을 마음 깊이 받들어 모시고 읽고 쓰고 외우면서 설명하고 모든 사람에게 널리 전하겠습니다.

언제나 자비한 마음과 고귀한 품행으로 겸손하

고 진실하게 큰 화합을 실천하겠습니다. 세상과
모든 사람과 생명들의 존엄성과 자유와 평화를
위해 참된 불자가 되겠습니다. 운명을 밝혀 주시
고 열어주시고 바꿔주신 부처님!

저는 오늘부터 자비스런 새사람이 되겠습니다.
저는 오늘부터 진실하게 깨어나겠습니다.
저는 오늘부터 새롭게 태어나겠습니다.
저는 오늘부터 다시 갱생하겠습니다.
저는 오늘부터 참되게 소생하겠습니다.
저는 오늘부터 순간순간 성불하겠습니다.

부처님의 참된 일꾼 여래의 사자가 되기 위해
서 반드시 무지함과 교만심과 자존심을 죽이겠습
니다.

욕심과 성냄과 비열함을 스스로 죽이겠습니다.
경멸하고 업신여기는 마음을 스스로 죽이겠습니

다. 삿된 생각, 천한 행동, 악한 말을 모두 죽이겠
습니다.

위대한 법화경의 실천행자로서 혼탁한 세상을
깨끗한 불국정토로 가꾸고 미혹한 사람들을 깨달
음의 길로 인도하기 위해 모든 사람들의 진실한
종이 되겠습니다. 모든 생명들의 참된 종이 되어
언제나 참고 용서할 줄 아는 불자가 되겠습니다.

법화경의 오종수행이 저희들의 온 생명이요 모
든 재산이옵니다.

오늘부터 전 세계 부처님의 참된 일꾼들은
세계성불 인류성불을 위해 일을 시작하겠습니
다.
가난과 질병이 있는 곳에 법화경을 모시고
가서 사악하고 혼탁한 기운을 깨끗하게 바꾸
겠습니다. 싸움과 전쟁이 있는 곳에 법화경을

모시고가서 미움과 저주를 몰아내고 화합과 평화를 심겠습니다.

저희들이 질병 걸려 죽더라도 총탄에 맞아 쓰러지더라도 세계평화와 인류의 행복을 위해 법화경의 가르침을 그 땅에 뿌리고 던져서라도 부처님의 부촉하심을 목숨 바쳐 실천하겠습니다.

여래의 사자인 법화행자들이 구원과 깨달음의 횃불을 들고 세계를 향하여 사람들 속으로 들어가고 있습니다. 저희들이 가는 것은 다 부처님의 힘이시오며, 부처님의 신통력이시오며, 부처님의 공덕과 지혜이시옵니다.

태어나는 세상마다 변함없이 실천하여 자비광명 충만한 불국정토 성취하겠습니다.

거룩하신 부처님께 두 손 모아 귀의합니다.

위대하신 부처님께 목숨 바쳐 참회합니다.
자비하신 부처님께 일심으로 서원합니다.

삼 귀 의

최 영 철 곡

거 룩 한 부-처 님 께 귀 의 합 니

다 거 룩 한 가-르 침 에

귀 의 합 니 다 거 룩 한

스-님 들 께 귀 의 합 니 다

사 홍 서 원

최 영철 곡

중 생 을 다   건 지 오 리 다

번 뇌 를 다   끊 으 오 리 다

법 문 을 다   배 우 오 리 다

불 도 를 다   이 루 오 리 다

청 법 가

이 광수 글
이 찬우 곡

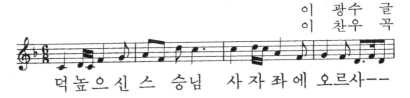

덕높으신 스 승님 사 자좌에 오르사---

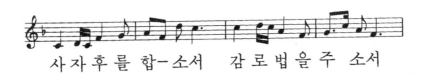

사 자후를 합-소서 감 로법을 주 소서

옛 인연을 이 어서 새 인연을 맺 도록

대 자비를 베-푸사 법 을 설하옵 소서

신묘장구대다라니

나모라 다나다라 야야 나막알야 바로기제 새바라야 모지사
다바야 마하사다바야 마하가로 니가야 옴 살바 바예수 다
라나 가라야 다사명 나막까리다바 이맘알야 바로기제 새바
라 다바 니라간타 나막 하리나야 마발다 이사미 살바타 사
다남 수반 아예염 살바 보다남 바바마라 미수다감 다냐타
옴 아로게 아로가 마지로가 지가란제 혜혜하례 마하 모지
사다바 사마라 사마라 하리나야 구로구로 갈마 사다야 사
다야 도로도로 미연제 마하미연제 다라다라 다린 나례 새
바라 자라자라 마라미마라 아마라 몰제 예혜혜 로계 새바
라 라아 미사미 나사야 나베 사미사미 나사야 모하자라 미
사미 나사야 호로호로 마라호로 하례바나마 나바 사라사라
시리시리 소로소로 못쟈못쟈 모다야 모다야 매다리야 니라
간타 가마사 날사남 바라하릿나야 마낙 사바하 싯다야 사
바하 마하 싯다야 사바하 싯다유예 새바라야 사바하 니라
간타야 사바하 바라하 목카싱하 목가야 사바하 바나마 하
따야 사바하 자가라 욕다야 사바하 상카섭나네 모다나야
사바하 마하라 구타다라야 사바하 바마사간타 이사시체다
가릿나 이나야 사바하 먀가라 잘마 이바 사나야 사바하
나모라 다나다라 야야 나막알야 바로기제 새바라야 사바하

(3번~108번)

741

법화경 다라니

아녜 마녜 마녜 마마녜 칫테 차리테 사메 사미타 비산테 묵테 묵타타메 사메 아비사메 사마사메 자예 크사예 아크사예 아크시네 산테 사미테 다라니 아로카바세 프라탸베크사니 니디루 아반타라니비스테 아반타라파리숫디 웃쿠레 뭇쿠레 아라데 파라데 수캉크시 아사마사메 붓다비로키테 다르마파리크시테 상가니르고사니 니르고사니 바야바야비소다니 만트레 만트라크사야테 루테 루타카우사례 아크사예 아크사야바나타예 박쿠레 바로다 아마냐나타예 스바하 즈바레 마하즈바레 욱케 툭케 묵케 아데 아다바티 느리테 느리탸바티 잇티니 빗티니 칫티니 느리탸니 느리탸바티 스바하 앗테 탓테 낫테 바낫테 아나데 나디 쿠나디 스바하 아가네 가네 가우리 간다리 찬다리 마탕기 풋카시 상쿠레 부루사리 시시 스바하 이티메 이티메 이티메 이티메 이티메 니메 니메 니메 니메 니메 루혜 루혜 루혜 루혜 루혜 스투혜 스투혜 스투혜 스투혜 스투혜 스바하 아단데 단다파티 단다바르타니 단다쿠사례 단다수다리 수다리 수다라파티 붓다파샤네 사르바다라니아바르타니 삼바르타니 상가파리크시테 상가니르카타니 다르마파리크시테 사르바삿바루타카우사랴누가테 심하비크리디테 아누바르테 바르타니 바르타리 스바하

(3번~108번)

개 인 발 원

귀의 삼보하옵고

거룩하신 부처님께 발원하옵니다.

_____ 생 (본명) _____ (불명) _____

(주소) _____

(전화) _____ (핸드폰) _____

한글 법화경

2쇄 인쇄   2023年 2月 10日
2쇄 발행   2023年 2月 25日

편 저 자   성 파
          통도사 서운암
          경남 양산시 하북면 지산리 583번지
          TEL : 055-382-7094

발 행 처   ㈜이화문화출판사
          등록번호 제300-2015-92호
          주소 서울시 종로구 인사동길12 대일빌딩 310호
          주소 02-732-7091~3(구입문의) 팩스 02-725-5153
          홈페이지 www.makebook.net

값 30,000원

ISBN 979-11-5547-265-1

사 홍 서 원
Four Great Vows
四 弘 誓 願

한없는 중생을 건지오리다
I vow to save living beings without limit
衆生無邊誓願度

끝없는 번뇌를 끊으오리라
I vow to eradicate delusions without end
煩惱無盡誓願斷

무량한 법문을 배우오리다
I vow to learn Dharma without measure
法門無量誓願學

위없는 불도를 이루오리다
I vow to realize the Buddha way
佛道無上誓願成